KW-325-110

LES SALAMANDRES

DU MÊME AUTEUR

*Grand Prix de la Société des gens de lettres et prix Alexandre-Dumas
pour l'ensemble de son œuvre*

Paradis entre quatre murs, Paris, Robert Laffont.
Le Bal des ribauds, Paris, Robert Laffont; France Loisirs.
Les Lions d'Aquitaine, Paris, Robert Laffont; prix Limousin-Périgord.
Divine Cléopâtre, Paris, Robert Laffont, collection «Couleurs du temps passé».
Dieu m'attend à Médina, Paris, Robert Laffont, collection «Couleurs du temps passé».
L'Aigle des deux royaumes, Paris, Robert Laffont, collection «Couleurs du temps passé»; Limoges, Lucien Souny.
Les Dieux de plume, Paris, Presses de la Cité, prix des Vikings.
Les Cendrillons de Monaco, Paris, Robert Laffont, collection «L'Amour et la Couronne».
La Caverne magique (La Fille des grandes plaines), Paris, Robert Laffont, prix de l'académie du Périgord; France Loisirs.
Le Retable, Paris, Robert Laffont; Limoges, Lucien Souny.
Le Chevalier de Paradis, Paris, Casterman, collection «Palme d'or»; Limoges, Lucien Souny.
L'Œil arraché, Paris, Robert Laffont.
Le Limousin, Paris, Solar; Solarama.
L'Auberge de la mort, Paris, Pygmalion.
Le Beau Monde, Paris, Robert Laffont.
La Passion cathare :
    1. *Les Fils de l'orgueil*, Paris, Robert Laffont.
    2. *Les Citadelles ardentes*, Paris, Robert Laffont.
    3. *La Tête du dragon*, Paris, Robert Laffont.
La Lumière et la Boue :
    1. *Quand surgira l'étoile Absinthe*, Paris, Robert Laffont; Le Livre de Poche.
    2. *L'Empire des fous*, Paris, Robert Laffont.
    3. *Les Roses de fer*, Paris, Robert Laffont, prix de la ville de Bordeaux; Le Livre de Poche.

(voir suite en fin de volume)

Michel Peyramaure

Les Salamandres

François Ier, un duel de favorites

roman

**Robert
Laffont**

© Éditions Robert Laffont, S.A.S., Paris, 2018
ISBN 978-2-221-21840-2
Dépôt légal juin 2018

C'est un préjugé général parmi les gens de la campagne, que les salamandres sont des animaux dangereux... Si l'on coupe les quatre jambes de la salamandre, il en repousse quatre nouvelles, qui seront parfaitement semblables à celles qu'on aura retranchées... Elle est, de tous les animaux, celui qui résiste le moins à l'excès de chaleur... Partie des attributs du roi François Ier, qui avait pris pour emblème une salamandre avec cette devise : « J'y vis et je l'éteins ».

Émile Littré, *Dictionnaire de la langue française*

I

Françoise de Châteaubriant

1

Une orchidée entre deux pierres

*Récit de Françoise de Châteaubriant,
épouse de Jean de Laval, l'année 1513*

L'idée m'est venue, au cours de la nuit de Noël, seule dans ma chambre, assise entre deux bougeoirs devant mon bol de tisane, de faire remonter du passé, comme un pêcheur son épervier, quelques images d'un temps lointain capables d'apporter un peu de lumière à l'existence morne qui est la mienne depuis que j'ai quitté contre mon gré la cour de France et le roi François. Autant l'avouer d'emblée, je ne suis guidée par aucune prétention littéraire et ma culture n'est comparable qu'à celle d'une honnête bourgeoise du faubourg Saint-Honoré. En revanche, j'ai beaucoup lu et retenu et, aujourd'hui encore, je dévore tous les ouvrages qui me tombent sous la main, quoique, dans ma solitude, la provende soit rare et dégradée par le temps.

Les reliques déjà remontées dans mon filet ne sont qu'un monceau d'algues verdâtres. Il me faudra temps et patience pour faire émerger de ce chaos des images d'un passé où alternent ombres et lumières diffuses comme autant de fleurs mortes. Les ombres sont celles qui enveloppent la sinistre citadelle de Foix, érigée entre le massif du Plantaurel et celui, puissant, de l'Arize, aux flancs nordiques des Pyrénées. Les quelques images qui subsistent dans ce déblai sont celles d'une enfance de sauvageonne livrée à elle-même, où chaque jour avait la saveur âpre de l'aventure, de la chasse dans les premières neiges et des chevauchées dans la splendeur estivale de la forêt.

Mes parents, Jean de Foix, seigneur de Lautrec, et ma mère, Jeanne d'Aydie, régnaient en souverains débonnaires sur cette province rude et pauvre, sous la menace des bandes espagnoles et des jacqueries de paysans excédés par la misère des mauvaises années et la tyrannie des hobereaux. Je n'avais avec mes trois frères, Odet de Lautrec, Thomas de Lescun, André de Lesparre, aucune affinité, hormis un goût commun pour la chasse et les promenades à cheval le long des torrents.

Dans la forteresse, l'ambiance quotidienne sinistre et le rude brouet des repas n'étaient troublés que dans les rares occasions où nos parents recevaient seigneurs ou bourgeois. On faisait fête alors pour faire oublier aux visiteurs nos modestes conditions. La table devenait plantureuse et parfois des filles des villages voisins venaient danser et jouer de la cabrette.

De nature complaisante sous sa mine austère, haut de taille, chevelu et barbu comme l'ermite de Tarascon-sur-Ariège, notre père avait puisé dans les Évangiles un sens moral implacable. S'il nous

laissait libres de vivre à notre guise tout en demeurant vigilant quant à notre conduite, il savait, à l'occasion, se montrer rigoureux. Je ne puis oublier la
rude correction infligée à Odet, surpris en train de
torturer pour le plaisir un chevreuil blessé : il l'avait
enfermé pour une semaine dans une tour, au pain
et à l'eau. Un paysan étant venu se plaindre de
Thomas, surpris à tirer à l'arc ses porcelets sur une
rive de l'Arget, mon frère avait été fouetté cul nu
devant toute la maisonnée.

Au début de mon adolescence, j'éprouvais autant
de plaisir que d'intérêt aux visites que nous rendait,
une fois ou deux par semaine, Peire de Ventenac,
moine de Saint-Volusien, le seul de sa communauté
à s'adonner à la lecture et à l'écriture. Il avait ouvert
dans la muraille de sa cellule un opercule libérant
un discret souffle de liberté philosophique. Après
les années consacrées aux éléments de base de la
culture, il m'avait subrepticement initiée à cette
transgression, me laissant entendre qu'en dehors
du catéchisme certains ouvrages interdits par le
dogme éclairaient d'une lumière nouvelle le mystère de la foi enseigné *ex cathedra*. La notion de
complicité secrète née de ces rapports m'avait été
profitable à plus d'un titre : elle m'ouvrait des horizons inattendus sur la foi traditionnelle, me déta-
chait de l'ambiance délétère de ma famille, donnait
une intensité singulière à ma sensibilité adolescente. Il semblait, j'en eus conscience plus tard,
avoir hérité des anciens cathares, maîtres chez eux

dans notre fief et dans tout le comté de Toulouse, une croyance proche des Écritures.

J'avais éprouvé une peine profonde lorsque mon père m'avait appris que Peire, à la suite d'un affrontement casuistique avec la hiérarchie, avait été sommé de quitter Saint-Volusien. Il avait réussi à me faire parvenir par une servante un livret résumant ses troubles de conscience, accompagné d'un court poème d'Ovide. Mon père s'en était saisi quelques jours plus tard, en mon absence, et, avec la complicité de mon frère André, qui me détestait, l'avait jeté au feu et m'avait menacée de me faire prendre le voile.

J'appris, quelques mois plus tard d'un marchand lainier de Lavelanet étant passé par l'abbaye de Saint-Volusien, que Peire de Ventenac s'était réfugié dans la communauté monastique du sanctuaire de Rocamadour dans les lointaines terres du Quercy. Il n'allait rester de lui dans ma mémoire que les résidus inconsistants de sa foi transgressive et un comportement suspect envers son élève innocente. Je me suis souvenue quelques années après, avec un sentiment de honte, de quelques attitudes incongrues : il semblait se plaire à caresser et à humer ma chevelure hirsute qui sentait le foin ou la forêt et, à plusieurs reprises, après avoir refermé ses livres, il m'avait jeté un baiser sur la bouche.

Je ne garde pas la nostalgie de cette vie rude et des excès d'une jeunesse peu soumise à la vigilance familiale : ils ont instillé en moi une nature rigoureuse, impérative parfois, souvent passionnée, dont je n'ai eu qu'à me louer au cours d'une existence où la passion a été souvent accompagnée d'orages.

Un jour d'hiver, alors que je venais de ramener du village de L'Herm, avec mon frère Lescun, une charretée de pommes et de châtaignes, mon père me fit signe de le suivre dans son cabinet. Il paraissait soucieux, se pinçait les lèvres du bout des doigts. Je le suivis comme un chiot, sans oser lui demander les motifs de ce comportement inhabituel. Il me fit asseoir sur un tabouret, et lui, restant debout, se mit à évoluer autour de moi, en silence. Il toussa grassement, cracha dans l'herbe qui tapissait le parquet et me dit :

— Françounette, nous allons tous deux partir pour un long voyage. Notre cousine, Anne, duchesse de Bretagne, nous attend à Rennes où elle tient en ce moment sa cour. J'ignore ce qu'elle attend de nous mais elle semble pressée de nous voir, sans doute pour une de ces affaires de famille qui m'agacent.

Il ajouta :

— C'est surtout ta présence qui lui importe, cependant je ne vais pas te laisser partir seule. Ce voyage va nous causer des tracas : beaucoup d'argent à dépenser, une suite convenable à rassembler et à payer, sans compter la fatigue et les dangers ordinaires, dans des pays inconnus, où l'on ne parle pas notre langue et où notre argent n'a pas cours. Toi qui as étudié la géographie avec Peire, pourras-tu organiser l'itinéraire que nous aurons à suivre ?

Je lui suggérai timidement de faire appel à notre maître des écuries, Guilhem Cadirac, qui avait couru les chemins de la France avant d'aller porter ses armes en Italie, dans la cavalerie du duc d'Orléans, grand officier du roi Louis le douzième. Il avait au château la garde et les soins à donner à une dizaine de chevaux, dont certains ne quittaient leur écurie que pour les grands travaux des champs ou mener ma mère faire ses dévotions à l'abbaye Saint-Volusien.

— Bonne idée, Françounette! Je vous charge tous deux de préparer ce voyage en évitant de grosses dépenses. Fais en sorte que les tenues de voyage nous protègent du froid et de la pluie. Quant à celles que nous devrons porter à la Cour, il convient qu'elles soient *honnêtes*, afin que nous ne passions pas pour des *riches*.

Lorsque j'informai Guilhem de notre projet il exulta, exprimant le plaisir qu'il aurait à respirer le goût d'aventure des grands chemins. La Bretagne? Il l'avait jadis traversée dans le cortège qui avait amené le roi Louis à Nantes pour y épouser la duchesse Anne.

Nous allions passer des journées à choisir les moins inaptes de nos chevaux à la longue marche qui les attendait, à réparer selles, sangles et sanglons, à donner belle apparence à des véhicules démantibulés. Grâce à une carte géographique abandonnée par Peire, nous avons, Guilhem et moi, concocté les itinéraires les moins dangereux et les haltes les plus favorables, sans nous faire d'illusions sur la confiance à témoigner à ce document. Nous laissâmes à mon père le soin de courir nos fiefs pour mobiliser une troupe d'une dizaine de jeunes braves avec armes et chevaux.

La mission confiée à ma mère d'assurer notre vêture n'était pas de tout repos. Elle avait trouvé à Lavelanet des coupons d'étoffe propres à ne pas nous présenter comme des gens de la montagne ignorant la mode masculine et féminine. Une équipe d'ouvrières dont elle avait loué les services vinrent à bout de la confection de cette garde-robe improvisée.

Je ne souhaite pas m'attarder sur ce voyage qui n'allait pas nous ménager dangers et fatigue. Il faillit se terminer à Toulouse où mon père, atteint d'une fièvre maligne, dut passer trois jours entre la vie et la mort dans une auberge sordide. Sa robuste constitution le remit vite en selle, frais comme un gardon ou peu s'en faut. Au-delà de Cahors nous eûmes à affronter des paysans révoltés par la famine, que mes frères Lescun et Lesparre, qui avaient obtenu de se joindre à notre petite troupe, eurent du mal à disperser. Seul un jeune chevalier de Montgaillard, blessé d'un coup de fourche, dut renoncer à poursuivre notre route.

Ayant passé la Loire à Ancenis, nous touchions aux marches de Bretagne. Une semaine plus tard nous étions en vue de Rennes.

Pour l'adolescente fruste que j'étais, ignorante d'autres horizons que la montagne, la forêt et le plus sinistre des repaires, le spectacle de cette grande ville tenait de la magie. J'étais en proie, avec plus d'intensité d'heure en heure, à un curieux phénomène de dédoublement de ma personnalité.

Au cours de mes promenades je m'arrêtais, fermais les yeux, m'ébrouais pour m'extraire de la brume chatoyante qui m'enveloppait. Les seules villes de quelque importance, où j'avais parfois accompagné mon père, n'étaient, comparées à cette grande cité de la Bretagne, que des bourgades rébarbatives. Là, tout était splendeur et mystère ; les jardins du palais royal me rappelaient ceux de Sémiramis, à Babylone, dont m'avait parlé Peire ; quant aux monuments et aux riches demeures de notables, ornées de figurines de pierre grise, ils me donnaient le vertige. Aucune des villes traversées n'avait éveillé en moi un tel sentiment d'étrangeté.

Ma plus forte émotion, ressentie à notre arrivée, après avoir erré des heures dans des rues étroites et puantes, avait été la vision du palais royal : une sorte de haute falaise percée de fenêtres à meneaux écrasait par sa hauteur et sa puissance la cour intérieure et la fontaine cernée d'une gloriette de fer, où nous laissâmes nos chevaux s'abreuver. Je peinais à imaginer que cette façade austère et disparate pût abriter la Cour, réputée somptueuse, de notre cousine Anne, et que j'allais être appelée à y vivre des jours, peut-être des semaines, Dieu sait pour quelle raison.

Après que mon père eut déposé ses viatiques au guichet, nous dûmes patienter trois à quatre heures autour de la fontaine, en butte aux sarcasmes des chevaliers et des dames descendus de leur carrosse. Il est vrai que, rompus par notre voyage, hâves, déguenillés, nous avions l'apparence de nomades venus implorer un logis pour la nuit.

18

Nos chevaux et nos chariots emportés par des palefreniers, nous nous apprêtions à une nuitée misérable quand un religieux en robe de dominicain se présenta :

— Je suis le confesseur de la reine, le prieur Antoine Dufour. Sa Majesté vient de se lever de table et m'a chargé de vous mener à elle. Votre retard l'a irritée. Elle vous a attendus trois jours. Je vais vous conduire à vos appartements pour faire toilette et vous vêtir convenablement. Suivez-moi. Je me chargerai de votre suite.

La reine Anne nous attendait dans une petite pièce où murs et cloisons étaient couverts de tapisseries représentant des scènes de chasse et des sujets religieux. Le confesseur, Antoine Dufour, se tenait derrière un fauteuil d'étoffes chatoyantes, dont notre cousine ne daigna pas s'extraire. Il lui restait aux commissures des lèvres une minuscule miette de gâteau. Je cachai un sourire derrière mes mains, mais son air bourru me fit froid dans le dos. Elle avait accueilli avec indifférence les hommages dus à sa grandeur avant de nous jeter :

— Mon cousin, vous m'avez fait attendre mais je vous pardonne. Je suppose que la longueur et les difficultés du voyage en sont la cause. Vous pouvez vous asseoir.

Nous prîmes place, mon père, mes frères et moi, sur des tabourets. Mon père s'excusant en termes confus de notre retard, Anne lui coupa la parole, disant qu'elle venait de faire souper l'ambassadeur d'Angleterre et que, fort lasse, elle souhaitait se coucher au plus vite.

— Nous nous verrons plus longuement demain, nous déclara-t-elle. En attendant, passez une bonne nuit, mais, avant, rendez-vous aux cuisines et faites-vous servir les reliefs de notre repas. Si vous souhaitez dire vos prières vespérales, mon confesseur vous ouvrira la chapelle.

Anne daigna se lever pour nous raccompagner en bâillant jusqu'à sa porte. Je constatai qu'elle boitillait.

Je dormis peu cette première nuit, mes frères ayant passé des heures à bavarder dans une pénombre balayée par les lumières des torches passant et repassant sous nos fenêtres dans un brouhaha de musique, de chansons, de rires et de cris de femmes. Son Excellence paraissait se donner du bon temps...

Au petit jour Sa Majesté nous fit l'honneur de partager notre matinel. Sans daigner s'informer de notre nuit, elle nous dit, en beurrant de grosses tartines de seigle :

— Mes cousins, il va falloir veiller à observer une tenue convenable pour la réception prévue en l'honneur de sir Edgar Foyet. J'aurais préféré vous épargner cette épreuve diplomatique, mais puisque vous voilà... Mes valets et une dame de compagnie s'occuperont de votre toilette. Pour le reste, évitez les sorties en ville sans mon confesseur qui fera office de *cicérone*. Il faudra suivre ses conseils à la lettre.

Je ne me hasarderai pas à relater les réceptions, les festins, les cérémonies religieuses qui allaient marquer notre séjour. Un spectacle permanent avait pris possession du palais. Mes frères s'y plurent; mon père et moi n'en retirâmes qu'un éblouissement et une déception : Anne paraissait nous avoir oubliés. Ce n'est qu'à la fin du troisième jour, veille du départ de Son Excellence, qu'elle tint à nous révéler les raisons de notre présence.

Elle pénétra dans ma chambre à la vesprée et se laissa tomber au bord de mon lit en soupirant. La fatigue avait altéré ses traits : visage émacié, paupières lourdes, fard dégradé. Mon père m'avait confié son âge : trente-deux ans ; elle en paraissait plus. Elle me fit signe de m'asseoir près d'elle et se livra à un interrogatoire.

— Petite, rappelle-moi ton prénom, et ton âge.

— Françoise, madame, et treize ans à la Chandeleur.

— Treize ans et fraîche comme une rose en bouton… As-tu déjà tes fleurs ?

Comme je ne répondais pas, et pour cause, elle haussa les épaules, étouffa un rire derrière son mouchoir et ajouta :

— Sais-tu, ma jolie cousine, qu'à ton âge les filles sont bonnes à marier ? Est-ce que cette idée t'est venue ?

Interloquée, je haussai à mon tour les épaules et m'abstins de répondre. Elle poursuivit :

— Tu devrais y songer ! Tu n'as pas prévu, je suppose, de passer ton existence dans le sinistre château qui t'a vu naître ? Alors je vais m'intéresser à ton sort et tâcher de te trouver un bon mari. Fais-tu confiance à ta vieille cousine ?

Sa main lourdement baguée tomba sur la mienne, puis sur ma cuisse. Elle m'embrassa, se leva sans attendre ma réponse et me souhaita la bonne nuit par la porte entrebâillée.

Quand je fis part de cet entretien unilatéral à mon père il ne manifesta aucune surprise et m'expliqua que le but de notre voyage, comme il venait de l'apprendre de la reine elle-même, était bel et bien motivé par l'intention de me choisir un mari.

— Il faut en prendre ton parti, ma Françounette. Ce n'est pas de gaieté de cœur que j'ai accepté ce projet. Le repousser aurait risqué de nous faire perdre l'affection de notre cousine, mais rassure-toi, je veillerai à son choix.

Moi qui n'avais eu que de rares occasions de traduire mes émotions par des larmes, j'en inondai la poitrine de mon père en la frappant de mes poings, disant, entre deux sanglots, que je refusais de quitter ma famille et que je préférais mourir que partager ma vie avec un inconnu.

Il me repoussa brutalement, me secoua les épaules et s'écria d'une voix brisée :

— Que cela te plaise ou non, il faudra en passer par là, ou alors... ou alors ce sera le couvent !

Pour mettre un frein à la colère qui me ravageait, je me fis préparer un bain brûlant dans les étuves jouxtant nos chambres, puis me laissai masser par une grosse servante maure qui me chanta des complaintes de son pays en riant et en se jouant de moi comme d'une chatte.

Le bruit du sacrifice qui m'était imposé avait gagné toute la Cour, si bien que j'avais l'impression d'avoir acquis une importance inattendue et importune. Un matin, à mon lever, je me trouvai entourée d'en quarteron de servantes et d'une dame de compagnie qui jacassaient dans leur service comme une bande de cailles au printemps.

J'avoue que, durant les quelques jours précédant notre départ, j'ai joui sans réserve des faveurs qui me furent témoignées : toilettes somptueuses, chère délicate, jeux divers avec les filles et la dame de ma suite... Je m'essayai à jouer de la guitare, à chanter et à danser. Mes journées se déroulaient comme un rêve, sans me lasser. Ce n'est que le soir, dans le lit à baldaquin qui avait remplacé mon grabat, que des réflexions amères venaient me hanter. Des indiscrétions de ma dame de compagnie m'avaient appris que le jour était proche où je ne me trouverais plus seule dans ma couche et que j'aurais, de gré ou de force, à accepter le sacrifice de ma virginité.

Un soir, au cours du bal accompagnant un grand repas, je vis venir vers moi un jeune gentilhomme imberbe et timide qui, après avoir évolué autour de mon fauteuil sans se décider à m'aborder, me convia à partager une danse. Refuser cette invitation l'eût offensé, et d'ailleurs rien ne m'y incitait.

Durant toute la danse, mon cavalier ne souffla mot, seulement pour s'excuser de sa maladresse. Il est vrai qu'il était gauche et, de plus, n'avait rien d'attirant quant à son physique : bonne taille mais visage massif et comme fermé, preuve, me disais-je, de sa timidité.

J'appris par ma dame que mon cavalier se nommait Jean de Laval. C'était l'un des grands pages de la reine et son parent, issu de l'illustre famille de Châteaubriant, l'un des fiefs les plus importants

de la Bretagne... Autant de révélations impuis-
santes à éblouir l'innocente que j'étais.

J'en appris davantage sur ce personnage le lendemain du bal, lorsque la reine m'invita à la rejoindre
dans son cabinet particulier. D'humeur radieuse,
elle me demanda si j'avais bien profité de ma soirée
et ce que je pensais de mon cavalier, son page,
Jean de Laval. Je lui avouai qu'il s'était montré
maladroit, muet comme une carpe et peu sensible
à l'attrait que j'aurais pu exercer sur lui.

Elle s'écria :

— Ma petite, tu l'as mal jugé. Jean m'a confié
ce matin même que tu l'as fasciné, ce qui ne me
surprend guère, nombre de mes gentilshommes
m'ayant fait la même confidence. Tu n'en es pas
consciente à ce qu'il semble, mais la gamine que tu
es risque de faire chavirer bien des cœurs.

— Mais, madame, mon intention n'est pas de
plaire, et je vous assure que je ne fais rien pour en
arriver là.

— Je le sais, ma petite, et le moment est venu
de te faire part de mon intention de te trouver un
époux digne de toi. Mon choix s'est porté depuis
quelques jours sur ton cavalier d'hier au soir, mon
cousin Jean de Laval. Ne proteste pas, je t'en
conjure ! Soit, il n'a rien d'un Adonis. S'il t'a paru
morose, c'est en raison du décès récent de son père,
le comte François, à Amboise, où il exerçait les fonctions de chambellan à la cour de mon époux. Sa
mort a fait de Jean l'héritier de son domaine de
Châteaubriant. Ne t'insurge pas contre ce projet
qui a reçu l'assentiment de ton père. Ta famille le

paierait de mon affection et de mon soutien, et toi la première, toi qui devras bien un jour en passer par là, tu le sais, mais sans jamais trouver un meilleur parti.

J'avoue avoir fait un gros effort de mémoire pour reconstituer ce discours dont je ne garantis pas l'exactitude formelle, mais dont je respecte la teneur. Je l'avais écouté comme s'il concernait quelqu'un d'autre que moi et n'avais réagi que par un silence qu'Anne dut prendre pour de la soumission, ce qui était le cas.

Je m'attachai à manifester plus d'intérêt aux conditions de ma prochaine existence conjugale, dans les fiefs répartis entre la France, l'Anjou et la Bretagne et dans la principale demeure seigneuriale – bientôt la mienne! –, sise au bord de la Chère, non loin de la capitale, Nantes.

— Châteaubriant, me dit Anne, a un passé glorieux. Aujourd'hui démantelé par les guerres, le château n'est qu'en partie habitable, mais ton futur époux saura l'aménager à ton goût; le décor naturel ne manque pas d'agrément et *tu t'y plairas sûrement.*

Elle ajouta en me tapant sur le genou:

— As-tu bien compris ce que je viens de te dire, *ma chérie?* Dans l'attente des cérémonies, ce qui va prendre du temps, je veux que tu te considères comme une princesse et non comme une parente pauvre de passage. Allez, va, et que Dieu veille sur toi!

Depuis cet entretien sous forme de monologue, j'ai constaté que la reine manifestait pour moi plus de prévenances que pour ses deux filles, Claude et Renée, encore en bas âge. Ma dame de compagnie m'apprit son souci obsédant de ne pouvoir donner au roi Louis, son époux, le dauphin qu'il attendait. Il est vrai que cet espoir était contrarié par l'absence : Louis dans ses domaines de France ou en Italie, elle dans sa chère Bretagne.

À quelques jours de là Anne m'annonça un événement inéluctable : le retour imminent pour notre château de Foix, mais sans moi, de mon père et de mes frères. J'en fus pétrifiée. Elle crut me consoler en m'assurant qu'en l'absence des miens, j'aurais une compensation : la présence de mon futur époux. Mes mains se crispèrent; je faillis protester; je me tus.

Je n'étais pas *nice*, comme on dit dans notre pays pour dire innocente, au point de me laisser conduire au sacrifice, comme la pauvre Iphigénie, sans éprouver au moins un sentiment de rébellion. Fascinée par le faste de la cour d'Anne, intriguée par les attentions que l'on témoignait à la Bergère, surnom que m'avaient donné mes servantes, je n'avais pu concevoir que l'on osât me priver de ma sacro-sainte liberté. Fille des montagnes, issue d'une famille pauvre mais illustre, je retrouvais au fond de moi, malgré les paroles séduisantes bourdonnant à mes oreilles, une fierté inaltérable forgée par une jeunesse conforme à ma nature mais violée.

C'est le cœur gonflé de joie et d'orgueil que mes frères avaient appris que la reine allait proposer à son époux de les attacher à son service dans sa garde privée, en attendant sa prochaine expédition armée en cette terre d'Italie à laquelle Louis s'était attaché comme à une maîtresse. Quant à mon père, au moment de la séparation, je lui vis pour la première fois des larmes dans les yeux. Je l'avais maudit ; je le plaignais.

Au soir de cette pénible journée, Anne me témoigna son affection en m'invitant à partager sa couche. Elle me dit en m'aidant à faire ma toilette nocturne :

— Pour toi, ma petite Françoise, tout est fini et tout commence. À dater de ce jour tu ne seras plus ma cousine mais *ma fille*. Tu vas devoir, dès demain, te préparer à une visite aux sanctuaires du Tro Breiz, en compagnie de ton promis pour rendre grâce à Dieu et à tous les saints de mon pays de vous avoir réunis. Cette absence durera quelques jours. Je te conjure de passer outre à tes préventions contre Jean et de lui présenter ton visage le plus serein. Promets-le-moi.

Je le lui promis ; elle me serra contre sa poitrine et mouilla mes joues de quelques larmes.

2

L'initiation

De retour à Rennes, à l'approche du printemps, je commençais à me lasser d'une vie de cour à laquelle rien ne m'avait préparée et où la *Bergère* peinait à tenir le rang imposé par le protocole. J'avais obtenu d'Antoine Dufour, le confesseur de la reine, l'accès à la bibliothèque du palais où je trouvai, outre une solitude rêvée, des lectures susceptibles de me rappeler celles auxquelles m'avait initiée Peire de Ventenac. Je n'y avais jadis attaché qu'une sommaire curiosité attisée par l'art qu'avait mon précepteur de mettre leur intérêt en valeur, par sa voix chantante et ses mimiques de théâtre.

Anne avait mis un terme aux protestations suscitées par une présence féminine, une adolescente de surcroît, en un lieu réservé aux savants, gentilshommes décrépits malodorants, au nez chaussé de grosses lunettes vertes. Ces fossiles avaient fini par accepter ma présence et même par m'aider à choisir parmi les auteurs anciens les moins austères et les plus aptes à satisfaire mon appétit de connaissances.

C'est par la première *Bucolique* de Virgile que j'ai pénétré dans le monde merveilleux de la littérature latine. J'ai gardé en mémoire ces quelques lignes qui m'ont plongée dans une griserie de souvenirs proches : *Tityre, couché sous le couvert d'un large hêtre, tu essayes des vers champêtres sur ton léger chalumeau. Nous, nous quittons le sol de notre patrie et nos campagnes chéries. Nous fuyons, Tityre, et toi, mollement étendu sous les ombrages, tu apprends aux forêts à répéter le nom de la belle Amaryllis...*

Je connus entre ces rayonnages, surchargés de vénérables manuscrits et d'œuvres pieuses rédigées par des moines des premiers temps de la religion, des heures qui me changeaient agréablement de l'ambiance de la Cour et du caquetage de mes suivantes, pour la plupart ignares et intriguées par ce qu'elles tenaient pour un absurde caprice de ma part. Je ne les méprisais pas mais regimbais. J'obtins du responsable de la bibliothèque la permission d'emporter dans ma chambre, pour les lire à la chandelle, les livres de mon choix.

Après le départ des miens, j'avais dû m'armer de courage, voire d'agressivité pour préserver ma solitude et ne répondre qu'aux injonctions de la reine, exigeant de me voir paraître à ses réceptions et festivités, en présence de mon *fiancé*.

Je n'avais pas gardé un mauvais souvenir des quelques jours passés en pèlerinage aux côtés de Jean. Il était si peu disert que j'avais pris l'initiative de nos conversations, réduites d'ailleurs à l'essentiel. Je l'avais même embrassé le jour où il avait déposé sur ma couche, en mon absence, un bouquet de genêts en fleur.

L'ambiance de ma vie allait changer le jour où la reine décida de quitter Rennes pour Nantes, sa capitale sur la Loire, proche de l'océan. L'appartement palatial que je partageais avec ma suite ouvrait sur le fleuve, l'immensité de l'estuaire aux eaux brunâtres et l'animation intense des quais.

Nous étions là depuis trois jours quand, au cours d'une promenade sur les quais, notre attention fut attirée par une foule qui se pressait autour d'une large estrade occupée par une dizaine d'étranges personnages, hommes et femmes, qui semblaient venus d'un autre monde. C'était bien le cas.

— Ces malheureux, me dit ma dame de compagnie, sont des indigènes ramenés d'au-delà de la mer océane par des marchands castillans qui les vendent comme esclaves. Ils vont être cédés à de riches propriétaires des environs pour les divertir et les employer au travail de leurs terres.

Presque nus sous une aigre averse, ces malheureux reçurent du capitaine castillan, sous la menace du fouet, l'ordre de danser, ce qu'ils firent sous les rires et les quolibets de la foule. Des femmes s'écroulèrent, des hommes refusèrent cette navrante exhibition, et les claquements du fouet de retentir! Ce spectacle me rappelait, en plus cruel, les exhibitions d'ours apprivoisés, sur les places de nos villages.

Écœurée, révoltée, je décidai d'en finir avec ce spectacle odieux. L'idée me vint même d'acheter tout ce lot au nom de la reine, pour exempter ces êtres humains de l'esclavage. Ma dame éclata de rire.

— Vous contrarieriez Sa Majesté. Ce commerce de chair humaine est trop profitable à l'économie de cette province pour que cette décision ne provoque pas de troubles. Je vous conseille de ne pas lui faire part de votre idée.

Jean nous épargna son avis mais je surpris un sourire narquois sur ses lèvres.

Quelques jours plus tard, la reine nous annonça que nous allions partir pour Morlaix où devaient se tenir les assises annuelles de la Bretagne, événement de première importance où sa présence était requise d'office. Le confesseur, avec qui je m'entretins de ce voyage, me donna des frissons. Nous allions, en une saison peu propice aux déplacements, traverser tout le duché, du sud au nord, en longeant la côte océane.

J'ai effectué ce long périple en compagnie de Jean de Laval, ce qui ajouta à sa pénibilité. L'annonce, par Anne, de cette promiscuité avait provoqué de ma part une réaction de colère qui se heurta à la décision irrévocable de ma cousine.

— Tu oublies, me dit-elle, que Jean est épris de toi et que seule ta présence peut vaincre sa timidité. Tu devras l'encourager à s'exprimer, le provoquer même, discrètement, aux premiers gestes de l'amour, forcer ce bourgeon rébarbatif à s'épanouir.

Au cours d'une halte dans un relais de chevaux de Quimper, le comportement insolite de mon compagnon de route me bouleversa. Mêlé à nos écuyers, il avait si copieusement arrosé le souper pris à l'auberge qu'il se mit à bredouiller, après avoir vidé un dernier verre :

— Demoiselle Françoise... ma mie... il faut que je vous dise... Depuis le jour où nous avons dansé

ensemble... vos mains dans les miennes... je me
suis pris d'amour... d'amour pour vous... Voilà,
j'ai dit !

Je n'eus aucun mal à comprendre, à travers ces
propos confus, dont je n'ai donné qu'un bref
résumé, son souhait ardent de voir son amour
ou son désir partagé. Je le rassurai : sa confession
m'avait émue, le temps arrangerait les choses et
j'étais prête à partager sa vie. Il chercha à m'embrasser ; je le lui interdis : il puait le vin et des lui-
sances de sauce maculaient encore ses lèvres.

Il reste peu de traces en ma mémoire des cérémonies et des festivités qui ont marqué ces assises
auxquelles, d'ailleurs, aucun intérêt ne me liait et
dont le langage m'était étranger, d'autant qu'au
cours des repas, certains convives s'exprimaient en
breton, la langue natale d'Anne. J'avoue en revanche
avoir été éblouie par le faste débordant au cours
de ces quelques journées et avoir fait honneur à la
table, plus généreuse que celles de Rennes ou de
Nantes, dont la frugalité me rebellait, moi qui avais
toujours eu un appétit de jeune fauve.

Au terme de cette assemblée, lasse mais faisant
effort pour paraître d'humeur joyeuse, la reine
nous invita, Jean et moi, à une collation sous un
grand tilleul du jardin bordant la rivière. L'affaire
paraissait sérieuse car elle resta de longues minutes
muette et évita nos regards. Quand elle daigna
enfin s'exprimer, ce fut pour nous annoncer une
nouvelle qui n'allait pas me plaire.

— Mes agneaux, ce que j'ai à vous dire mérite
toute votre attention. Dimanche prochain sera pour

vous le jour le plus important de votre vie. Nous allons quitter cette ville pour nous rendre à Saint-Jean-du-Doigt, à une vingtaine de lieues au nord de Morlaix. Le nom de ce lieu de pèlerinage vient de ce que son trésor abrite un reliquaire contenant une phalange du doigt de saint Jean, qui baptisa Jésus dans les eaux du Jourdain, comme on a dû vous l'apprendre. C'est dans ce lieu saint que j'ai décidé de célébrer vos fiançailles, avec l'accord de vos familles respectives. Ce sera pour vous le premier pas vers une existence commune qui, j'en ai la conviction, sera heureuse et prospère.

Elle ajouta d'une voix plus désinvolte, comme libérée d'une contrainte :

— Mes enfants, il vous reste deux jours pour vous préparer ! Et surtout, n'oubliez pas vos prières...

À environ une lieue du sanctuaire situé au creux d'un vallon aux pentes abruptes, proche de la mer au-dessus de laquelle voletait et piaillait une nuée d'oiseaux blancs, j'allais être déçue. Je m'attendais à une austère solitude comparable à celle qui baigne les lieux saints de nos montagnes, mais notre chemin était encombré par des pèlerins qui nous saluaient, entonnaient des cantiques ou murmuraient des prières.

Le bourg et les parages ne comportant aucun logis seigneurial digne d'accueillir la souveraine et sa suite, nous trouvâmes refuge à l'Auberge du Soleil d'Or, sur la place, face aux édifices religieux de belle allure dominés par un clocher à galeries superposées.

Comme il restait une bonne heure de jour, nous nous sommes détendus, Jean et moi, par une promenade à cheval jusqu'à la côte longée par les premiers bateaux de retour dans la rade, escortés par des volatiles.

Nous avons consacré la matinée du lendemain à une émouvante messe devant des reliquaires d'argent et l'ampoule de cristal laissant apparaître, dans la lumière d'une multitude de cierges, une phalange charbonneuse. La reine s'est tenue entre nous, nos mains dans les siennes, la mine grave.

La cérémonie des fiançailles, en présence de notre suite et d'une foule de vassaux et de pèlerins, se déroula sans aucun faste particulier mais prit tout l'après-midi. Il y manquait un personnage de premier plan : le roi Louis : souffrant, il n'avait pu quitter son château d'Amboise.

Je ne ferai que mentionner le côté trivial mais inévitable de cette cérémonie : les conditions financières. La reine avait prélevé sur les revenus de son duché la somme de 20 000 livres (un pactole pour moi !), en guise de dot, à laquelle mon père avait joint la promesse de 10 000 livres. Quant au mariage, il fut décidé d'en remettre la date pour sonder le labyrinthe de la consanguinité, où l'on ne trouva aucun motif d'opposition.

Un coup de théâtre allait marquer notre deuxième nuit à Saint-Jean. Comme transfiguré par sa première victoire sur une timidité congénitale, Jean avait manifesté le désir de se considérer d'ores et déjà comme mon époux et exigé le sacrifice immédiat de ma virginité. Il me fit part de sa décision en termes brutaux.

— Je ne puis supporter, ma mie, de vivre des mois à votre côté sans satisfaire au désir que j'ai de vous depuis notre première rencontre. J'exige donc que, ce soir, nous partagions le même lit. J'ai dit!

Suffoquée par cette bouffée d'audace surprenante, je balbutiai :

— La reine s'opposera à cette indécence condamnée par la religion. Il vous faudra attendre que nous ayons la bague au doigt!

Jean éclata de rire. Il avait fait son affaire de ce caprice. Anne n'avait pas émis la moindre opposition. Il ajouta :

— Nous allons d'ici un jour ou deux quitter ce sanctuaire, vous et moi, prendre congé de la reine et de son cortège pour nous rendre à Châteaubriant. *J'ai dit!*

Il employait depuis peu cette expression propre à lui donner quelque importance, mais dont le caractère comminatoire m'irritait. Je m'informai auprès de la reine de la véracité de son acceptation d'une nuit nuptiale prématurée pour ses deux protégés; elle ne chercha pas à la nier, disant que, dans sa clémence, le Ciel nous pardonnerait cette transgression bénigne du dogme. J'en pleurai de rage.

J'ai gardé de cette nuit, qui allait faire une femme de l'adolescente que j'étais, un souvenir détestable. Le garçon timide que j'avais connu s'est conduit en cette circonstance comme un ruffian, sans la moindre délicatesse dans les préliminaires, avec un mutisme constant et des gestes brutaux et maladroits. Il m'a violée à trois reprises sans prononcer une parole affable ou s'excuser de sa violence. Toute résistance étant superflue, j'étais comme morte, meurtrie dans ma chair et dans mon âme, consciente que cette blessure serait longue à cicatriser et ne le serait peut-être jamais.

Le voyage en calèche en direction de Châteaubriant se déroula par un temps exécrable et par des chemins défoncés par les pluies hivernales. L'attitude de Jean me surprit agréablement. Après les assauts qu'il m'avait livrés au cours de notre fausse nuit de noces, il semblait en proie à la contrition, ne se laissa pas aller au repentir, mais, par ses propos et son comportement, ayant jeté le masque, il faisait montre, sinon de galanterie, du moins d'amabilité. Un retournement auquel j'étais sensible sans qu'il suscitât en moi ni affection ni désir charnel.

Annoncée depuis plusieurs jours, notre arrivée à Châteaubriant me fut agréable. Nous étions attendus par un groupe de vassaux et de dames ameutés par la mère de Jean pour fêter notre venue. Tous avaient hâte de voir surgir de la calèche l'*oiseau rare* que le jeune comte Jean de Laval ramenait de la cour royale.

Je déçus cette aimable assemblée en manifestant le désir de me retirer dans une chambre pour m'y reposer après une lente et pénible chevauchée sous une pluie diluvienne à travers les landes de Moisdon. Négligeant les objurgations de Jean, j'échappai au souper et à la convoitise de mon *seigneur*, lequel frappa en vain à ma porte au point d'alerter la domesticité et les invités.

En revanche je ne pouvais me soustraire au dîner du lendemain, dans la grande salle, où je fus accueillie comme une reine, ovationnée après que j'eus présenté mes excuses. L'on m'assaillit de questions sur mes origines et mes liens de parenté avec la reine Anne. J'avais honte de la tenue ostentatoire à laquelle Jean m'avait astreinte : robe de soie violette, manteau de zibeline et bijoux, autant de dons de la reine insultant à la tenue modeste de la plupart des vassaux du comte Jean.

Je ne regrettai pas d'être restée jusqu'à la fin de la petite fête suivant le repas, animée pour la danse par des musiciens paysans, cornemuseux et timpaneurs. Des entretiens que j'eus, avec les dames notamment, pour ne pas éveiller la jalousie chez mon fiancé, je retirai des données précieuses sur la nature, l'importance, la richesse et les conditions de vie dans les baronnies, qui présentaient peu d'analogies avec celles des rudes montagnards de mon pays, qui n'ont d'autre fierté que leur titre nobiliaire et d'autre richesse que leur épée.

Le lendemain, alors que Jean se proposait de me faire visiter le château de ses ancêtres en compagnie de sa mère, je lui fis part avec quelque rudesse de ma déception. Après ce que la reine m'avait annoncé, je ne m'attendais pas à me trouver au château de la fée Morgane. Ma déception fut si cruelle que je résolus de m'enfuir ; une folie à laquelle, Dieu merci, je renonçai sagement.

Il ne restait de ce qui avait été une solide place forte que le châtelet d'entrée et une partie réservée au logis : une dizaine de pièces encadrées de pans de murs crachant leurs pierres et dévorés par le lierre. Guerres et jacqueries avaient fait de l'ancien château une ruine. On trouvait encore, sous des murailles démantelées, des nids de reptiles et de rats, des monceaux de boulets de pierre. À proximité, sur l'ancienne basse-cour, on creusait les fondations de la nouvelle demeure souhaitée par la grand-mère de Jean, Françoise de Dinan, peu avant sa mort.

Jean profita de la présence de ses invités pour leur faire visiter le chantier et montrer les plans de ce qu'il appelait le « Château-Neuf », qui, à l'entendre, serait une « petite merveille ». Il n'attendait que d'importantes rentrées d'argent pour poursuivre les travaux.

— Votre projet, lui dis-je, est séduisant. Cette résidence aura belle allure une fois que vous aurez fait abattre les ruines qui l'entourent.

Renfrogné, il me lança :

— Renoncez à cette illusion, Françoise ! Ces ruines resteront dans l'état où vous les voyez. Ce serait une infamie que de les raser. Mes parents s'y refuseraient et nos ancêtres me maudiraient dans leur tombe.

Il eût été dangereux de poursuivre cette discorde. Je dus me résoudre à passer de longs mois dans ce sinistre logis. J'obtins cependant, après d'âpres discussions où je ne lâchai rien, la permission de disposer pour ma convenance personnelle d'une chambre que je comptais pourvoir, sinon de luxe, du moins d'un confort élémentaire. En cas de refus, j'aurais interdit ses ébats nocturnes à mon fiancé. Modeste victoire, certes, mais dont j'étais fière.

Autre compensation : mes fenêtres ouvraient sur un étang prolongé vers le nord par une forêt de hêtres précédant une vaste plaine parsemée de villages et de hameaux aux noms pittoresques : La Courjonnais, Soudan, La Ville-Marie... Il manquait à mon goût congénital pour les eaux vives un cours d'eau. Les eaux mortes d'un étang me révulsaient.

Quelques mois plus tard, aux approches de l'hiver, il nous vint, sur la promesse d'une rémunération régulière, une équipe d'une dizaine d'ouvriers. Le maître d'œuvre, personnage arrogant, faillit faire avant terme échouer ce projet en réclamant une avance d'une importance telle que Jean, démuni, dut la lui refuser. Séduit par le projet, il s'abstint de nous faire faux bond. Un contremaître prit sa suite.

Les rapports intimes avec mon futur époux avaient ouvert entre nous une aire de sérénité faite de concessions mutuelles. Je lui promis de ne pas lui interdire ma couche, à condition qu'il ne me traitât pas comme une captive ou une catin; j'obtins de lui la responsabilité de notre foyer que sa mère négligeait. J'avais avec elle des rapports froids et distants, qu'elle n'encourageait guère, malgré mes tentatives à une tolérance réciproque. Qu'elle ait eu ou non d'autres projets matrimoniaux pour son fils, je l'ignore. Elle m'avait considérée d'emblée comme une étrangère, et elle était pour moi d'un autre âge, une relique.

Un soir d'automne, après avoir passé des jours à
cueillir des pommes et à gauler des noix, j'écrivis
dans ma chambre, à la chandelle, une première
lettre à la reine, non pour lui faire part de mes rapports intimes avec mes proches mais lui relater les
menus faits dont se tissait ma nouvelle condition.
Je la confiai à un serviteur pour la remettre à la
poste de Soudan ; il trahit ma confiance et informa
son maître de sa mission. S'ensuivit une scène violente, au cours de laquelle Jean m'interdit toute
relation avec l'extérieur sans sa permission et son
contrôle. Je baissai pavillon mais lui interdis ses
visites diurnes ou nocturnes pour une semaine.

À la faveur d'une belle journée d'octobre, après
les vendanges, Jean m'invita à rendre visite à ses
baronnies, à cheval et seuls, pour constater l'état
des récoltes. Cette randonnée d'une semaine me
ravit : mes rapports avec mon futur époux y
gagnèrent en confiance ; j'aimais chevaucher à travers champs, comme naguère dans ma montagne ;
il me plaisait de découvrir les gens qui attendaient
ma venue, quelques mois avant.

Hébergés par nos vassaux au soir de chaque
étape, nous trouvions des tables bien garnies et des
lits confortables. Répondant aux bonnes dispositions de Jean, je lui permis de partager nos nuitées.
Est-ce la bonne chère et les vins généreux, il me
vouait une tendresse maladroite mais sincère, qui
firent perdre de leur rigueur à mes préventions.
Il m'arriva – que Dieu me pardonne ! – de répondre
à ses effusions et même d'en éprouver du plaisir.
Le vocabulaire intime dont il les accompagnait

différait, du moins je me plais à l'imaginer, de celui dont il usait en pareille circonstance, avec ses petites servantes ou des filles de paysans. Je finis par éprouver pour lui, à défaut de sentiments amoureux, une affection fragile mais sincère.

Une lettre d'Anne nous annonça l'imminence de notre union légale. À l'égard de la religion, j'étais par rapport à Jean *sosie seu dilecte,* à savoir sa compagne et amie, et non *uxor :* son épouse. Il était donc temps de satisfaire à la convention traditionnelle et d'échanger nos vœux.

Cette décision était d'autant plus pressante que je me trouvais grosse. En mars de l'année 1508 je mis au monde une fille à laquelle, d'un commun accord, nous donnâmes le prénom de notre protectrice : Anne. Notre union se déroula dans l'intimité. La reine nous avait assurés de sa présence, mais en avait été empêchée par un drame : enceinte du roi Louis, elle avait accouché d'un enfant mâle qui n'avait vécu que le temps d'ouvrir ses yeux au monde.

Je ne m'étendrai pas sur les mornes années qui suivirent où j'élevai ma fille et assumai mon rôle auprès de mon époux dans la gestion de notre domaine. Fort heureusement, il ne fut pas appelé par le roi à combattre en Italie.

L'an 1512, une nouvelle me jeta dans une profonde affliction : la mort à la bataille de Ravenne, dans les armées du roi Louis, d'un de nos parents, Gaston de Foix, duc de Nemours, qui s'était couvert de gloire dans ses campagnes. On avait retrouvé sa dépouille au milieu des quinze mille cadavres sous les murs de Ravenne. Les qualités guerrières de ce garçon de seulement vingt-trois ans avaient fait souffler un vent de légende sur notre famille. On m'a rapporté que le roi lui-même, dont il était le neveu et qui l'aimait comme un fils, ne put retenir ses larmes lorsqu'il apprit la triste nouvelle.

Dans l'hiver 1514, une lettre de Louise de Savoie, épouse de Charles d'Orléans, personne très proche de la reine, nous apprit qu'Anne, en résidence au château de Blois, souffrant de la gravelle et des conséquences de ses fausses couches, était à l'agonie. D'un commun accord, mon époux et moi prîmes la décision de faire le voyage à Blois, avec l'espoir de trouver notre bienfaitrice encore en vie.

Nous arrivâmes trop tard sur la Loire, le corps de la reine ayant été rapatrié la veille dans ses États. En revanche nous fûmes reçus par le roi Louis que nous trouvâmes alité, visage défait, livide, paupières rouges et gonflées, en compagnie de son confesseur, le seul personnage admis dans sa chambre, hormis ses proches parents. Nous fûmes sensibles aux quelques propos que Sa Majesté nous tint, confirmant l'affection et la confiance que la morte n'avait cessé de nous témoigner jusqu'à sa fin. Le confesseur nous confia le souci qu'il éprouvait pour la santé de son maître : Louis souffrait depuis des mois des maux ramenés de ses expéditions guerrières et de ses aventures galantes en Italie. Quant aux funérailles de la reine et aux cérémonies qui les accompagnèrent, elles durèrent quarante jours.

Avant de rebrousser chemin, nous fûmes reçus par Louise de Savoie, et son fils, François de Valois, jeune gentilhomme de mon âge, à quelques mois près, cousin et gendre du roi Louis et promis à sa succession. Ce garçon de très haute taille, au regard pétillant de vivacité, au nez proéminent, au visage ingrat sous un duvet de barbe, ne me quitta pas des yeux durant tout notre entretien et me convia à une promenade dans les jardins de Blois, à laquelle je dus renoncer, Jean la jugeant indécente.

J'aurais volontiers prolongé mon séjour dans cette merveilleuse résidence où j'avais retrouvé quelques dames de compagnie de la reine, en proie au chagrin et à la crainte d'être renvoyées dans leur famille.

Sur le chemin du retour, alors que notre calèche longeait le fleuve, Jean me fit une scène abominable.

— Tu n'étais pas insensible, à l'évidence, à l'attention que le jeune prince te témoignait lors de notre entretien avec madame Louise. Il te dévorait des yeux et tu semblais y prendre plaisir. Ne le nie pas ! Je n'ai cessé d'observer votre manège.

Je répliquai que je n'étais pas responsable du comportement de François et que, si son intérêt pour ma modeste personne m'avait flattée, elle m'avait surtout indisposée.

— Je consens à te croire, ma mie, me dit-il, mais sache que je ne tolérerai pas la moindre faiblesse de ta part. J'ai dit ! À bon entendeur...

À la mort de la reine, bien qu'épuisé par ses campagnes dans la Péninsule, le roi Louis épousa, à cinquante-deux ans, une princesse anglaise, Mary, fille cadette du roi Henry VII, âgée de dix-huit ans, afin de pallier un éventuel conflit entre les deux royaumes et d'engendrer l'héritier mâle qui pourrait lui succéder. Son ambassadeur à Londres avait été chargé de contracter le mariage par procuration. On m'a raconté que, répondant à la coutume, il s'était glissé dans le lit de Mary et avait effleuré sa cuisse nue. Une semaine plus tard, montée sur une haquenée blanche, elle débarquait à Boulogne où l'attendaient la princesse Claude et le jeune François de Valois. Quelques jours plus tard, à Saint-Denis, elle était couronnée reine de France.

La nuit de noces avait profondément déçu le roi. Certes, il avait donné la preuve de sa virilité, mais appris qu'il avait été devancé par l'illustre duc de Suffolk, l'amant de Mary. Il avait évacué sa déception comme on jette de la poussière au vent, dans les festivités, sans cesser de se pâmer de désir comme les vieillards lorgnant Bethsabée dans son bain. Il n'avait trouvé en son épouse ni la ferveur ni l'élan qu'il souhaitait.

Madame Louise avait suivi avec inquiétude les rapports du roi avec la nouvelle reine. Qu'il l'engrossât et ses plans étaient à l'eau. Le roi dissipa les angoisses de cette mère vigilante en se retirant au palais des Tournelles pour y vivre, à la stupéfaction de la Cour, comme un anachorète, contraint, de par une fatigue insistante, à ne plus faire, même avec Mary, le *gentil compagnon*. Un jour, conscient de la brièveté de son existence, il avait dit à son épouse en ouvrant son coffre à bijoux : « Ma chère femme, recevez pour étrennes ces joyaux et ma mort. »

Mary ne fut reine de France que deux mois et quelques jours. Sur la fin de l'année 1514, quelques semaines avant sa mort, Louis avait convoqué François de Valois à son chevet, lui avait exposé la situation du royaume et lui avait fait promettre de poursuivre son œuvre en Italie. Il lui avait dit : « Je vous recommande mes sujets. »

François venait d'avoir vingt ans.

Des courriers de Paris nous informaient de l'état de santé du roi Louis. Il se trouvait toujours en état de mort imminente quand des mercenaires suisses, profitant de son état comateux, avaient envahi la Bourgogne et occupé sa capitale, Dijon. Louis avait tenté en vain de négocier par voie diplomatique un retrait de leurs troupes mais s'était heurté à un refus. À sa mort, au tout début de l'année 1515, il laissait son royaume ruiné par ses expéditions italiennes, aux mains de François de Valois, son cousin, marié à sa fille, Claude. C'était de la part du mourant un pis-aller : il n'avait guère d'affection pour celui qu'il appelait le « gros garçon » et qui, selon lui, « gâterait tout ».

À vrai dire, la mort du roi ne nous touchait guère. Il n'avait témoigné d'intérêt pour ses hobereaux de province que pour prélever dans nos montagnes de jeunes hommes à jeter dans ses sanglantes expéditions guerrières. Mon père n'avait réclamé de ses pouvoirs aucune faveur et il ne nous en avait jamais proposé, alors que son épouse, Anne, elle, nous en avait comblés. Il nous avait invités au mariage de sa fille, Claude, avec François de Valois mais avait ignoré notre présence.

Je ne partageais pas l'opinion de mon époux sur notre nouveau souverain. Nous avons eu à ce sujet une discussion qui avait failli tourner au vinaigre.

— Je déteste, me dit-il, ce godelureau prétentieux, méprisant, bâti comme un athlète de foire et laid de surcroît comme un jeune bouc. Je m'attends au pire de son gouvernement !

Les vrais sentiments que j'éprouvais pour François, si je les avais révélés à Jean, n'auraient pas eu de quoi l'irriter. J'avais été amusée par le semblant de cour tenté sans succès à Blois. S'il avait persévéré je lui aurais cloué le bec à ma façon.

J'avais mésestimé les reproches infondés de Jean, relatifs à mon comportement imaginaire vis-à-vis du *godelureau.* J'étais certaine qu'il les oublierait vite. Nous ne reverrions sans doute jamais ce jeune souverain qui, disait-on, semblait épris de sa jeune épouse malgré sa claudication, sa taille épaisse et sa nature mélancolique. Elle avait décidé de succéder à sa mère dans le gouvernement de la Bretagne, alors que son jeune époux s'apprêtait à monter une expédition pour l'Italie.

— Mon ami, dis-je à Jean, messire François a déjà dû nous oublier. Je n'en éprouve aucun regret, quoi que vous puissiez en penser. S'il nous rendait visite et tentait de me séduire, il trouverait à qui parler. Dois-je vous rappeler que certain gentilhomme du voisinage qui a tenté de jouer le joli cœur doit encore porter sur la joue la trace de ma main ?

Certes, mon époux, s'il n'avait pas oublié cet incident, ignorait les avances auxquelles se livraient envers moi d'autres hobereaux, jeunes et vieux dont j'écoutais en souriant les propos d'une galanterie fade et inutile.

Les rapports intimes avec mon époux peuvent se résumer par une simple métaphore : il m'abreuvait d'un vin généreux et je ne lui servais qu'une eau tiède. Ses ébats ne lui servaient qu'à évacuer sa virilité, et je recueillais comme une aumône de maigres palinodies post-éjaculatoires.

Jean éprouvait pour Louise de Savoie et son fils la même exécration. Il avait recueilli auprès d'agents du roi, de passage à Châteaubriant, des détails graveleux sur cette personne que j'avais pour ma part jugée digne de confiance.

— Cette mégère, me confia-t-il dans son langage trivial, cette maquerelle, a poussé par ses intrigues son fils à se rapprocher du roi Louis dans l'espoir qu'il serait choisi pour régner après sa mort. Elle a tenu le pauvre roi sous sa coupe, s'attachant à satisfaire les lambeaux de sa virilité avec des dames de la Cour, ces putains !

Je protestai vivement, arguant du fait que d'autres témoignages proclamaient cette grande dame austère dans ses mœurs et très attachée à la foi romaine. Il s'écria en frappant du poing sur le mur :

— Des apparences ! À peine devenue veuve de Charles d'Orléans, cette catin s'est livrée à la débauche. Nul n'ignore à la Cour les noms de ses amants : son chambellan, Jean de Saint-Gelais et son frère, l'évêque Octavien, Pierre Rohan, dit le Maréchal de Gié, l'amiral de Bonnivet, et j'en passe !

— Mon ami, vous êtes un grand naïf et vous gobez tous les ragots de la Cour.

Piqué au vif, il leva la main sur moi mais se retint de me frapper devant l'attitude ferme et le regard froid que je lui opposai.

Louise de Savoie était mère de deux enfants : François et Marguerite, qui lui vouaient la même vénération. Durant un séjour à la cour de Nantes, j'avais eu de timides rapports avec eux. François était alors trop jeune pour manifester quelque intérêt à ma personne.

En revanche je m'étais prise d'une sympathie réciproque – je n'ose parler d'amitié – pour sa sœur, duchesse d'Angoulême, future reine de Navarre, de trois ans mon aînée, qui, fort instruite, m'avait éblouie par ses connaissances et ravie par sa nature généreuse et joviale. Le poète de cour, Clément Marot, a écrit d'elle dans un poème : *Corps féminin, cœur d'homme et tête d'ange.* Nous avions un point commun : l'amour de nos montagnes.

Comment aurais-je pu deviner, alors que je me morfondais dans ma sinistre demeure à regarder les nuages de l'automne courir sur la forêt et à puiser de la lumière dans les poèmes d'Horace, que les événements de l'année 1515 allaient balayer mon existence passée et me projeter dans un monde fabuleux ?

3

Le repas du fauve

Le manque d'intérêt que le roi François portait à notre famille nous excluait de toutes les fêtes et solennités de la Cour. Nous ne recevions de ses nouvelles que lors des visites de fonctionnaires royaux venus s'enquérir de notre situation fiscale, ou des officiers venant battre tambour pour recruter de la chair à canon.

Ces rapports qui tenaient du mépris plus que d'une animosité, par ailleurs injustifiée, mettaient Jean dans tous ses états. Je dus à diverses reprises m'opposer à ce qu'il sautât sur son cheval pour courir demander au roi les motifs de son indifférence à notre égard. Quant à moi, sans me rebeller, je me trouvais face à une perspective peu réjouissante : finir ma vie dans cette ruine, entre un époux coléreux, jaloux sans motifs, et une poignée de serviteurs qu'il fallait mener à la baguette.

C'est d'un œil sceptique que j'ai vu émerger d'un magma de rochers et de terre les fondations du Château-Neuf. Les ouvriers ne se présentaient qu'à la nouvelle saison et déposaient leurs outils lorsque mon époux faisait attendre leur salaire ou les accusait de fainéantise. J'avais le sentiment que, jeune et belle, du moins à ce qu'on disait, je n'allais pas tarder à m'étioler. La présence de mon premier enfant, Anne, un an après notre mariage, aurait pu me réconcilier avec cette existence sans horizon, mais je redoutais qu'elle eût à subir ce même mode de vie mortifère que sa mère.

La mésestime de notre souverain, les exigences de l'armée qui privait nos domaines de jeunes bras, le mécontentement de nos féaux et de nos paysans écrasés d'impôts et soumis aux réquisitions altéraient le caractère de mon époux. Il avait été sourcilleux; il devenait exécrable. Le contredire était l'insulter; redoutant une riposte brutale je ne me m'y hasardais qu'en cas de nécessité. Ses humeurs étaient parfois empreintes d'une bizarrerie qui suscitait des doutes sur son état mental.

Il reçut au début de l'année 1515 un message du roi sollicitant sa présence et la mienne à une assemblée de tous les vassaux de son royaume. Il avait renvoyé les cavaliers porteurs du billet sans même leur offrir du vin et avait vomi des imprécations.

— Si François s'imagine que je vais obéir comme un chien au sifflet, il se trompe! Cette convocation est un piège et je suis persuadé que vous n'y êtes pas étrangère. Il se passera donc de nous. J'ai dit!

— Tentez, répliquai-je, d'imaginer la réaction du roi devant cette insulte. Oubliez-vous que le fief de Châteaubriant est un des plus importants de ce pays?

— Je vais lui répondre que je souffre d'un accident de cheval et que votre présence m'est indispensable.

— Il ne vous croira pas ! Ses messagers lui confirmeront ce mensonge éhonté. Je vous conseille donc d'y aller seul. Vous pourrez dire au roi... vous lui direz... que je suis de nouveau enceinte.

J'avais semé dans son esprit, suite à cette algarade, quelques germes de raison qui l'avaient réduit à quia. Le lendemain, il me revint rasséréné, déclarant qu'après tout, ce voyage nous permettrait de clarifier l'indifférence dont nous avions souffert. Il refusait de se séparer de moi pour n'être pas suspecté de jalousie, mais je devrais me montrer vigilante et ne pas céder à d'éventuelles avances.

— Nos serviteurs, ajouta-t-il, veilleront sur notre fille. Je demanderai à Guillaume de Soudan un petit chien de son élevage pour lui tenir compagnie.

J'appréhendais de retrouver le roi. Lors de notre première rencontre, au cours d'une brève promenade dans le jardin de Blois, il m'avait laissé entendre qu'il eût volontiers engagé une idylle. Mon silence l'ayant encouragé, il s'était promis de me revoir. Plus amusée que troublée, je l'avais laissé dire et me baiser la main à plusieurs reprises. Qu'allait-il advenir de notre nouvelle rencontre ? J'avoue que j'en éprouvais des frissons de plaisir tempérés par une certitude : sa prochaine campagne d'Italie comptait avant tout.

Nous pouvions disposer, avant de quitter Châteaubriant, d'une semaine que j'avais mise à profit pour faire un tri dans mes toilettes avec le concours de la dame de Soudan, et les ajuster, car j'avais un peu grossi après la naissance d'Anne.

Un matin, au retour de la chasse dans les parages de la Forêt Pavée, au sud du château, mon époux surgit, ruisselant d'une pluie mêlée de neige, et lança sèchement à la dame de Soudan :

— Laissez-nous seuls, madame, je vous prie. Je dois parler à mon épouse.

La porte refermée, il s'assit sur le bord de mon lit, l'air sombre, sa cravache battant son mollet et lâcha en regardant la pointe de ses bottes souillées de boue :

— Françoise, j'ai bien réfléchi à la convocation du roi et, à la réflexion, j'ai décidé de m'y rendre sans vous. La mauvaise santé de ma mère m'y incite. Elle ne pourra veiller sur Anne, comme nous l'avions prévu.

Je faillis protester, lui dire que ces procédés n'étaient pas dignes de lui et que la dame de Soudan pourrait s'occuper de notre enfant. Je me contentai de déglutir une salive amère et de répondre :

— Soit, mon ami, puisque telle est votre volonté. Quand souhaitez-vous partir ?

— Dans deux jours, mais rassurez-vous : je ne resterai pas longtemps absent. Vous pouvez donc ranger dans son coffre toute votre *vertugade*.

Cette décision, témoin du dérangement de son esprit, me causa moins de peine que je ne l'aurais imaginé. Ma présence à la Cour et les attentions dont le roi n'aurait pas manqué de m'assaillir eussent pu réveiller la jalousie morbide de mon époux et susciter un accrochage.

De la fenêtre de ma chambre j'assistai à son départ, entouré de son gouverneur, Johan, et de quatre écuyers prélevés dans notre domesticité. Il tombait une neige molle qui m'interdit de suivre de l'œil le cortège, passé le village du Margat. C'était la première fois que nous allions vivre séparés aussi longtemps, des semaines peut-être. J'en éprouvai un sentiment équivoque, celui du chien qui voit s'éloigner son maître et en même temps celui d'une captive libérée. Je trompais mon ennui par la lecture et les jeux que j'improvisais pour Anne qui, à sept ans, montrait vivacité et curiosité, comme moi à son âge.

J'avais passé quelques jours dans un état cotonneux quand un soir un cavalier accompagné d'une escorte aux armes du roi me remit un message de Sa Majesté, écrit de sa main. Je le lus à plusieurs reprises pour m'assurer de sa réalité : il me reprochait mon absence et m'attendait avec *impatience*.

Le lendemain matin, après avoir organisé mon absence, je me jetai dans ma calèche et, sous des bourrasques de pluie, accompagnée d'un palefrenier sommairement armé, je prenais la route de Blois.

J'allais me trouver en diverses occasions en présence du roi François Ier. Chaque fois je ressentais la même impression d'être en face d'un personnage de légende, échappé d'un ancien manuscrit, d'une majesté écrasante, à laquelle rien ni personne ne semblait pouvoir se mesurer. Il dépassait de la tête tous ceux qui l'entouraient. Son rire vif et sonore jaillissait comme une gerbe d'eau claire et nul ne pouvait se passer de l'imiter.

J'avais pris un intérêt d'une autre nature à son comportement envers les dames de la Cour, ces perruches qui l'assaillaient, attendant un baisemain ou une simple parole. Celui qui aurait pu passer pour un bellâtre avait donné des preuves de son énergie et de son courage dans les tournois qui se succédaient. Ses exploits soulevaient chaque fois un délire de vivats dans l'assistance, et des femmes y perdaient conscience.

Dès mon entrée à la Cour, éperdue, inconnue comme dans une chasse à courre, ce n'est pas la présence de mon époux que je recherchai mais celle de François. Durant mon voyage j'avais ressassé des pensées perverses destinées à lui montrer qu'ayant contrarié mon butor de mari, j'étais une *femme libre*. Je portais en moi cette audace comme une arme, bien décidée à m'en servir.

C'est par l'intermédiaire du secrétaire de Sa Majesté, Florimond Robertet, après avoir passé une journée à l'assiéger, que j'obtins satisfaction. Il m'avait fait conduire dans un cabinet et fait servir une collation en me conseillant d'être patiente.

Une heure avait passé quand la porte s'était ouverte non sur le roi mais sur son épouse, Claude. Elle était sobrement vêtue d'une robe grise, longue et ample, destinée à dissimuler ses malformations congénitales. Elle s'assit en face de moi, me confia, en me tutoyant comme naguère, qu'elle avait gardé le souvenir de nos entretiens et de nos jeux dans le palais et les jardins de Nantes. Elle avait quatre ans de moins que moi mais il semblait qu'elle n'eût pas d'âge tant ses traits s'étaient estompés et affadis.

Nous avions presque vidé un cruchon de vin blanc quand le roi, de retour d'une chasse dans la forêt de Russy, fit son entrée. Je fus surprise de le voir se diriger non vers son épouse mais vers moi, se laisser tomber dans un fauteuil, se faire débotter par un page et demander que l'on nous laissât seuls. Il se servit du vin qu'il but dans ma coupe et me dit après m'avoir baisé la main :

— Madame de Châteaubriant, pardonnez ma tenue, mais j'étais si impatient de vous revoir que j'ai remis à plus tard ma toilette et mes apprêts pour le repas de ce soir.

Il ajouta d'un ton enjoué, enfoncé dans son fauteuil :

— Sans doute l'ignorez-vous mais vous étiez attendue à la Cour comme le loup blanc.

— Sire, pardonnez-moi, mais je n'en vois pas les raisons. Je suis une femme très ordinaire, dont le passé...

— Votre passé, madame, est tout à votre honneur. L'ambiance de légende où baigne votre enfance, une famille de haute réputation, vos rapports affectueux avec la reine Anne de Bretagne, et de surcroît les bruits détestables et que je déplore qui courent sur votre union mal conçue avec Jean de Laval...

La colère me rosit les joues et je me contenais pour en finir avec cette logorrhée.

— Sire, cela n'est guère propre à faire de moi une grande dame.

Il égrena un petit rire.

— Mais vous êtes déjà une grande dame, ma chère. Il ne vous manque que d'en donner la preuve. On ne vous voit jamais à la Cour. Il faudra donc vous résoudre à y paraître souvent.

— Je doute que mon époux y consente. Il est
fort jaloux.

Il bougonna en se trémoussant.

— Jean de Laval... Jean de Laval... Il ne vous
mérite pas. Je sais comment dompter ce fauve. C'est
le roi qui vous parle et exige votre présence. Sachez
que j'exècre ce mot, «jalousie», qui fait trop souvent obstacle à nos ambitions et à nos désirs. La
liberté est notre bien le plus précieux.

J'avais hâte que François en finît avec ce pathos
ne faisant que de vagues allusions à son désir de ne
pas faire de moi une simple dame de compagnie.
Il fit claquer ses mains sur les bords de son fauteuil,
se leva comme à regret, et, recoiffant sa toque de
chasse, me dit d'un air embarrassé :

— Madame, je n'ai rien à ajouter à cet entretien
sinon vous faire comprendre... hum... que je
compte donner suite à nos rapports sur un mode
moins solennel. Il pourrait se passer entre nous de
grandes choses...

Au repas du soir, qui réunissait une centaine de
convives dans la grande salle de Blois, ses attentions
me touchèrent. J'avais été appelée à siéger à sa
dextre et mon époux à sa senestre, ce qui, m'a révélé
Florimond Robertet, avait occasionné une forte
émotion dans l'assistance : j'occupais la place réservée à la reine !

Dans la crainte d'un conflit matrimonial, François
avait pris soin d'affecter à mon époux et à moi des
chambres séparées, ce qui compliquait la suite de
nos rapports. Ma chambre, située dans le corps

de logis construit par le roi Louis, dotée de hautes fenêtres à meneaux, donnait sur la cour d'où montaient les suaves musiques d'une fête nocturne.

Une confrontation avec mon époux était inévitable. J'en avais fini avec ma toilette quand il surgit, la mine sobre et, assis au bord de ma baignoire, renvoya mes servantes et me dit d'une voix calme mais froide :

— Madame, je sors du cabinet du roi. Ce qu'il m'a confié m'a profondément affligé. De par sa volonté nous allons devoir entamer une nouvelle existence : moi dans mon château, vous à la Cour. Pour lui, votre beauté et vos qualités intellectuelles pourraient ainsi s'épanouir. C'est vouloir me faire avaler une couleuvre.

Je lui répondis avec une pointe d'ironie :

— Je suppose que cette transaction ne va pas sans quelque avantage pour vous.

— J'en conviens. Il m'a confié le gouvernement de quelques baronnies et une place en son Conseil. Les revenus issus de ces bienfaits me permettront de hâter la construction du Château-Neuf.

— Il semble que dans ce marché j'eusse fait figure de monnaie d'échange, et que vous, mon mari, eût fait litière de ma fierté et de notre intimité.

Il s'écria :

— Notre intimité ? Vous ne m'en avez donné que l'apparence. Sachez que l'idée m'est venue d'un divorce. J'y ai renoncé parce que cette décision heurtait ma foi et qu'Anne aurait été la première à en souffrir. Nous allons donc vivre séparés mais sans rupture définitive. Je veillerai à l'éducation de notre fille. Je serai toujours votre époux et vous la maîtresse du roi.

Je faillis arguer, comble de la perversité, du fait que le roi se comporterait sûrement avec moi comme avec d'autres dames qui ne partageaient pas forcément son lit et n'étaient que l'ornement de sa cour. En réalité j'avais la conviction que le jour ne tarderait pas où le roi me prendrait dans son lit. J'en frémissais d'orgueil et de crainte : ce qui pourrait devenir une passion risquait de tourner au cauchemar : les tambours de guerre allaient bientôt gronder dans la cour du palais.

L'attitude de Jean prit soudain une autre tournure et la tonalité de sa voix changea. Il s'avança vers moi, ses mains triturant sa ceinture et me dit :

— Vous paraissez oublier, ou le vouloir, que je vous ai aimée alors que je ne trouvais en vous qu'une fade affection. Certes, vous semblez considérer que ma nature est fruste, mon caractère vif et soupçonneux, mais vous n'avez pas daigné me rendre plus digne d'être aimé de vous. Je vais donc, dès demain, repartir seul pour notre demeure qui vous restera ouverte. Je vous souhaite une bonne nuit.

Il m'embrassa. Ses joues étaient humides et les miennes sèches.

À peine m'étais-je retrouvée seule, que le roi me confia à un gentilhomme de sa chambre, un sieur Chabot de Jarnac, un vétéran de la Cour au temps du roi Louis. Ce beau vieillard se montra d'une familiarité de bon aloi pour m'initier à ma nouvelle existence. Il prit une journée pour me faire visiter ma nouvelle résidence et le vaste chantier en cours, me décrivant le fastueux projet que portait François, de compléter l'œuvre de son prédécesseur par une construction s'inspirant des palais du Vatican, enrichie d'un décor foisonnant qui ferait une place d'honneur à une sorte de dragon entouré de flammes, dont il me montra des esquisses sur des petits carnets.

— Madame, me révéla mon cicérone, ce grand lézard en apparence redoutable a été choisi comme emblème par le roi. Il a le pouvoir d'échapper aux flammes. Cela s'appelle une salamandre. Elle protège Sa Majesté des brasiers de la guerre et de l'amour mais sa peau sécrète un poison.

Il m'accorda une autre journée pour visiter la ville, tassée autour du château et sur la berge du fleuve. J'y découvris un écheveau de rues tortueuses bordées de vieilles demeures à encorbellement, de monuments ornés de dentelles de pierre, de boutiques pittoresques, et de demeures seigneuriales de belle allure. Cette journée se termina par une longue promenade dans le verger et les jardins en terrasses aménagés par ma cousine Anne et par un instant de recueillement dans son petit oratoire.

Trois demoiselles de la maison de la reine m'attendaient pour me mener dans une pièce où elles me servirent une collation qui allait remplacer mon souper.

La reine m'ayant conviée à sa table, je la fis prévenir que la fatigue de cette journée m'imposait une longue nuit de sommeil.

Claude ne me tint pas rigueur de mon absence ; le roi, si : de toute la journée qui suivit il ne me donna pas signe de vie.

— Ne vous en offensez pas, me conseilla Claude. Mon époux est fort occupé avec son Conseil et son ministre des Armées à préparer son imminente campagne d'Italie, mais aussi et surtout par son couronnement, à Reims, à la fin du mois. C'est dire que nos avons peu de chances de partager avec lui une partie de balle. Pourtant sachez que son humeur de ce matin n'a en rien altéré ses sentiments pour vous. Il m'en a fait l'aveu.

Au cours de l'après-midi, Marguerite de Navarre, la sœur aînée de François, venant de quitter ses montagnes, se présenta à Blois à la demande de son frère. Le lendemain, elle m'invita à la rejoindre dans sa chambre située dans l'ancienne aile du palais consacrée à la salle des États. Claude m'apprit que, cinq ans auparavant, un mariage arrangé lui avait donné comme époux le duc d'Alençon, être falot, « chiffe molle », disait-elle, qui n'avait d'intérêt que pour ses chiens, ses chevaux et ses petites maîtresses.

Je frémis de plaisir en me retrouvant devant cette femme au visage ingrat, au nez long – héritage familial – au teint basané, au regard pétillant de vivacité. Elle était occupée à ranger dans une vitrine les ouvrages qui la suivaient dans tous ses voyages.

Le moment d'effusion passé, elle me confia qu'elle avait été tenue au courant par sa mère, Louise, des événements qui avaient bouleversé ma vie et avaient fait de moi une favorite de Sa Majesté. Ce qu'elle ignorait, c'était mon état d'âme. Je la rassurai.

— J'aurais mauvaise grâce, madame, à me poser en victime éplorée, mais sachez que je suis étrangère aux manœuvres sordides qui m'ont menée à la condition que j'occupe. Mon époux se consolera vite de mon absence et votre frère m'honorera de ses faveurs. De quoi pourrais-je me plaindre ? Ma fille, Anne, me manque, mais il m'est permis de lui rendre visite à Châteaubriant.

— Je serais tentée, me répondit-elle, de dissiper vos illusions en vous présentant mon frère comme un personnage versatile, mais des lettres de ma mère m'ont assurée qu'il a pour vous les sentiments qu'il n'a pour aucune autre femme. Je suis persuadée qu'il attend de vos relations autre chose que des plaisirs frelatés. Je vais vous confier un secret : si Claude ne lui avait pas été imposée, c'est vous qu'il aurait choisie pour épouse.

— À mon tour de vous faire une confidence, madame. J'éprouve pour la reine Claude, outre la vénération que je lui dois, une profonde amitié. J'ai la pénible impression de la trahir en lui volant son époux.

Elle protesta avec vivacité.

— Vous raisonnez comme une oie blanche, ma jolie ! Il n'existe, entre le roi et la reine, qu'un souci : procréer. Côté sentiments, c'est le vide. Il y a entre eux un accord implicite, chacun menant sa vie à sa guise. Alors ne me parlez pas de trahison !

Je l'aidai à ranger ses derniers ouvrages et lui demandai l'autorisation de lui en emprunter, de tout le temps qu'elle resterait à Blois.

— Ma chambre, me dit-elle, vous est ouverte jour et nuit. N'hésitez pas à venir y faire vos choix. Avez-vous lu les *Vies parallèles*, de Plutarque, ce philosophe grec d'avant le Christ? Non? Alors je vous prête ce livre. Vous y trouverez des comparaisons entre la vie de grands personnages de l'Antiquité grecque et romaine comme Alexandre et César et des considérations générales sur la nature humaine.

Elle m'avoua qu'elle se livrait à l'écriture, sa véritable passion, et qu'elle comptait y consacrer l'essentiel de son existence. Elle posa sa main sur une pile de feuillets en apparence disparates, expliquant qu'il ne s'agissait «que» de poèmes; elle nourrissait d'autres projets.

Le roi ne lui avait pas imposé une simple visite d'affection. Il comptait l'avoir à sa cour et se nourrir de son érudition et de sa sagesse.

L'entretien que je venais d'avoir avec la reine Marguerite, les attentions qu'elle avait pour moi allaient baigner d'une lumière rassurante ma présence à la cour de Blois.

Si le roi tardait à me prouver l'intensité de son amour, c'était, m'assura Marguerite, en raison des graves événements qui s'annonçaient.

Préparer une nouvelle expédition militaire était une affaire considérable. Il faudrait entreprendre la reconquête du Milanais, la plus riche et puissante province de la Péninsule, qui avait attiré la convoitise du roi d'Allemagne, Maximilien. Nos rois précédents, Charles VIII et Louis XII, avaient consacré une partie de leur vie à sa conquête et au maintien de leur pouvoir sur elle. François avait hérité de cette fascination qui tenait à la richesse luxuriante et à l'art de vivre de ces territoires et de leurs villes, à la mansuétude du climat et aux femmes italiennes réputées pour leur charme et leur conquête facile.

La fin des travaux du Conseil avait entraîné des festivités auxquelles je fus conviée. J'attendais du roi quelque attention et fus déçue. Je le dévorais des yeux sans oser m'en approcher; il semblait n'attacher aucun intérêt à ma présence.

Je commençais à me morfondre quand, après un festin, alors que je m'apprêtais, avec les dames, à regagner mes pénates, il m'aborda, la mine penaude.

— Madame, me dit-il, durant les travaux qui ont pris tout mon temps, il ne s'est pas passé une heure que je n'aspire à votre présence. Dieu, que vous êtes belle! Accepteriez-vous de me rejoindre ce soir dans la tanière d'un fauve qui se meurt d'amour pour vous? Un valet vous guidera. J'ai à vous confier des *affaires essentielles* nous concernant, vous et moi.

Ce n'est pas dans la tanière du fauve que le valet me conduisit mais, à ma demande, dans ma chambre, où je réveillai mes servantes somnolentes pour me préparer un bain et m'oindre d'onguents et de parfums. J'allais donner un dernier coup de brosse à mes boucles lorsque la porte s'ouvrit sur le roi. Il paraissait de mauvaise humeur et me lança :

— Madame, vous avez failli me faire attendre! Pour mieux vous faire désirer sans doute? Dites à vos femmes de se retirer. Nous avons à parler sans témoins.

Il jeta son chapeau sur mon lit, parcourut du regard, en fredonnant, l'étagère consacrée à mes livres et, s'appuyant des deux mains à mes épaules, nos regards se croisant dans le miroir, il me dit :

— Madame, vous n'ignorez pas que la guerre est imminente et que vos trois frères, Odet, Thomas et André, vont m'accompagner en Italie. Ils sont jeunes, courageux et savent se battre comme je l'ai constaté dans la salle d'armes. Je tenais à vous informer qu'ils me suivront à Milan.

— Vos faveurs me comblent, sire, et celle-ci plus que toute autre. En eux, c'est notre famille que vous honorez. Ils s'en montreront dignes.

J'en avais fini avec ces insipides formules de gratitude quand, avançant un tabouret, son genou contre ma cuisse, il me dit en se grattant l'avant-bras, signe chez lui d'embarras :

— Françoise, il est temps d'en finir avec la longue absence dont pour ma part j'ai souffert, et de céder à la fascination que vous avez exercée sur moi depuis notre première rencontre.

— À mon corps défendant, sire...

— J'en suis convaincu. Vous étiez si jeune et déjà si attirante sous votre défroque de sauvageonne qui portait l'odeur de vos montagnes. Depuis ce jour...

— De grâce, sire, épargnez-moi ces souvenirs. Dites-moi plutôt, sans ambages, ce à quoi vous destinez l'oiseau que vous avez mis en cage. Pour en faire l'amusement de la Cour peut-être ?

Il éclata de rire et se gratta furieusement l'avant-bras où ses ongles avaient laissé de petits sillons rouges. Il cracha sur le parquet, me remercia par un simple signe de tête du mouchoir que je lui tendais et bredouilla :

— Ne jouez pas les oies blanches, Françoise... Vous savez fort bien le motif de ma présence. Alors ne m'obligez pas à jouer les galants timides. Je me meurs d'amour pour vous. Donnez-moi le coup de grâce.

Je laissai tomber ma brosse et me jetai contre sa poitrine. Il dispersa des baisers sur mes lèvres, mes épaules et mon cou, gémissant, comme si le *fauve* s'apprêtait à me dévorer. Quelques minutes plus tard, en chemise et fiévreuse, je contemplai, dressée devant mon lit, l'effigie nue d'un dieu antique, un corps bourrelé de muscles, dont la taille dépassait de la tête la mienne, qui n'est pas banale. Il posa ses mains sur mes épaules, me força à m'allonger et déclara :

— Votre chambre vous ressemble, Françoise. Elle témoigne de votre goût. Je ne lui ferai qu'un reproche : votre lit est trop étroit.

À la première clarté du jour, je constatai que mon compagnon de la nuit avait disparu, laissant quelques cheveux bruns mêlés aux miens sur l'oreiller. L'empoignade avait été rude, interrompue de temps à autre par les visites de mon amant à ma garde-robe pour se soulager, ou s'administrer une coupe de vin. J'aurais aimé un éveil commun, main dans la main, un entretien détendu dans la clarté rosâtre du matin, ou même un silence témoin de notre satiété. Il ne restait dans mes draps qu'un remugle de sueur et d'eau de senteur.

En prenant mon matinel dans ma chambre, je me disais que, devenue la favorite *active* de Sa Majesté, j'aurais à subir, après le mépris, la jalousie des dames que je venais de supplanter. D'autre part j'allais moi-même être accablée par ce sentiment exécrable, sachant que le roi, son caprice passé dans mes bras, allait de nouveau s'adonner aux ébats avec les perruches et les oiselles qui battaient des ailes autour de lui.

Marguerite m'avait prévenue :

— Il faut prendre mon frère comme il est, sans se soucier de ses passades. Il est, en amour comme à la guerre, aussi exigeant et impulsif. Le roi Louis lui a fait ceindre le baudrier, alors qu'il n'avait que quelques poils de barbe au menton, pour l'amener en Italie. Il l'avait trouvé courageux mais téméraire et étourdi. À la moindre alerte il dégainait son épée et fonçait, comme il le fait avec les femmes qu'il désire. C'était alors un adolescent. À vingt ans passés, le temps et l'expérience l'auront assagi.

Dans les jours qui suivirent, je fus surprise des attentions du roi à mon égard. Un matin il fit glisser sous ma porte un billet sous forme d'un quatrain médiocre mais qui me toucha par sa sincérité. Il m'invitait à le rejoindre le soir même dans sa *tanière* ornée de tapisseries flamandes et dotée d'un large lit à baldaquin. Au cours de ces nouveaux ébats il montra moins de rudesse et plus de délicatesse. J'étais aux anges. Le lendemain il me fit porter pas son valet un collier d'émeraudes.

Le roi crut me faire plaisir en m'annonçant la venue à Blois de mes trois frères appelés à rejoindre l'armée d'Italie. Je n'éprouvai aucun plaisir à retrouver, après tant d'années, ces rustres qui passaient leur temps à se chamailler et ne s'entendaient que pour comploter de mauvais coups.

Le seul plaisir qu'ils m'apportèrent fut une missive de quelques lignes de ma petite Anne, qui venait d'avoir sept ans. Sous la dictée de son père, elle ne laissait sourdre, entre la relation de menus événements domestiques, qu'une affection diffuse. J'avais moi-même écrit à mon époux pour le prier de la faire conduire à Blois pour une semaine mais n'avais pas obtenu de réponse. Je n'eus pas à souffrir de son absence ; il me suffisait de la savoir en bonne santé et capable d'écrire.

J'eus honte du comportement de mes trois larrons durant leur bref séjour à Blois. Ils s'étaient conduits comme des ribauds, se disputant les meilleures places à table et apostrophant leurs voisins en termes triviaux, comme dans nos fêtes de jadis, au château de Foix. Avec moi ils avaient fait montre d'une familiarité insultante, Odet allant jusqu'à me traiter de *putain du roi*, ce qui lui avait valu un soufflet de ma main et une âpre semonce publique administrée par Marguerite.

C'est à Reims qu'eut lieu l'événement que toute la population attendait : le sacre du roi, en présence de la noblesse de France et de Bretagne. Je dus faire appel à mon médecin pour convaincre Sa Majesté qu'immobilisée par une chute de cheval, je ne pouvais quitter ma chambre. François s'en montra peu affligé. Une indiscrétion perverse d'une dame de compagnie de la reine m'apprit qu'il lui tardait de partir et, passant par Paris, de retrouver la dame Dishomme, épouse d'un riche avocat parisien, sa maîtresse depuis des années. Ce poison me resta dans la gorge.

C'est grâce aux courriers de Marguerite que je pus suivre, pour ainsi dire au jour le jour, sur mon lit de percluse, le déroulement des cérémonies dans la cathédrale Notre-Dame de Reims : serment solennel du roi de défendre ses sujets et la religion romaine, onction à l'huile de la sainte ampoule, pose par l'archevêque de la couronne de Charlemagne, aux fleurs de lys d'or et de pierres précieuses, chemise livrée aux flammes pour faire oublier les turpitudes charnelles, *Te Deum* et grandes orgues...

La reine Claude, m'écrivit Marguerite, *s'est trouvée au côté de son époux, bien qu'enceinte d'un deuxième enfant et mal en point. J'ai eu pitié d'elle et lui ai apporté mon aide dans ses épreuves.* Elle ajoutait : *L'archevêque a retiré au roi la lourde couronne impériale pour la remplacer par un simple diadème d'or. J'ai assisté à la cérémonie traditionnelle de la guérison des écrouelles dans l'abbaye voisine de Saint-Maclou. J'ai vu avec émotion mon frère, lors de la cérémonie, effleurer plaies et gales en disant à chacun les propos consacrés :* « Le roi te touche, Dieu te guérira », *se laver les mains et remettre à chacun de ces malheureux une bourse de deux sols.*

Au cours de ces cérémonies, François s'était longuement entretenu avec un personnage illustre : le prince Charles, fils de Philippe le Beau, archiduc

d'Autriche, et de la reine de Castille, Jeanne, dite
«la Folle». Ils avaient évoqué les menaces d'un
nouveau conflit, l'Autriche revendiquant notre
riche province de Bourgogne et le Milanais. Ce
prince de quinze ans allait devenir notre pire
ennemi sous le nom de «Charles Quint». Il avait
quitté la France avec la promesse par François de
son mariage avec la princesse Renée, fille du roi
Louis et d'Anne de Bretagne, âgée de cinq ans.
Une manœuvre diplomatique promise à l'échec.

En l'absence du roi et pour agrémenter ma solitude, je me suis rapprochée de deux personnages
exceptionnels de la Cour : une dame dessinatrice,
Mme de Boissy, et le poète Clément Marot.

Je croisais fréquemment cette artiste, toujours
à l'affût de quelque commande parmi les gentilshommes et les dames. À la fois vive et boulotte, elle
portait toujours dans sa ceinture un calepin et des
mines de plomb. Je lui proposai de faire mon portrait mais elle s'y refusa, de crainte de mécontenter
le roi. Plus tard, ayant obtenu son agrément, elle
s'exécuta. Au bas du portrait médiocre, à la mine,
le roi inscrivit cette appréciation sévère : *Mieux faite
que dessinée.*

Mes rapports avec le poète Clément Marot, que
j'avais sans doute croisé, adolescente, à la cour
d'Anne de Bretagne, me procurèrent davantage
d'intérêt. Marguerite le portait aux nues, disant
qu'il était «le parangon de la poésie de son temps»,
presque aussi illustre que Rabelais, mais dans un
domaine tout autre.

Fils de Jean Marot, lui-même poète mais à la cour du roi Louis, Clément, natif de Cahors en Quercy, avait déjà relaté ses souvenirs d'enfance dans un ouvrage intitulé *De Robin*. J'éprouvais pour lui des sentiments partagés. Son esprit, parfois mordant, la qualité et la fécondité de ses poèmes, souvent *de circonstance*, d'où émergeait une sensibilité frelatée, m'avaient laissée dans l'expectative.

Marguerite, qui l'appréciait fort, m'avait encouragée à faire plus ample connaissance avec lui.

— Il vient, me dit-elle, de mettre à la mode une nouvelle forme poétique : le sonnet. J'aimerais qu'il nous en lise certains, un soir, dans ma chambre. Vous serez subjuguée.

Je le fus. Il émanait de ces poèmes formés de deux quatrains et deux tercets un charme étrange, incantatoire, sans la moindre rupture, qui ne nous lâchait qu'au dernier vers. J'allais inscrire Clément Marot dans le groupe restreint des courtisans qui présentaient pour moi quelque intérêt. J'avais compris que, sous le poète prébendé, se cachait un génie dont le masque fondait en ma présence.

Je garde du comportement du roi au retour du sacre un souvenir détestable. J'étais prête à lui pardonner de ne m'avoir pas adressé un mot, mais à lui tenir rigueur de l'humiliation qu'il allait m'infliger.

Florimond Robertet avait organisé à son intention une journée de chasse dans la forêt de Russy. François y avait hérité du vaste pavillon de chasse du roi Louis, où il lui arrivait de passer plusieurs jours en aimable et joyeuse compagnie. Il m'avait invitée à le rejoindre, mais, mal guérie de mes meurtrissures, je m'étais dérobée.

Prit-il ombrage de mon refus? Je l'ignore. À la minuit, alors que je dormais, il fit irruption dans ma chambre, encore revêtu de sa tenue de chasse, poitrine débraillée et titubant. Il posa sa chandelle à mon chevet, bredouilla entre deux chansons des propos insanes et entreprit de se défaire de sa défroque puant la sueur et la sauvagine.

— Sire, lui dis-je, il serait raisonnable de regagner votre logis et de prendre une poudre pour vous dégriser. Laissez-moi dormir, je vous prie. Je ne suis pas guérie de ma chute de cheval.

Il bafouilla :

— Madame, je suis moins ivre que vous le dites. J'ai simplement besoin... besoin d'une compagne pour cette nuit. Allez-vous... allez-vous me refuser cette faveur?

Redoutant sa colère, je le laissai s'allonger dans mon lit qu'il occupa presque en entier. Je m'attendais à subir un assaut mais il se mit à ronfler et à marmonner des propos inaudibles. Contrainte de m'allonger à moitié hors du lit, je ne dormis guère cette nuit-là. Dans la somnolence du matin, lorsque j'ouvris l'œil, j'étais seule. Sans le coutelas à lame rougie de sang séché qu'il avait oublié sur le parquet, j'aurais pu me dire victime d'un cauchemar.

Le surlendemain, à la messe familiale du matin dans la chapelle, je me retrouvai en sa présence. L'office terminé il me prit le bras, me tira à l'écart et me dit d'un air contristé :

— Françoise, j'ai appris que l'autre soir, durant votre sommeil, un individu avait pénétré dans votre chambre avec des intentions malveillantes que, Dieu merci, il ne put réaliser. Faites-moi la grâce de penser que cet ivrogne n'était pas le roi.

— Comment aurais-je pu, sire, imaginer un incident aussi burlesque, qui ne vous ressemble en rien? J'étais en proie à un cauchemar, voilà tout. N'en parlons plus, s'il vous plaît.

— Pour vous le faire oublier, je me permets de vous offrir un modeste cadeau. Vous m'en remercierez ce soir, si vous daignez venir me retrouver après le souper.

Il me remit un petit coffret de cuir doté d'une clé d'argent que j'ouvris dans ma chambre. Il contenait un médaillon représentant une salamandre entourée de pierres précieuses.

Ce séjour fut tissé de jours et de nuits de délices, dont, après bien des années, je garde le goût ineffable. François paraissait ne pouvoir se passer de moi. Je ne pus même échapper à son désir la nuit où, au château d'Amboise, la reine avait accouché de Louise.

Au début de l'été, à la suite d'une fête nocturne sur la Loire, il m'annonça une nouvelle que j'attendais mais qui me bouleversa. Dans moins d'un mois il devrait quitter Blois pour Paris et, de là, à petites journées, prendre la route de Lyon d'où son armée descendrait le Rhône jusqu'à la mer.

Il me demanda si j'aurais plaisir à le suivre, avec une partie de sa cour, ses chiens et son fou, Triboulet.

Je réservai ma réponse mais avec la quasi-certitude qu'elle serait négative. J'avais aimé la guerre au temps où je suivais mes frères qui passaient les Pyrénées pour aller porter le fer et le feu chez les Espagnols, en représailles pour leurs méfaits dans nos domaines. Cette passion était morte plus tard, le jour où une escarmouche au nord de Rennes contre des pillards anglais nous avait ramené une dizaine de blessés et de cadavres. De plus, je ne souhaitais pas me trouver, en suivant le roi dans son équipée, en concurrence avec les belles Italiennes de Milan. Je trouvais plus habile de rester seule à Blois ou à Paris où je rêvais de me rendre, provoquant ainsi chez le roi, peut-être, le regret de ne pas m'avoir à son côté. L'absence d'un être cher peut affadir une passion mais aussi bien l'exalter. J'aurais donné ma main à couper que le roi me reviendrait plus amoureux et plus ardent qu'à son départ.

Je bus comme un nectar les semaines précédant le départ du roi. Il me semblait que le bel été ligérien avait pris, de jour comme de nuit, une nature différente, avait gagné en densité et en saveur, comme pour me donner la force d'affronter l'épreuve prévue. Je trouvais du plaisir même dans ce qui m'avait été insupportable : les bruits montant des chantiers, les papotages des dames, les facéties du fou Triboulet, les chasses, les bavardages déprimants entre madame Louise, mère du roi, et Claude, sa femme…

Madame Louise, persuadée que je n'avais en tête, en m'immisçant à la Cour, que la conquête de son fils, avait mis un terme aux préventions nourries contre moi. Est-ce sous la pression de Marguerite qu'elle avait fini par comprendre que ma présence auprès de son fils ne pouvait être que bénéfique pour lui en écartant l'essaim des courtisanes ? Elle me témoignait une affection parfois bourrue, mais je n'en souffrais pas, sachant que tel était son caractère : celui d'une vieille abbesse veillant au comportement de ses moniales.

Je ne puis oublier que, peu après mon exil de Châteaubriant et mon accès à la Cour, nous avions eu une sévère altercation. Elle m'avait mise en garde avec rudesse contre les conséquences de relations passionnelles avec son fils et m'avait reproché de trop me montrer en sa compagnie. J'avais protesté avec vigueur pour dire que le roi était mon maître et que je devais me soumettre à sa volonté.

— Qu'attend de moi votre fils, madame ? Que je végète dans ma chambre comme dans une cellule d'esclave ? Si je parais trop souvent en public en compagnie de votre fils, c'est à lui, madame, qu'il faut vous en prendre. C'est la jalousie qui vous ronge !

Elle avait jailli de son fauteuil et avait brandi sa canne en s'écriant :

— Assez d'insolence, madame ! Apprenez qu'à dater de ce jour vous avez en moi une ennemie. Sortez !

Informé par mes soins de cette algarade, François, loin de me reprocher la vigueur de ma réaction, m'avait rassurée : il aurait un entretien avec sa mère ; elle oublierait vite. Elle oublia et nos rapports, s'ils ne furent pas chaleureux, s'en trouvèrent rassérénés.

Mes relations avec Claude étaient exempts de la moindre animosité. J'exerçais auprès d'elle un rôle implicite de lectrice. Elle avait trouvé ma voix « douce et chantante », favorable aux somnolences, puis au sommeil qui accompagnaient la lecture de Virgile ou d'Horace. En revanche, elle détestait la voix « grinçante et mal maîtrisée » de Marguerite, surtout ses poèmes qu'elle soupçonnait, à juste titre, de transgresser la foi.

Il est vrai que la reine de Navarre, profitant du laxisme de son frère en matière de religion, avait prêté une oreille complaisante à la rumeur sur la réforme de l'Église diffusée à travers le continent par un certain moine allemand, Luther. On disait même qu'elle recevait des opprimés dans son royaume. Son lien étroit de parenté avec le roi la mettait à l'abri des foudres religieuses. Elle avait trouvé un complice en Clément Marot. Je les soupçonnais, sans m'en offusquer, de passer des nuits en tête à tête, non pour donner libre cours au vice, mais pour comploter.

Je n'avais prêté qu'une oreille dubitative à sa tentative de m'initier aux idées novatrices. Elles m'avaient intéressée mais pas au point de m'inciter à franchir le pas. Si je partage sa révolte contre le dévergondage de l'Église, de ses grands prélats aux curés de campagne et à leurs clergeons, ma foi demeure en moi solide comme la pierre de mes montagnes.

À l'approche du départ du roi pour l'Italie, j'allais être rassurée par sa décision de mettre un terme aux réunions de la « petite bande ». Composée d'amis d'enfance de François, Montmorency, Chabot de Brion, Fleuranges notamment, elle consistait en un phalanstère propice aux jeux d'armes et aux dévergondages de toute nature où l'on accueillait dames réputées libertines et jeunes pages.

Je me hasardai à demander à François des détails sur cette mystérieuse congrégation laïque. Il haussa les épaules et me répondit en grattant son bras teigneux :

— Petite innocente, cela tient du secret. Oubliez cette folie de jeunesse, comme je l'ai moi-même oubliée. La plupart de mes complices sont aujourd'hui pourvus par mes soins de faveurs ou de grades dans mon armée. Mes préoccupations peuvent se résumer en un mot que je vous laisse deviner.

— Notre amour, sire.

— Non, ma belle : l'Italie.

4

Un lieu dit Marignan

Dans les jours qui précédèrent le départ de François pour l'Italie, un afflux considérable de sujets du roi arriva à la Cour. J'eus la désagréable surprise d'y voir paraître mon époux qui, par faveur royale, avait été fait grand officier de la Couronne et figurait dans l'entourage le plus proche de Sa Majesté.

Comme nous ne pouvions nous ignorer, je décidai de faire les premiers pas. Alors que les invités se pressaient autour des tables installées dans la cour du palais, sous de grands vélums rouges, je m'approchai discrètement. Revêtu de sa tenue de cérémonie qui lui donnait assez belle allure, malgré quelques fautes de goût, il semblait occupé à trouver la place qui lui était réservée.

J'avais imaginé de sa part un réflexe de rejet que je lui aurais pardonné ; il se contenta, comme s'il m'avait quittée la veille, d'esquisser un sourire et de m'embrasser.

— Vous me voyez, madame, fort occupé à chercher ma place en attendant qu'un serviteur vienne m'y aider. Quant à vous, cette préoccupation vous est étrangère, je suppose...

Sans que je l'y invite, il me donna des nouvelles de sa maison et surtout de notre fille. Il prenait soin, grâce à un précepteur, de lui inculquer les connaissances qu'on ne lui avait pas prodiguées, ce dont, dit-il, il souffrait. La santé de cette petite créature était sans faille. Notre maître des écuries, Guilhem Cadirac, de qui je tenais mon goût pour l'équitation, était décédé. Le chantier du «Château-Neuf» avait pris de l'importance et donnait satisfaction.

— J'ai la conviction profonde, me dit-il avec un mince sourire, que vous et moi y finirons nos jours.

Jean ne s'attarda pas à la Cour. Il avait obtenu du roi, du fait que mes trois frères y participaient, d'échapper à l'expédition d'Italie. Cette satisfaction avait été suivie d'une humiliation : dans l'église le roi m'avait placée au deuxième rang derrière lui et la reine, aux côtés de madame Louise et de Marguerite, mes trois frères derrière nous et lui dans le groupe des fonctionnaires royaux.

J'avais craint que mes frères ne se fissent remarquer à la Cour par leurs manières désinvoltes et triviales ; ils me surprirent. Je les observai tout au long de la journée. Inséparables comme les Dioscures, ils s'entretenaient joyeusement avec de jeunes gentilshommes et ne buvaient qu'avec modération. Odet m'apprit qu'ils avaient eu une sévère dispute avec notre père, lequel leur ayant déclaré son regret qu'ils ne fussent restés pas dans leur domaine où la terre allait manquer de bras.

Le pied à l'étrier, Jean m'embrassa et me déclara :

— Madame, je vous ai trouvée heureuse, semble-t-il, toujours aussi belle à coup sûr, et je m'en réjouis.

78

Vous allez bientôt vous trouver seule. Alors, si le cœur vous en dit, revenez dans votre demeure et restez-y le temps qui vous conviendra. Anne en serait ravie, et moi de même.

— J'y songerai, lui répondis-je, mais ne peux rien vous promettre. Mon absence de la Cour prêterait à des médisances dont le roi serait vite informé.

Un soir, au retour d'une partie de pêche avec Marguerite, interrompue par de violentes averses, je reçus mes frères à ma table pour souper, sans personne d'autre. L'idée de cette réunion de famille avant les épreuves qui les attendaient m'indisposait, mais je ne pouvais décemment l'éviter. Ils ne partageaient pas, et pour cause, la rancune de leur père à mon égard, et, peu portés aux effusions sentimentales, ne me témoignaient qu'une sorte d'affection tiède et muette.

Au cours du repas, dans une ambiance détendue, l'aîné, Odet, vicomte de Lautrec, maréchal de France par la grâce de Louis XII, nous rappela son baptême du feu, trois ans auparavant, en Italie, dans l'armée du roi Louis. Il s'était distingué lors de la douloureuse bataille de Ravenne, où notre parent Gaston de Foix, duc de Nemours, avait perdu la vie et où lui-même avait reçu de graves blessures. Il me choqua en me disant qu'au retour il avait subi les avances de madame Louise, alors proche de la quarantaine. Il y avait répondu, mais s'en était vite lassé, disant que cette *vieille femme* avait le ventre ridé *comme une outre de cuir abandonnée dans un grenier.*

Thomas, sieur de Lescun, était de la même pâte, mais avec un caractère moins ferme et une tendance maladroite à jouer les bravaches dans les tournois où il était la risée de certains. Il avait eu du mal à se faire des relations à la Cour où seules des dames lui prêtaient quelque attention : sa beauté un peu rude plaisait.

Ma préférence allait à André, sieur de Lesparre. Il avait acquis un goût pour les lettres et la musique qui l'avait rapproché de moi. Il avait longtemps méprisé les armes mais, revenu sur sa répulsion à la fin de son adolescence, il s'était révélé courageux, ce qui allait lui valoir sur les champs de bataille d'Italie le surnom de « Capitaine hardi ».

Au début de l'été, François avait entrepris, avant sa campagne, d'effectuer une randonnée de deux semaines à travers ses États pour mesurer la confiance de ses sujets et la régularité de la conscription. Durant cette absence la régence du royaume avait été confiée à madame Louise, sa mère. J'avais échappé à cette *promenade* dont je n'attendais rien, et la reine de même, de nouveau enceinte semblait fatiguée.

Avant de monter en selle, François avait tenu à donner une fête à Amboise, l'une de ses plus belles résidences ligériennes, à quelques lieues en aval de Blois.

Il avait eu l'idée incongrue, pour rompre avec les spectacles ordinaires, d'organiser une *corrida* où le taureau serait remplacé par un sanglier et le *torero* par lui-même. L'assemblée s'était divertie de cet affrontement plaisant mais dangereux au cours duquel François avait fait preuve d'une dextérité et d'un courage surprenants. Soudain le fauve, profitant d'une brèche dans la clôture de pieux, s'était évadé de l'arène et engouffré dans le grand escalier. François, accompagné de Lautrec, s'était jeté à sa poursuite, l'avait retrouvé dans ses appartements et, après un ultime affrontement, lui avait traversé le corps avec son épée. Bien que blessé à mort, l'animal furieux avait repris sa fuite en sens inverse et, après avoir roulé dans l'escalier, s'était rué dans l'arène où le roi lui avait administré le coup fatal, longuement ovationné par la foule persuadée que son jeune souverain avait l'étoffe d'un héros.

L'été brûlait de tous ses feux dans les derniers jours de juin, lorsque, dans l'exaltation générale de la Cour et de la population, le roi fit battre tambour. Il avait réussi à vaincre mes réticences, si bien que, dotée d'un carrosse blasonné d'une salamandre, accompagnée de deux servantes et de trois valets, je pris derrière l'armée le chemin de Lyon, dernière étape avant la traversée des Alpes que le roi avait choisie, de préférence à la voie maritime. Les forces dont nous disposions comptaient quarante mille hommes, dont dix mille cavaliers et trente mille hommes de pied. On attendait le secours de quarante mille mercenaires allemands.

Lautrec s'était trouvé inclus dans le groupe des officiers les plus éminents, notamment le chevalier Bayard, le connétable de Bourbon et Galiot de Genouillac, grand maître de l'artillerie.

Nous entrâmes dans la grande ville de Lyon le 12 juillet, dans un débordement de ferveur populaire. Je ne pus retenir mes larmes lorsque le roi effectua à cheval, dans une tenue éblouissante, la monstrance de ses troupes sur la place principale pavoisée à chaque fenêtre du «F» de François et de salamandres. La soirée se termina par une fête nocturne sur la Saône. Je me trouvai à la proue d'une galère réale, au côté du roi, vêtue d'une ample tunique blanche qui faseyait dans le vent de la nuit et la lumière des torches de résine.

Au début de l'automne, il ne manquait à l'armée, sur pied de guerre et prête à fouler les premières pentes des Alpes, que cet élément indispensable à solder la troupe et assurer les subsistances des hommes et des chevaux : l'argent. J'avais été témoin des efforts de François pour s'en procurer : il avait fait fondre la vaisselle précieuse du roi Louis, emprunté une forte somme au chancelier Antoine Duprat, tendu sa sébile aux courtisans les plus fortunés et aux premiers magistrats de ses grandes villes ainsi qu'à l'Église. Je m'étais proposée de lui restituer ses présents ; il s'y était refusé. Il avait supplié Marguerite d'opérer une ponction sur son trésor mais n'en avait rien tiré tant il était maigre.

Il avait promis une généreuse rétribution aux lansquenets allemands qui, tenant les promesses pour des pièges, n'avaient pas bougé. Je lui reprochai de ne pas avoir plutôt demandé l'appui des mercenaires suisses, les meilleurs combattants du continent. Ils s'étaient alliés à nos adversaires, le pape Léon X et Maximilien Sforza, duc de Milan, et avaient pour chef un redoutable homme de guerre, le cardinal Matthieu Schiner, évêque de Sion, qui nous attendait à Piacenza, la cité où les Romains avaient fait subir une cuisante défaite à Hannibal.

Avant de se mesurer aux Suisses, François allait devoir renouveler l'exploit du Carthaginois qui, au cœur de l'hiver, avait fait franchir la montagne à son armée et à ses éléphants. Par chance, il n'aurait pas à affronter la neige et le froid. On allait perdre dans les précipices quelques attelages et des canons de Galiot de Genouillac, on aurait à affronter la mauvaise humeur des hommes de pied accablés de fatigue et de privations, et la mort d'une dizaine de chevaux privés de leur fourrage. Cependant la joie éclata dans les rangs de l'armée lorsque ses premiers éléments, au débouché d'un défilé, virent se déployer une radieuse vallée de Lombardie et assistèrent à la fuite d'un régiment de Suisses effrayés par l'importance imprévue de l'armée qui allait déferler sur eux.

Demeurée à Lyon dans l'attente des événements, j'avais fait promettre au plus jeune de mes frères, André, de m'en tenir au courant par la poste militaire. Soit qu'il eût été engagé dans des combats, soit de par sa négligence congénitale, il ne m'adressa que de temps à autre de brefs messages consacrés davantage à sa santé, à la beauté des paysages et des femmes qu'à la situation de notre armée.

Ce n'est que par la messagerie royale de Lyon et plus tard, la paix retrouvée, par les récits des rescapés, que je pus me faire une idée de cette expédition dont les historiens allaient me fournir les détails.

Le prince romain Prospero Colonna, chef de l'armée milanaise, se trouva dans une situation inquiétante en apprenant, alors qu'il déjeunait sous sa tente avec ses officiers, que l'ennemi se trouvait à quelques lieues, à Sainte-Brigitte, près de la ville de Marignan, sur le fleuve Lambro.

C'est dans une plaine proche de Novare que l'ensemble des troupes royales s'étaient regroupées, tandis que les Suisses faisaient de même près de Milan. L'idée était venue à François de tenter de soudoyer ces mercenaires en leur faisant tinter à l'oreille de quoi vaincre leurs scrupules. Il avait confié cette mission délicate et dangereuse à Lautrec, lequel était parvenu à rallier la quasi-totalité des cantons. C'était déjà une petite victoire ; la déception allait être amère.

Au matin du 13 septembre de l'année 1515, à Milan, sur le vaste parvis du monastère des Cordeliers, le terrible cardinal de Sion harangua ses troupes, renia la parole donnée mais garda les écus. Il avait réveillé en ses hommes la haine des Français et la certitude de la victoire. Le jour même vingt mille Suisses s'enfonçaient dans le sud. Schiner avait espéré surprendre notre armée par une attaque foudroyante, mais les nôtres, campés à Sainte-Brigitte, sur la route de Milan à Marignan, alertés par la poussière soulevée par leur piétinement et leur artillerie, eurent tôt fait de se préparer à la bataille.

La nature du sol ne paraissait guère favorable à l'évolution de la cavalerie et des pièces d'artillerie. Ce n'était, dans une vaste plaine dépourvue de relief, que rizières asséchées, fossés profonds, canaux et chaussées. François, au cours d'un bref conseil, confia l'avant-garde au connétable de Bourbon, se réserva le corps de bataille, et donna l'arrière-garde au duc d'Alençon.

Au milieu de l'après-midi surgirent sur l'immensité des rizières, dans un brouillard de poussière, les premiers éléments de Schiner. Ils étaient animés d'une telle agressivité qu'à la première ruée à la lance ils firent reculer l'avant-garde de Bourbon mais se heurtèrent à la barrière de feu des canons de Galiot de Genouillac, qui firent un carnage des Suisses, lesquels, dans la fumée, entonnaient chants guerriers et imprécations. La bataille, devenue confuse au point que les canonniers durent cesser de cracher leur mitraille pour épargner les leurs, se poursuivit jusqu'à la fin du jour, sans résultat probant mais avec des pertes effrayantes.

La nuit venue, les combattants se retirèrent sur leurs positions séparées par un large fossé. Dans leur camp, les Français restèrent cul en selle, lance au poing, armet à la tête, des infirmiers soignant les blessés et enterrant les morts dans des fosses communes.

François, ayant tenu conseil dans sa tente jusqu'à la minuit, adopta de nouvelles dispositions pour ses troupes en vue de la bataille qui allait reprendre à l'aube. À la faveur de la nuit, il dirigerait son armée vers le sud, sur un site plus favorable, près de Marignan. Le duc de Bourbon prendrait le commandement de l'aile droite, la gauche étant confiée au duc d'Alençon. Il renvoya un message au chef de l'armée vénitienne, le condottiere d'Alviano, notre allié, pour lui demander son aide. Il savait pouvoir compter sur les lansquenets allemands qui, au nombre de dix mille, assurés d'être rémunérés, s'étaient enfin décidés à paraître.

Il était quatre heures du matin et le soleil venait tout juste de pointer, quand, sur les nouvelles positions, la bataille reprit avec une ardeur accrue.

Pour encourager ses hommes à donner le meilleur d'eux-mêmes, le roi, l'arme au poing, poussé par une superbe témérité et méprisant le conseil de ses proches, se jeta dans la bataille dans l'aile de Bourbon. Malgré les exhortations de Schiner, les Suisses allaient se heurter à un mur infranchissable et aux canonnades incessantes de Galiot. Contraints de se replier, ils se lancèrent sur l'aile gauche de d'Alençon qui fléchit et dut leur abandonner une partie de ses bagages et des prisonniers.

L'issue de la bataille était aussi incertaine que la veille quand des cris de joie s'élevèrent dans l'arrière-garde. On venait d'apercevoir les étendards vénitiens du duc d'Alviano, qui se trouvait au repos non loin de là. À la tête de trois mille cavaliers, il déboucha comme une tornade sur le champ de bataille aux cris de « saint Marc » et de « *Venezia* », se porta au secours de l'aile gauche, qui, reprenant courage, tint tête à l'ennemi et le repoussa tandis que notre artillerie en faisait un carnage. L'arrivée de l'infanterie vénitienne allait confirmer la victoire. Poursuivis par la cavalerie d'Alviano, les Suisses se débandèrent, Schiner le premier, laissant de nombreux morts dans leur fuite.

D'une voix étranglée par l'émotion, les larmes coulant sur ses joues, madame Louise nous donna connaissance du message qu'elle venait de recevoir de François une semaine après la victoire. *Madame ma mère,* avait-il écrit de sa main, *depuis deux mille ans il n'a point été vu si fière ni si cruelle bataille... Faites bien remercier Dieu par tout le royaume de la victoire qu'il lui a plu de nous donner.* Je conçois que le roi ait pu tirer *fierté* de l'issue de cette bataille, mais ce qui est certain, c'est qu'elle fut *cruelle.* Les pertes, de part et d'autre, étaient hallucinantes. Parmi les seize mille cinq cents morts de Marignan, près de quatorze mille étaient des Suisses. Quant aux blessés, ils étaient si nombreux qu'on avait renoncé à en faire le compte.

La fierté que j'éprouvais du comportement héroïque de mon amant se heurtait à une question : cette victoire n'était-elle pas avant tout due à ce génie de l'artillerie, Galiot de Genouillac, à l'arrivée impromptue des Vénitiens et, pour une plus modeste part aux mercenaires allemands ? Pour la Cour, la population et les nations alliées, le héros indubitable avait été François. Sur le champ de bataille, les combats ayant cessé, il avait prié Pierre Terrail, seigneur de Bayard, surnommé le « Chevalier sans peur et sans reproche », de lui décerner cette distinction méritée, son plus grand titre de gloire à ses yeux, et de faire ainsi de lui le « roi-chevalier ». Galiot de Genouillac ne fut pas oublié : il reçut le titre de grand écuyer de France.

À Bologne, François reçut l'ambassadeur du pape Léon X, inquiet de voir les Français victorieux déferler sur ses États. Sa Sainteté s'excusa de cette démarche auprès de son allié, le roi Ferdinand, disant qu'il n'avait agi ainsi que pour préserver leurs intérêts communs. Autre motif de satisfaction pour François : la reddition de Maximilien Sforza, duc de Milan, contre une forte somme et une pension. En revanche il échoua dans sa tentative de faire la paix avec les vaincus de Marignan ; il n'avait pu traiter avec succès qu'avec huit cantons suisses sur treize.

Une lettre d'André me donna des nouvelles sommaires de François. *Il se montre en toute circonstance, me disait-il, l'air riant et joyeux, fort élégant dans son habit de soie noire et d'argent. J'ai assisté à son entrevue avec le pape, à Bologne. Les mots me manquent pour décrire la solennité des cérémonies religieuses et la somptuosité des fêtes, dont je te parlerai à mon retour...*

J'aurais aimé en savoir davantage sur François – sans me bercer d'illusions –, notamment son comportement avec les femmes. À Lyon, quelques jours avant son départ, alors qu'il venait de me vanter le luxe des villes italiennes et la beauté des femmes, je lui dis :

— Je suppose, sire, que vous ne resterez pas insensible à leurs charmes.

— Ma mie, je ne puis vous promettre de vivre comme un ermite au paradis. Comment pourrais-je renoncer à savourer les fruits des jardins et de boire les vins généreux de ces pays de Cocagne ? Cependant, rassurez-vous : vous serez chaque jour présente dans mes pensées et si quelques succubes viennent hanter mes nuits, elles s'évanouiront au matin comme une ombre.

Il avait ajouté en me serrant contre sa poitrine :
— Cela me donne l'idée d'un poème. Il vous sera dédié.

Je ne saurais tenir rigueur au roi de ne pas m'avoir adressé le moindre signe de son attachement depuis qu'il avait quitté Lyon pour franchir les Alpes. Ce genre de négligence lui était familier, madame Louise étant la première à le regretter. En quittant la Cour pour une expédition de plus ou moins long terme, il rompait tout rapport avec ses familiers, laissant à sa messagerie le soin de donner de ses nouvelles.

De manière indirecte, j'avais été informée de la distinction qu'il avait réservée à mon frère aîné, Odet, seigneur de Lautrec, en le nommant, après la bataille, gouverneur du Milanais. À la fierté que me causait cette faveur se joignait une inquiétude : si aucun doute ne m'effleurait quant aux qualités guerrières d'Odet – comme il l'avait démontré à Marignan – en revanche je doutais de ses qualités d'administrateur, ce qui n'allait pas tarder à se confirmer. Lui et son cadet, Thomas de Lescun, allaient se conduire comme des *condottiere*, jouissant à satiété, avec leur brutalité congénitale, de nouvelles conditions de vie.

Ce n'est qu'au début de l'année suivante que François décida, non sans regrets, de retourner dans sa patrie. La reine Claude l'attendait au pied des Alpes, à Sisteron, par un froid de banquise. Elle nous confia à son retour qu'il l'avait embrassée sans un mot mais s'était déclaré satisfait de ses rondeurs annonciatrices d'un heureux événement. Par la suite, il ne lui avait témoigné aucune attention. Physiquement, il avait changé : une blessure à la tête l'avait contraint à raser son crâne et il s'était laissé pousser la barbe, ce dont ses gentilshommes avaient fait une mode.

Claude suivit son époux sur le chemin du retour passant par Marseille où ils avaient participé joyeusement à une parodie de bataille où l'on se lançait des oranges et des citrons. Remontant le Rhône, ils se retrouvèrent à Lyon pour y demeurer trois mois, passant de fête nautique en tournois et de bal en festin. François semblait n'avoir aucune hâte à retrouver ses résidences ligériennes, sa cour, sa capitale, et avoir oublié mon existence, ce qui prenait l'allure d'une disgrâce.

Un événement d'une extrême importance s'était produit durant la dernière semaine de janvier, alors que François était à Marseille.

Décédé à la suite d'une crise cardiaque, le roi d'Espagne, Ferdinand, avait laissé son royaume aux mains du jeune prince Charles d'Autriche, âgé de seize ans, le futur Charles Quint, avec comme régent un ministre, Ximénès. Il allait devoir régner par procuration sur un peuple qui détestait les souverains étrangers. L'héritier fut sacré à Bruxelles, en mars : Charles Ier roi d'Espagne, archiduc d'Autriche, duc de Bourgogne et d'une partie des Pays-Bas. Encore adolescent, il devenait le plus puissant souverain d'Europe. Il ne lui manquait que la couronne impériale.

Notre pays a éprouvé comme une promesse de paix durable les négociations en vue du mariage de Charles avec Louise, la première des filles de François, encore en lisière. J'eus du mal à croire au sérieux de ce projet, le précédent, destiné à unir la petite Renée à Charles, ayant échoué. On ne bâtit rien de solide sur du sable.

J'ai profité de la longue absence de mon royal amant et pris ma revanche du manque d'intérêt qu'il me témoignait pour passer des semaines avec Marguerite dans ses montagnes navarraises dont l'Espagne revendiquait une partie, puis en Bretagne et, à Noël, dans le château de Foix où mes vieux parents finissaient leur vie morne et misérable en compagnie d'un régisseur installé par mes frères, qui vivait grassement des revenus de nos terres.

J'eusse aimé voyager seule et libre pour me rappeler les émotions et les joies de ma jeunesse, mais les conditions de voyage étaient difficiles et les routes semées d'embûches. Je me faisais accompagner et servir par Blaise, un jeune gentilhomme quelque peu amoureux de moi mais discret, et par trois lascars de joyeuse compagnie et dotés de bonnes armes.

Durant cette interminable période au cours de laquelle je ne cherchais qu'à oublier ma solitude et ma rancœur contre François, mon mari prit la liberté, à plusieurs reprises, de me demander une hospitalité que je ne pouvais ni ne voulais lui refuser. Je faillis pourtant la lui interdire le jour où il avait eu le mauvais goût de se faire accompagner d'une drôlesse bêtasse et mal attifée, qu'il me présenta comme sa servante, ce qui ne faisait pas illusion sur leurs rapports. Il s'est abstenu par la suite de cette provocation.

Je n'avais eu aucune peine à deviner ses intentions. Il me disait :

— Quand comprendrez-vous, Françoise, que votre place n'est plus à la Cour où votre satané orgueil vous impose de demeurer ? Non seulement le roi est absent depuis des mois, mais il n'a pas daigné vous donner de ses nouvelles. Quand il reviendra, il vous aura oubliée. Dès lors, sachez que je suis prêt à vous ouvrir les portes de votre nouvelle demeure, le Château-Neuf. Il ne restera bientôt plus qu'à l'aménager. Il m'aurait plu que vous m'y aidiez.

Ce discours, qu'il me tint à plusieurs reprises en termes différents mais sans y changer l'essentiel, provoquait en moi une colère qu'il essuyait sans broncher. Pourtant je pouvais me tenir à moi-même ces arguments, mais en termes plus violents. Servie par d'autres, la vérité devient plus poignante et il est vain de la nier.

Du temps qu'il restait à la Cour, parfois une semaine, Jean se mêlait au cercle restreint des gentils-hommes privés par leur âge ou leur condition familiale d'avoir eu leur place dans l'épopée italienne. On se moquait de ce personnage généreusement cocufié mais persistant dans des illusions de reconquête de son épouse. Quant aux dames, privées de leur époux ou de leur amant, elles étaient faciles à conquérir, et Jean ne s'en privait pas. Il y puisait beaucoup de jouissance malgré la maladie vénérienne qu'il m'avoua et dont je confiai la guérison à mon médecin.

Comme il s'obstinait dans son désir de me voir revenir à Châteaubriant pour un bref séjour, je finis par céder, me disant qu'après tout le roi n'en saurait rien. Je ne le regrettai pas. Il est vrai qu'au temps de Pâques où j'entrepris de le suivre la nature était dans sa splendeur. Anne me surprit par les élans de son affection, sa beauté qui rappelait la mienne à son âge, et surtout la vivacité de son esprit. Pour agrémenter sa solitude et lui apprendre les bonnes manières qu'il était incapable de lui inculquer, Jean l'avait entourée de filles de seigneurs voisins, triées sur le volet. Elle avait à demeure un précepteur qui lui apprenait le latin, ce qui me ravit.

La construction du Château-Neuf était loin d'être terminée, contrairement à ce que mon époux m'avait fait espérer. Dans la lumière du printemps, le domaine avait cependant belle et fière allure avec son vieux donjon, son chemin de ronde, ses vergers et la chapelle où j'allai me recueillir. J'aurais volontiers consenti à prolonger mon séjour si Jean avait renoncé à me prouver la persistance de son désir.

En remontant dans ma calèche je me sentais obsédée par la perspective de me retrouver, une fois évincée de la Cour, châtelaine de Châteaubriant.

Le retour du roi lui valut dans le pays un renouveau de ferveur. Il revenait couronné de lauriers, d'une santé florissante, arborant sa blessure et ses égratignures comme des stigmates. Il avait retrouvé l'affection du pape, fait la paix avec l'empereur Maximilien, le jeune roi Charles, le roi d'Angleterre et tout le continent. On enregistrait avec confiance les prémices d'une reprise du commerce. Dans Paris, les grandes villes et à Blois même, de magnifiques demeures se construisaient, des boutiques, fermées suite à la crise engendrée par la guerre, rouvraient leurs portes. La joie de vivre coulait dans les rues et sur les places comme un vin généreux. Des négociants anglais, allemands, italiens et espagnols retrouvaient leur clientèle et leurs fournisseurs. Le roi, soucieux, disait-il, d'avoir « un port important sur la mer océane » pour commercer avec les « îles », faisait ouvrir le gigantesque chantier du Havre.

Je ne m'attendais pas à revoir François radieux dans l'ivresse des retrouvailles. Il se comporta avec moi comme au retour d'une partie de chasse, sans la moindre effusion. Il passa sa première nuit dans la chambre de Claude, et je dus attendre plusieurs jours, dans l'impatience fébrile que je lui cachai, avant qu'il daignât m'honorer de son attention. J'étais plongée une nuit dans la lecture de quelques œuvrettes de Marguerite quand il frappa à ma porte, précaution dont il se dispensait d'habitude. Il fouilla dans sa ceinture, en retira une bourse de cuir contenant des pièces étrusques et romaines qu'il fit danser dans sa main.

— Alors que je séjournais à Viterbe en compagnie de Sa Sainteté, j'ai pensé, me dit-il, que ce modeste présent pourrait raviver votre goût pour l'Antiquité.

Je lui baisai la main ; il retint la mienne, l'appliqua contre sa poitrine, à l'endroit du cœur, ajoutant :

— Cet humble présent vous fera comprendre que vous n'avez jamais été absente de mes pensées durant ces longs mois où je ne m'appartenais plus, où je n'avais pour compagnes que la guerre et ses suites fastidieuses. M'en avez-vous voulu de mon silence?

— Sire, je me suis inquiétée, comme la Cour et tout le pays, sachant votre vie en danger, mais aujourd'hui j'ai retrouvé ma sérénité et l'attention que vous me témoignez me touche.

J'aurais aimé lui demander s'il avait pris du plaisir avec les belles dames de la Péninsule, mais je craignais une vive réaction, me souvenant de son propos sur l'«ermite au paradis». Lorsque je le vis jeter son chapeau emplumé sur ma table et dégrafer son pourpoint, la joie m'inonda. Je l'aidai à se défaire de son habit qui sentait encore la sauce de son dernier repas, il fit de même pour moi, et nous avons fait l'amour sagement, comme de vieux époux, avec en plus, de sa part, une tendresse inhabituelle.

Dans les jours qui suivirent, son comportement me donna des inquiétudes. Il avait reconstitué sa «petite bande», faite surtout d'amis d'enfance, pour se livrer à des facéties de mauvais goût. La nuit venue, ils se déguisaient et se masquaient en *momons*, personnages burlesques, pour courir les bas-quartiers de la ville, réveiller les habitants, provoquer les patrouilles et forcer la porte des cabarets. Informée de ces insanités ramenées de son séjour à Paris, où il avait connu et fréquenté le poète François Villon, sa mère les lui avait amèrement reprochées;

95

il était parti sans répondre, en faisant claquer la porte.

Depuis le retour de François, la reine semblait vouloir se rapprocher de moi comme si elle avait l'intention de me choisir comme favorite, en partage avec son époux, ce qui m'aurait assuré, avec les risques que cela comporte, une double fonction honorifique dont, semble-t-il, existent peu ou pas d'exemples. Après ses jeux et ses collations elle me retenait auprès d'elle.

— Ne soyez pas pressée, ma belle amie. Je partage avec vous l'ennui que j'éprouve dans la compagnie de mes dames que rien d'autre n'intéresse que le prix de leur toilette, les querelles avec leur mari ou leur servante ou la poésie libertine de Marot. Où en étions-nous de la lecture que vous me fîtes hier de *Daphnis et Chloé* ? Nous en sommes restées au livre III : *Elle vint près de Daphnis et lui donna un baiser plus précieux qu'une pomme d'or...* Je ne trahis pas ces vers ?

— Si peu, madame. Je vais donc poursuivre, pour votre plaisir et pour le mien.

Par une confidence de Marguerite, j'avais la confirmation que Claude ne me tenait pas rigueur de mes relations avec son époux.

— Au contraire ! me dit-elle. Elle connaît trop bien François pour ne pas admettre que, de toute manière, une favorite lui est nécessaire et qu'à tout prendre il ne pouvait faire meilleur choix. Vous la préservez des aventures galantes dont il nourrit sa virilité insatiable et il estime votre culture et vos goûts artistiques exceptionnels. Quant à vos charmes, il m'a glissé à l'oreille qu'il ne s'en lassait pas.

J'avais écouté cette litanie d'une oreille dubitative, sachant que le roi ne se privait pas de ces plaisirs fugaces, souvent entre deux portes, et que nul n'ignorait le nom et les qualités de ces créatures, comtesses et duchesses, parfois simples roturières en rupture de ban ou non avec leur époux. Claude ne partageait pas mon amertume, l'essentiel étant que, de temps à autre, il vînt accomplir son devoir de géniteur. En été, quelques mois après le retour du roi, elle assumait sa quatrième gésine et ne semblait guère en souffrir malgré sa constitution fragile.

L'ambassadeur du sultan Sélim lui avait offert un arbrisseau de son pays : un prunier, en lui disant :

— Je souhaite, madame, que les fruits qui mûriront au printemps prochain, portent votre nom : reine-claude.

5

Des jours tissés d'or et de soie

Les derniers jours de l'année 1516 ont été marqués par une belle réussite diplomatique de François. Il avait convaincu les treize cantons d'Helvétie de signer une *paix universelle* qui, Dieu merci, à l'heure où j'écris ces mots, est toujours en vigueur. À ses dépens, il avait eu l'occasion, à Marignan, d'apprécier leur pugnacité. Il était assuré d'avoir à ses côtés, le moment venu, ces rudes montagnards, les plus féroces guerriers du continent. Cette alliance lui avait coûté près d'un million d'écus, les Suisses étant toujours prêts à louer leurs services contre monnaie.

Stimulé par sa victoire, François aspirait à la couronne impériale. La mort imminente de Maximilien, empereur d'Allemagne et roi des Romains, allait conforter cette ambition. Son petit-fils Charles, déjà roi d'Espagne, était sur les rangs. La Diète allait avoir du pain sur la planche et la compétition promettait d'être impitoyable.

Je me souviens de cette journée où François avait accueilli à Amboise le comte allemand Franciscus von Sickingen, porteur d'une nouvelle réconfortante.

98

En cas de conflit armé il mettrait à la disposition de François douze mille hommes, de quoi faire pencher la balance en sa faveur. Ce puissant seigneur ne demandait qu'une pension, que le roi ne pouvait lui refuser. Il précédait l'archevêque de Trèves venu insister auprès du roi pour qu'il se présentât à l'élection.

Quelques semaines plus tard, au cours d'une rencontre à Cambrai entre le roi et les diplomates autrichiens, un accord avait été conclu : la promesse d'une protection mutuelle entre le roi, l'empereur et Charles de garantir l'intégralité de leurs États. On avait évoqué un projet de croisade contre les Turcs qui menaçaient la chrétienté. François nourrissait une autre idée d'une folle ambition : conquête de l'Angleterre, partage de l'Italie... et de la Suisse. Le soir où il s'en ouvrit à moi, je pouffai, ce qui le renfrogna. Il m'avoua peu après que ces projets n'étaient que fumée.

Pour en finir avec cette affaire, un autre appui nous vint du margrave de Brandebourg qui lui proposa son aide. François n'eut aucun écu à débourser. Il se contenta d'une promesse de mariage entre cet important personnage et une princesse de France, tout juste née.

À Amboise, au cours de la cérémonie de baptême de son premier fils, François me confia le souci que lui causait la promesse de la croisade générale contre le sultan turc Sélim. Le pape l'avait décrétée et lui demandait sa participation.

— Je vais devoir, me dit-il, constituer une flotte capable de faire face aux galères du capitaine

Les Salamandres

Barberousse, de son vrai nom Khayr ad-Din. En occupant Alger et en se livrant au pillage, il risque de compromettre nos routes commerciales. Sélim a poussé la provocation jusqu'à occuper la Syrie, la Palestine et l'Égypte, où nous possédons de nombreux comptoirs. Il semble qu'il ne veuille pas s'en tenir là. Une croisade semble donc nécessaire, mais j'y répugne. Elle va me coûter beaucoup d'argent, alors que le pays se reprend à vivre.

Nos amours avaient repris leur cours mais sans la régularité ni l'intensité passées, ce dont je me gardai de lui tenir rigueur. Son métier de roi occupait tout le temps qu'il pouvait soustraire à la chasse et aux menus plaisirs qu'il prenait à la sauvette, comme on dit bonjour. Une nuit je me permis de le taquiner à propos d'un bruit selon lequel il serait tombé amoureux d'une douairière de Picardie encore en pleine possession de ses charmes. Mon audace, loin de le contrarier, l'amusa.

— Ne vous alarmez pas pour si peu, me rassura-t-il. Le pouvoir de cette femme réside dans l'odeur de sa peau, exempte de tout artifice. Je n'ose ni ne puis vous en dire plus. N'en soyez pas jalouse, je vous prie. L'odeur est volatile…

François avait regagné ses appartements quand j'aperçus un feuillet glissé sous ma porte. C'était quelques vers : *Tous mes pensers jusqu'au plus haut volèrent / Te contemplant, et là ils demeurèrent. Mais toi seule es en mon endroit élue / Pour réconforter de cœur, corps et vue.* Je lui répondis aussitôt par un billet que je confiai à une servante : *Ce que te veux maintenant*

100

*révéler / C'est qu'il te plaise de garder mon honneur /
Car je te nomme mon amour et mon cœur.* Je ne suis pas
fière de cet échange de sentiments habillés d'une
poésie médiocre, n'ayant pour excuse que les circonstances. S'ils étaient tombés sous les yeux de
Clément Marot j'aurais perdu son amitié, à laquelle
je tenais.

François avait retrouvé ses fonctions régaliennes
depuis trois ans quand il apprit la mort de l'empereur Maximilien, âgé de soixante ans, au château
de Wels, en Haute-Autriche, après un règne traversé de tempêtes contre sa noblesse et ses sujets.
Roi des Romains depuis dix ans, il avait hérité de
son épouse, Marie de Bourgogne, fille du duc
Charles le Téméraire, cette riche province ainsi que
la Flandre toujours en rébellion contre son pouvoir. Possessions immenses mais disparates et difficiles à administrer. Il avait été le premier souverain
occidental à se créer une armée permanente, les
lansquenets, autrement appelés reîtres. Il avait écrit
des ouvrages sur l'architecture et des poèmes qui
ne risquaient pas d'affronter la postérité.

Sa succession ouvrit un conflit diplomatique qui
allait donner à mon maître de grandes espérances
et des sueurs froides.

Nous passâmes une semaine de printemps,
François et moi, au château d'Amboise, résidence
favorite de madame Louise. Elle y avait installé son
Conseil de régence avant Marignan.

— Je souhaite, me dit-il, passer l'inspection de
mes sujets *à quatre pattes.*

Il avait créé, dans les jardins à l'italienne que son prédécesseur avait fait dessiner, une ménagerie dont il était fier. L'idée lui en était venue à la suite du don du capitaine turc Barberousse, au temps où ils avaient des rapports courtois : un lot d'esclaves et un lionceau de Barbarie. Ce pauvre animal, toujours tenu en laisse à la Cour, dépérissait quand François décida de lui donner un arpent de terrain près de l'orangerie, et un abri.

Cette ménagerie prit de l'extension grâce à un afflux de dons et d'achats venus de toutes les contrées bordant la Méditerranée et des côtes occidentales de l'Afrique. On vit évoluer dans ce domaine sauvage, en semi-liberté, un dromadaire, une lionne et ses petits, un zèbre, des tribus de singes et cet étrange animal ombrageux, un rhinocéros, dont il fallut cruellement se séparer car il devenait dangereux. Ce sont surtout les immenses volières d'oiseaux des îles qui faisaient l'admiration des visiteurs et la mienne.

Sans négliger les affaires du royaume, François donnait libre cours à son goût pour l'architecture, rapporté d'Italie. Toute sa vie, il se livra à cette passion, poursuivant les chantiers de ses prédécesseurs dans les demeures ligériennes royales de Blois et d'Amboise, semant ici et là des salamandres plutôt que des effigies religieuses. Il me confia un soir réfléchir à un autre projet ambitieux : élever non loin de Paris, au milieu de landes, de forêts et de marécages, entre le Gâtinais et la Seine, à moins d'une lieue du fleuve, une gigantesque résidence destinée à devenir un symbole majeur de son règne : Fontainebleau.

— Ce qui m'attire dans ce lieu, me dit-il, c'est le récit que me fit le navigateur Jacques Cartier sur la beauté des forêts du Nouveau Monde. On y trouve une nature vierge, une faune sauvage avec des loups et des ours. Je la respecterai mais en serai le maître. Bellifontaine sera mon petit royaume et mon nom y restera attaché dans les siècles des siècles.

C'est j'imagine, à peu de chose près, le discours que dut tenir le roi des Hébreux, Salomon, au moment de poser la première pierre du temple de Yahvé.

François m'annonça que sa furie constructrice n'allait pas s'arrêter là.

— J'ai prévu, me dit-il, de faire construire à Chambord, en Sologne, sur l'emplacement d'un ancien pavillon de chasse des comtes de Blois, au milieu d'une vaste forêt giboyeuse, une nouvelle résidence, que j'accompagnerai de la construction d'une ville nouvelle à proximité, près du vieux bourg de Romorantin. Mes ingénieurs et artistes italiens sont à pied d'œuvre. J'en ferai la nouvelle capitale de mon royaume.

— Sire, protestai-je, vous allez ruiner le pays! Quand donc renoncerez-vous à ces... à ces folies?

— Jamais, ma mie! Le temps qu'il me reste à vivre, je le passerai truelle en main. Des «folies», dites-vous? Peut-être, mais je les préfère à la guerre. Certes, le peuple paiera mais les hommes resteront dans leur foyer et nous ferons l'admiration du monde.

Je vis avec ravissement surgir de terre cet énorme édifice que le roi appelait son «bouquet de pierre» :

façade grandiose à quatre tours rondes, majestueux escalier intérieur à double révolution tenant de la magie, floraison étourdissante de tours, tourelles et clochetons. Quant à sa « nouvelle capitale », le projet en fut interrompu par la mort de Leonardo da Vinci, cet artiste italien qui devait en concevoir les plans.

Un jour d'automne, alors que la Cour séjournait dans la capitale, François m'annonça son intention d'effectuer un voyage jusqu'à la mer et m'invita à le suivre. J'y consentis avec d'autant plus de plaisir qu'il était depuis quelques mois séduit par une nouvelle arrivante à la Cour, Anne de Pisseleu, dont j'allais devoir me méfier.

— Comptez-vous, sire, dis-je en plaisantant, partir pour le Nouveau Monde ?

Il me tapota la joue.

— Il s'agit, me dit-il, d'un voyage d'agrément pour vous, ma mie, plus que pour moi. Les travaux de construction d'un port et d'un chantier naval dans l'estuaire de la Seine me causent des soucis. Il manque toujours des ouvriers, du bois de charpente ou de la pierre. De plus, le coût de ces travaux dignes de Pharaon dépasse les prévisions. Mon ministre, Antoine Duprat, s'arrache les cheveux et me conjure de mettre de l'ordre dans cette chienlit.

L'estuaire de la Seine... J'en restai éberluée. La première année de mon mariage avec Jean de Laval, nous avions descendu le fleuve dans une galiote aménagée en carrosse, jusqu'au lieu magique où l'océan épouse la Seine, comme dans mes références mythologiques, lorsque Neptune rencontre Amphitrite. En fait de voyage d'agrément, j'aurais préféré la Provence, mais Jean était en affaires avec un marchand de biens installé dans les parages. Triste souvenir ! Il avait plu des cordes et le pays était sinistre.

Refuser de suivre le roi eût été courir le risque de le voir s'embarquer avec la petite Pisseleu.

Pour ce second voyage, les agréments ne me manquaient pas. Il faisait un temps radieux et nos embarcations traversaient des contrées verdoyantes. François était accompagné d'un petit groupe de courtisans, d'ingénieurs, du fou Triboulet qui escaladait les vergues avec une vivacité simiesque, et du poète Clément Marot.

Le Havre, son port, ses chantiers navals et la ville étaient nés de la tourbe, dans un paysage de fin du monde. Les travaux battaient leur plein, avec l'aspect d'une fourmilière géante. Spectacle fascinant, on voyait, au bout de la lourde péninsule nordique dominant l'océan, se creuser de profonds et vastes cratères d'où émergeait une floraison de murs.

Lorsque François évoquait l'avenir de ce projet, ses propos frisaient le délire. Il en attendait un commerce intense avec le Nouveau Monde, la mise en valeur d'une contrée stérile où alternaient landes et marécages, la création de villes sur l'amont du fleuve, de vastes territoires de chasse dans l'immense forêt de Brotonne... Il y voyait surtout un défi lancé au commerce anglais dont les navires croisaient au large.

Je ne regrettai pas un seul instant d'avoir été la compagne du roi pour cette randonnée. Nous avons parcouru les misérables hameaux et villages des parages et distribué aux enfants des friandises. Le soir venu, bottés de cuir, nous avons assisté au retour des pêcheurs et à la vente du poisson, toujours insuffisant pour satisfaire des centaines d'ouvriers, ce qui occasionnait disputes et mauvais coups.

Au retour, le roi apprit, débordant de joie, que la reine était de nouveau grosse, pour la quatrième ou cinquième fois, je ne sais plus.

Durant sa campagne d'Italie, François avait rencontré à Bologne cet artiste dont j'ai parlé, peut-être le plus célèbre de son temps : Leonardo da Vinci, et l'avait convié à poursuivre ses travaux en France, au château du Cloux, près d'Amboise. Leonardo avait reçu naguère la même invite du roi Louis mais l'avait déclinée. Excédé par les guerres dans son pays, il avait accepté l'offre de François.

J'éprouvai une vive émotion en entrant dans sa nouvelle résidence, alors qu'il aménageait ses appartements et ses ateliers tapissés de haut en bas d'étranges squelettes de bois : des machines appelées, à l'entendre, à révolutionner l'industrie, le transport et les contingences de la vie quotidienne. À soixante-sept ans, celui que l'on appelait le « Mage », ce génie universel, était un homme de haute taille mais voûté par l'âge, doté d'une abondante barbe blanche et peu disert.

Galiot de Genouillac, qui avait été admis à visiter son atelier, en était revenu stupéfait : Leonardo

avait réalisé ce qu'il appelait un « orgue » : une dou-
zaine de bouches à feu placées sur un seul affût, et
une « machine volante » qui n'allait jamais prendre
son essor. Il ne put jouir longtemps de sa solitude
dorée : il quitta ce monde quelques mois plus tard
au milieu de ses rêves inachevés.

Une nouvelle venue allait faire irruption à la
Cour. Diane, fille de Jean de Poitiers, riche seigneur de Saint-Vallier, n'était pas d'une beauté
grecque mais il émanait d'elle une séduction qui ne
laissait pas les hommes indifférents. Elle avait
épousé, à seize ans, le puissant seigneur angevin
Louis de Brézé, grand sénéchal de Normandie et
veuf, qui en avait soixante et qui dut l'abandonner
le lendemain de leurs noces pour se rendre en
Italie, l'année de Marignan.

Afin qu'elle reçût une éducation digne de sa
qualité, son époux l'avait confiée à madame Louise
qui l'avait inclue dans sa « brigade », soucieuse de
lui donner un précepteur et d'éloigner d'elle les
convoitises masculines. J'ai gardé le souvenir d'un
visage d'une blancheur d'ivoire et d'un corps
parfait. Marguerite, qui parlait d'elle comme une
« fleur de beauté », m'avait raconté qu'elle devait le
teint de sa peau à la poudre d'or qu'elle s'adminis-
trait en décoction à son lever.

Le roi n'était pas resté insensible au charme de
cette adolescente. Une confidence de Marguerite
m'apprit qu'il lui avait fait la cour malgré la vigilance de madame Louise, mais avait fait chou blanc.
Il n'en avait pas été de même à son retour de

Marignan, couvert de lauriers, une odeur à laquelle Diane avait été sensible. La forteresse baissa le pont-levis. Leurs amours sont restées un mystère pour moi, et Marguerite ne m'en a jamais soufflé mot. Elle m'annonça quelques mois plus tard que M. de Brézé, de retour d'Italie, était venu récupérer son bien et reprendre enfin le cours de sa lune de miel interrompue.

— Tu n'as donc plus rien à craindre de cette perruche, me dit Marguerite. Te voilà libérée d'une concurrente.

« Libérée » n'était pas le mot juste. J'avais d'autres motifs d'inquiétude quant à ma condition de favorite. À chaque coup de canif dans le contrat tacite signé par François, mon cœur saignait. Je ne pouvais ignorer que, non seulement sur les bords de la Loire mais à Paris où il résidait fréquemment, le roi aimait s'entourer de femmes. Il avait renoncé à ses amours avec Jeanne, la femme de l'avocat Dishomme, mais se livrait à d'autres plaisirs charnels avec des dames de son entourage : Jeanne de Polignac, Anne de Graville, l'Italienne Émeline de Flacu... Il avait failli s'attacher à une beauté espagnole, Brillande de Guadalaraja, laquelle, n'ayant pu toucher le cœur de son amant, avait choisi de tourner le sien vers Dieu.

Que dire et que faire ? Je savais qu'à la moindre révolte de ma part, mon sort serait scellé. Cependant François me demeurait fidèle à sa manière. Le feu couvait toujours entre nos draps et il me comblait de présents pour apaiser mes angoisses. Sans doute afin de s'exonérer de ses remords, il avait exigé que tout gentilhomme, célibataire ou non, eût une maîtresse. Il lui arrivait même de servir d'entremetteur. Madame Louise le lui avait reproché, au nom de la foi ; il s'était esclaffé.

Ma passion inextinguible pour mon royal amant s'était heurtée, après Marignan, à une double réserve. Mon médecin m'avait mise en garde contre les méfaits d'une maladie contagieuse que François avait ramenée d'Italie, que les Français appelaient le « mal de Naples » et les Italiens le « mal français ». Il m'avait conseillé d'user dans nos rapports charnels d'un artifice que François tolérait mal et qui mettait un frein à ses ardeurs.

Un autre souci me taraudait. Apprenant mes rapports avec son fils, madame Louise m'avait prévenue qu'une imprudence aboutissant à une grossesse risquerait de causer mon éviction. Avertissement inutile : je prenais mes précautions. Une seule fois, prise en défaut, j'accouchai d'un fœtus de six mois que je fis disparaître.

Dans les années d'après Marignan, la grande affaire du royaume pouvait se résumer en trois mots mystérieux : pragmatique, sanction et concordat.

La pragmatique sanction, remontant à l'année 1438, retirait au pape ses droits d'ingérence dans l'Église de France, notamment en ce qui concernait l'élection des abbés et des évêques, le roi se réservant ces prérogatives. Adoptée puis reniée à plusieurs reprises, elle venait de resurgir et de causer des troubles.

Le concordat avait pour but de rédiger une nouvelle convention entre le Saint-Siège et les nations

catholiques. Il concernait l'organisation ecclésiastique et la discipline, exclusion faire de la foi et du
dogme. Ce nouveau régime retirait à Rome ses
privilèges pour en doter les souverains.

Mis au pied du mur, François, opposé au
Parlement, avait fait son choix : «Il appartient
au roi de commander et à ses sujets d'obéir.»

Un jour d'octobre, François me fit part de son
intention d'effectuer une promenade à cheval en
petite compagnie, en longeant la Loire, jusqu'à
Limeray, à une lieue d'Amboise, pour assister,
comme chaque automne, à la fin des vendanges.

Le village était en fête, chaque demeure ornée
de feuilles de vigne mordorées, et l'odeur du moût
alternait avec celle des repas en préparation. Suivis
par une procession d'enfants bruyants et quéman-
deurs, nous avons débouché sur la place de l'église
où se dressait l'estrade de la fête.

Une vaste table rustique chargée de victuailles
nous attendait sous un gros sycomore, entre l'église
et la maison commune. Nous assistâmes à l'arrivée
de la dernière charretée de comportes, suivie des
cueilleurs, panier au bras.

— Sire, dit le maire, remercions le Ciel de nous
avoir donné des vendanges généreuses et de
nous avoir assuré une fois de plus votre présence.
Daignerez-vous goûter le vin nouveau?

François s'avança vers la table où le curé remplis-
sait des coupes d'argile blonde. Je constatai avec
stupeur qu'il chancelait.

Le repas fut plantureux et les vins veloutés. L'après-midi, le bal ouvert, le roi m'accorda la permission de danser le branle et le passepied avec des garçons et des filles lourdauds. Il paraissait heureux ; de temps en temps, quand s'arrêtait la musique, j'entendais son rire et percevais le signe de main qu'il m'adressait.

Sur le retour, je me hasardai à lui demander les causes de son malaise. Un grognement traduisit sa mauvaise humeur mais il accepta de se confier à moi.

Il avait passé la nuit avec Florimond Robertet, son ministre des Finances, Jacques de Beaune, baron de Semblançais, son intendant, et les secrétaires. Ils avaient dressé le bilan de la situation du Trésor : elle était catastrophique. S'il se déclenchait une guerre, le gouvernement serait incapable d'y répondre. Je me dis que, pour remplir les caisses de l'État il aurait suffi de mettre un terme à cette « maladie de la pierre » dont souffrait François, de modérer la vie dispendieuse de la Cour, de renoncer à verser au roi d'Angleterre, Henry VIII, une pension considérable.

— Sire, lui dis-je, pourquoi ne pas faire appel à la contribution de l'Église ? Ses richesses sont immenses.

— Certes. J'y ai songé, mais ce serait risquer de voir le pape, mon allié, renier sa parole, se dresser contre moi avec derrière lui toute la chrétienté. La guerre prendrait l'allure d'une croisade contre moi. Non merci !

Comme nous arrivions en vue du château d'Amboise, il ralentit le train de nos chevaux pour évoquer un autre souci qui l'obsédait. Pour s'assurer le soutien de personnages importants d'Allemagne et d'Autriche dans l'élection d'un empereur, il avait dû dépenser des sommes considérables, sans avoir la certitude que cette générosité fût efficace, jusqu'au jour où il avait appris que les dés avaient été jetés et que la couronne impériale allait échoir à Charles d'Autriche, lequel se ferait connaître et redouter sous le nom de Charles Quint.

— Je l'envie mais ne le crains pas ! Il trouve à son avènement un trésor aussi vide que le mien et, de plus, il va être en butte à des agitations religieuses. Ce moine allemand, Martin Luther, va être son pire ennemi avec comme arme la conception d'une Réforme générale qu'il s'apprête à diffuser comme la peste dans toute la chrétienté. Je suis convaincu que nous-mêmes, ici, en France, n'y échapperons pas.

— Du moins, sire, cela écarte pour vous la crainte d'un nouveau conflit.

— J'en conviens et cela calme mes inquiétudes, mais sachez que nous aurons un jour à reprendre les armes, contre l'Empire cette fois.

Alors que nous entrions dans la cour d'Amboise sous une légère pluie vespérale, François me dit en vidant sa selle :

— Ma mie, cette journée m'a fait le plus grand bien. Le soleil, votre présence, cette fête villageoise et le vin de Limeray m'ont libéré d'une partie de mes soucis.

Il avait retenu une dizaine de muids et ne chancelait plus.

À la cour du roi François les idées de la Réforme s'étaient infiltrées grâce à Marguerite de Navarre et à Clément Marot, mais la courtisanerie n'en était qu'aux questions et attendait l'avis du souverain pour s'y conformer. Il en changeait comme de chemise et Marguerite commençait à désespérer de le convaincre.

La Cour, comme tout le royaume, avait pris conscience de la mauvaise conduite des gens d'Église. De nombreuses communautés religieuses montait un relent de taverne et de maison publique. Les offices étaient négligés, la plupart des moines ne sachant du latin qu'un salmigondis appris par cœur. Les princes de l'Église, *in partibus* (vivant hors de leur affectation), avaient à leur cour maîtresses et bâtards et se gavaient des produits de leurs domaines.

Un grand personnage, Jacques Lefèvre d'Étaples, humaniste et théologien, auteur d'ouvrages savants, avait enseigné à Paris au collège du cardinal Lemoine, le grec et le latin. Cette année 1520, il se trouvait à Meaux avec le titre de vicaire général de l'évêque. J'aurais aimé m'entretenir avec lui de ses *Commentaires sur les Épîtres de saint Paul*, dont m'avait parlé le confesseur de la reine, mais, plutôt que d'aller l'importuner dans sa studieuse solitude, je me contentai de lui écrire pour souhaiter sa visite à la Cour. Je n'eus pas de réponse. Il travaillait à la réforme du clergé et à la vulgarisation des Écritures, afin de les rendre plus accessibles aux fidèles qui rabâchaient du latin sans y rien comprendre.

Alarmés par l'importance qu'avait prise ce qu'on appelait le «cénacle de Meaux», la Sorbonne et le Parlement l'obligèrent à s'exiler. Lefèvre partit pour Strasbourg mais retourna en France quelques années plus tard apporter ses lumières dans les mystères et les ténèbres de la religion.

Marguerite, de plus en plus sensible aux idées de Réforme, tentait vainement, sinon d'y intéresser son frère, du moins de lui faire prendre parti. Il redoutait, en s'engageant dans cette voie qui frisait l'hérésie, une croisade chrétienne qui le hérissait. «Nous ne sommes plus au temps de Saint Louis! s'était-il écrié. Comment peut-on concevoir aujourd'hui la mort de milliers d'hommes pour une croisade qui aurait pour motif la nature divine du Christ, la virginité de Marie et la présence de Jésus dans une capsule de pain azyme?»

Quant à moi j'attachais davantage d'intérêt à la gésine de la reine qui approchait de son terme, à la santé fragile de ma fille que Jean de Laval s'était mis en tête de marier à un hobereau crotté des parages qui lui achetait son blé, et au comportement navrant de mes frères en Italie. Je lus, en me cachant de François, un des premiers ouvrages de Lefèvre d'Étaples, *Commentaires sur les Évangiles*, que Marguerite m'avait prêté. L'intérêt que j'ai tiré de cette lecture laborieuse, principalement de nature esthétique par la rigueur de son style, m'incita à organiser une rencontre.

À la mi-juin de l'année 1520, François décida, pour conforter la paix qu'il partageait (moyennant une forte pension), avec le roi d'Angleterre Henry VIII, d'une rencontre entre Calais, enclave anglaise, et Boulogne, ville française.

— Françoise, me dit le roi, je tiens à ce que vous soyez présente, en compagnie de ma mère.

Flattée mais médusée, je tentai de lui faire comprendre que ma présence, au premier rang, risquait de choquer madame Louise. Il m'assura qu'il n'en serait rien, ajoutant que sa volonté royale ne tolérait aucune réserve. Je prenais ainsi la place de la reine Claude, son état lui imposant de ne pas quitter ses appartements.

J'allais ainsi, durant trois jours, assister à la fête la plus somptueuse de tout le règne de François. J'avais l'impression d'évoluer sur un nuage dans une de ces cités levantines dont les marchands et les ambassadeurs nous vantaient les splendeurs. Les deux villes artificielles, édifiées au milieu de marécages asséchés par l'été et de landes sablonneuses, pavoisées d'or et d'argent, alignaient les tentes multicolores des gens d'armes, pavillons déployés, sommées de pommes d'or, et une multitude d'édifices de terre, de bois et de toiles pour les officiers, des fontaines distribuant de l'eau côté anglais et du vin de l'autre, des oratoires couverts d'un feuillage verdoyant et, dominant ce magma, les vastes et hauts palais des souverains tapissés de draps d'or et d'argent.

Au matin du premier jour des festivités, François eut l'idée saugrenue d'aller surprendre son voisin à son lever.

— Mon frère, s'exclama Henry, quel tour aimable vous me faites là ! Vous m'avez fait prisonnier, je me rends donc à vous.

François, en tendant à Henry sa chemise, lui répondit :

— Sire, vous n'aurez jamais de meilleur valet de chambre que moi.

Ils échangèrent des cadeaux et s'embrassèrent. Comme j'aurais aimé assister à cette scène annonciatrice d'une réjouissante familiarité ! Le lendemain, Henry joua le même tour à François et tous deux se dirigèrent vers l'immense lice où trompettes et tambours annonçaient le début des tournois.

Près de six mille spectateurs s'y pressaient sous de vastes vélums de toile blanche, dames et gentilshommes venus des deux côtés de la Manche. La chaleur ajoutait à l'intensité des joutes qui durèrent toute la journée. À l'approche du soir, François s'approcha de Henry, posa ses mains sur ses épaules et lui dit :

— Mon frère, êtes-vous d'accord pour que nous nous affrontions dans le pré, vous et moi, au corps-à-corps ?

Henry ne put se dérober, mais l'engagement fut bref : François était d'une corpulence supérieure à celle d'un adversaire plus lourd et moins agile. Il s'en était amusé, et l'assistance plus encore.

Je n'eus pas à me plaindre, durant ce bref séjour, du comportement de madame Louise à mon égard, certaine que son fils lui avait fait la leçon. Parfois, au cours des interminables festivités, alors que nous

nous trouvions côte à côte, elle s'accrochait à mon bras ou me prenait la main, non point pour me témoigner de l'affection mais en raison de la fatigue qu'elle subissait, debout, dans une chaleur étouffante. Un soir, même, elle me remercia et m'embrassa pour me témoigner une reconnaissance qui ne m'avait guère coûté.

L'histoire gardera mémoire de cette fête, de sa somptuosité, de la bonne entente apparente entre nos deux pays et d'une appellation : le camp du Drap d'Or.

Je conserverai quant à moi de ces grandes journées un souvenir burlesque.

Alors que Henry nous faisait visiter son palais des merveilles, il se détacha d'un groupe de gentilshommes français, s'avança vers moi en me tendant une coupe de vin, me prit le bras et me sépara effrontément de madame Louise. Après m'avoir débité des propos exagérés sur ma beauté, jugée «à nulle autre pareille», ce lourdaud me confia avoir conçu la nuit passée un poème en français, dont il me lut le premier quatrain. Face à cette indigence, je cachai un sourire ironique derrière mon éventail; il l'écarta pour m'embrasser; je le repoussai.

— Madame, me dit-il sans se démonter, acceptez de me suivre en Angleterre. Vous y serez reçue comme une reine.

— Sire, l'amour de mon roi suffit à mon bonheur. Et que diraient votre famille, votre épouse la reine Catherine et vos proches de la présence à votre cour d'une favorite française et, qui plus est, infidèle à son époux?

— Madame, dit-il en rougissant, je rends hommage à votre sagesse. Veuillez oublier mon impertinence.

Il m'embrassa le poignet, me laissa la coupe en main et disparut.

Gravelines... C'est dans ce port de Flandre, sur la rivière l'Aa, que le roi Henry, soucieux d'assurer la pérennité d'une paix dont il tirait profit, avait accepté de rencontrer, à la mi-juillet, Charles d'Autriche. Je voyais cette entrevue d'un mauvais œil, me disant que leurs pourparlers risquaient de se solder par une prise d'armes contre François. Il n'en fut rien. Cette entrevue dépourvue du faste déployé un mois plus tôt au camp du Drap d'Or se déroula en toute cordialité et donna même lieu à un accord secret, avec l'intention de reprendre leurs entretiens. Pour ne pas éveiller la susceptibilité de François, Henry l'avait assuré qu'il ne s'agissait en rien d'un traité d'alliance et qu'il demeurait fidèle dans ses engagements. Voire...

Trois mois plus tard, le 22 octobre de cette même année 1520, si riche en événements, à Aix-la-Chapelle, une foule délirante accueillait le prince autrichien venu prendre possession de la couronne impériale. Son cortège mit cinq heures, tant la foule était dense et exaltée, pour parvenir au domicile qui l'attendait.

Sur la fin de cette année, le pape Léon signa avec François un traité secret qui, pour notre souverain, allait se traduire par de lourdes concessions, en argent notamment. La confiance du roi allait vite être trahie. Alors qu'il lui avait fait la promesse de ne pas reconnaître d'autre empereur que lui, Sa Sainteté, tournant casaque, s'était vouée à Charles.

Dès lors me vinrent des idées sombres que je partageai avec François. J'imaginais le jeune empereur dans une de ses forteresses germaniques, occupé à ressasser cette idée fondamentale : il n'y avait pas place, sur le continent, pour deux puissances de force égale ; il faudrait qu'un jour ou l'autre la guerre tranchât. Il en est ainsi depuis les débuts de l'humanité et il semble que cette fatalité ne doive jamais régresser.

INTERMÈDE

1

Surgit un papillon

On ne prend pas suffisamment au sérieux les symboles. Marguerite m'a montré la copie d'un tableau représentant le roi d'Angleterre, Henry VIII, tenant à la main une balance pour laisser croire qu'il pouvait faire pencher les plateaux à sa convenance, sous-entendu entre le roi de France et l'empereur d'Allemagne.

— L'artiste, me dit Marguerite, aurait dû faire un ajout à cette œuvre en montrant Henry coiffé d'une girouette. Son entrevue de Gravelines avec le futur empereur en témoigne. Ces deux-là s'entendent comme larrons en foire et cela ne présage rien de bon pour nous. Si l'empereur tient à s'assurer la neutralité de son compère anglais, c'est qu'il a une idée en tête. Tu devines sûrement laquelle.

Preuve de l'inanité des rapports entre France et Angleterre : les deux souverains, après l'entrevue du Drap d'Or, s'étaient promis de faire ériger sur place, au lieu dit Valdoré, une chapelle – Notre-Dame-de-la-Paix. Elle n'est jamais sortie de terre.

Peu après notre retour, François apprit qu'en son absence son épouse avait accouché d'une fille prénommée Madeleine. Il eût préféré, me confia-t-il, un enfant mâle, mais il fit contre mauvaise fortune bon cœur. Ses jeunes fils, François et Henri, jouissaient d'une parfaite santé et, Dieu merci, Claude pouvait encore procréer.

J'éprouvais pour cette créature un peu boulotte, au visage gris et sans relief, à la fois admiration et pitié. Je ne l'ai jamais entendue se plaindre à l'annonce d'une nouvelle grossesse et rarement se répandre en plaintes au moment de la délivrance, pas plus d'ailleurs lorsque son fruit ne venait pas à terme. Ses rapports avec le roi se traduisaient par une soumission souriante qui parfois m'exaspérait quand il la rabrouait pour son manque d'élégance et de culture. Elle n'avait pas mis à profit le temps passé dans sa jeunesse à la cour d'Anne de Bretagne, sa mère, puis à celle de son père, le roi Louis, pour former son esprit et ses goûts. Je n'ai quant à moi à lui reprocher que la modicité et l'insignifiance de sa conversation, mais la confiance qu'elle me témoignait me touchait. Claude n'avait marqué aucun sentiment, de quelque nature que ce soit, lorsque François lui avait imposé la présence, comme demoiselle d'honneur, d'une adolescente de quatorze ans, gracieuse et assez belle : Anne de Pisseleu.

Le jour de l'Épiphanie, François eut l'idée de profiter d'une importante chute de neige pour organiser, avec quelques-uns de ses proches, une bataille dans la cour d'Amboise. Il avait chargé

Galiot de former les combattants en deux groupes adverses dont les dames n'étaient pas exclues.

La bataille à boulets blancs que j'observai d'une fenêtre avait pris, dès le signal à son de corne, une folle ardeur, dans un concert de clameurs et de provocations où François se faisait remarquer par ses cris et ses rires. Contraint de reculer jusqu'aux murs, puis assailli par un groupe de furies en jupon, il s'était engouffré à l'intérieur avec sa troupe.

Comme la neige, par la force des choses, manquait dans la bâtisse, le combat se poursuivit avec des armes de fortune jusqu'à l'office où, en guise de munitions, on s'envoya trognons de pain, poissons et légumes. Certains, emportés par une fureur guerrière, brandissaient des tisons. François s'apprêtait à mettre fin à cet engagement qui menaçait de prendre un tour dangereux quand un fragment de bûche fumante lui avait chu sur la tête et l'avait laissé comme mort sur les dalles.

Alors qu'un gentilhomme partait au galop de son cheval alerter le médecin qui demeurait en ville, j'avais aidé à transporter le blessé dans la chambre la plus proche, à l'étage, celle de madame Louise. Il n'avait pas repris conscience, des filets de sang mêlés à de la neige suintaient par saccades de la plaie. Aidée d'Anne de Pisseleu, revenue de la bataille échevelée et ceinture pendante, j'avais donné les premiers soins au blessé. Madame Louise, entourée de quelques dames affolées, gisait évanouie au creux d'un fauteuil.

— La plaie n'est guère profonde, nous avait dit le médecin, mais la contusion a été rude. Attendons que Sa Majesté reprenne conscience pour mieux juger de son état. Si elle parle, ce sera bon signe.

Environ une heure plus tard, François était sorti de sa léthargie. Les yeux ouverts, ses mains glissant sur la courtepointe, il avait esquissé un sourire, émis une plainte suivie de quelques mots inaudibles avant de se rendormir.

J'avais fait taire cette petite sotte de Pisseleu qui se répandait en jérémiades et en imprécations contre le coupable de l'incident, qui n'avait osé se nommer.

— Aidez-moi plutôt, lui dis-je, à faire transporter le roi à Blois, où il sera soigné par de meilleurs médecins.

Le bruit n'avait pas tardé à se répandre que le roi était mort. Il avait même jeté l'angoisse dans la capitale où le chancelier Antoine Duprat s'était préparé à envoyer des émissaires à Blois pour ramener le corps et à réunir le Parlement !

François passa un mois à Paris, dans son logis des Tournelles, sous bonne garde et soigné par les meilleurs médecins. Son état était lent à s'améliorer. Il connaissait des rémissions et retombait dans sa torpeur. Le jour où il s'était levé, avait donné l'ordre d'ouvrir les volets et réclamé un verre de vin, les médecins et ses proches se réjouirent. Le roi était sauvé. On en eut la certitude absolue quand il demanda à voir l'ambassadeur d'Angleterre ; Son Excellence rappliqua sur-le-champ avec des cadeaux. Ils restèrent plus d'une heure en discussion, porte close. Son visiteur l'avait trouvé « fort gaillard et enjoué ».

Cet entretien avait ajouté à ses maux de tête des idées alarmantes. Dès son élection, l'empereur, désormais Charles Quint, s'était attaché à constituer une armée, en complément à ses mercenaires, et à recenser sur des planisphères l'étendue de ses possessions. Elles étaient hallucinantes. Outre l'Empire occidental, équivalant grosso modo à celui de Charlemagne, il était maître de l'Espagne, de places fortes italiennes et des immenses espaces vierges d'outre-mer d'où l'or coulait comme d'une source. En cas de conflit que pèserait le petit royaume de France ?

Il manquait à François l'élément essentiel pour préparer un conflit : l'argent. Il fit irruption dans le cabinet du surintendant des Finances, le baron de Semblançay, et lui lança avec sa familiarité habituelle :

— Mon ami, j'attends de vous un miracle !

— Sire, lui répondit Semblançay, j'en fais chaque jour ou presque.

— Celui que j'attends de vous est exceptionnel. Je vais avoir besoin d'argent, de beaucoup d'argent. Faites-le sortir de terre, comme César faisait pour ses légions, et faites appel à des expédients !

Jacques de Beaune, baron de Semblançay en Gâtinais, avait en main, outre les finances royales, celles de madame Louise, qui le portait aux nues. Il confondait comme elle sa fortune personnelle avec celle du pays. J'en eus plus tard un exemple lorsque j'appris qu'elle avait détourné à son profit, avec l'aide du financier, les redevances destinées à mon frère, Odet de Lautrec, lequel vivait comme un satrape sur le Milanais. Tandis que Semblançay se démenait pour faire sortir l'argent, sinon de terre mais grâce à des expédients plus ou moins honnêtes, François s'efforçait d'agrandir ses possessions en conquérant au prix du sang la riche province du Luxembourg et la Navarre espagnole. Ces opérations peu valorisantes mais peu coûteuses avaient été confiées à un ami d'enfance, Fleuranges, et au roi de Navarre, Henri d'Albret, dont Marguerite, veuve du duc d'Alençon, allait devenir l'épouse. Charles Quint dut rire sous cape de cette maladroite exhibition guerrière. C'était pourtant le premier pétard annonçant un feu d'artifice.

Au printemps, la reine Claude et madame Louise se rendirent en pèlerinage à Notre-Dame de Cléry-saint-André, proche d'Orléans, la superbe basilique restaurée le siècle passé par le roi Louis XI pour rendre grâce au Seigneur d'une victoire contre les Anglais. Alitée par une fièvre opiniâtre, je dus m'abstenir. En revanche la petite Pisseleu obtint d'être présente.

Remise sur pied en quelques jours, je décidai de me rapprocher du roi, de nouveau présent à Blois pour son repos, et tenter de ranimer le feu dont nous avions nourri notre passion. Je fus déçue. Il se montrait affable, me conviait à sa table, mais ce n'était pas pour me débiter des vers de sa façon, toujours aussi banals. Il croyait à l'imminence de la guerre et l'argent était le premier de ses soucis. Je lui proposai encore de disposer de ma fortune, dont je lui étais redevable. Il sourit mais refusa, disant que c'eût été une goutte d'eau dans l'océan.

François ne me gâtait guère de sa présence nocturne. Il était loin le temps où, en plus de ces rendez-vous quotidiens, ou presque, il m'envoyait chercher par un valet et, dans la garde-robe de son cabinet, en position inconfortable, prenait son plaisir sans s'embarrasser de préliminaires galants. Ce comportement de ruffian me laissait un sentiment d'humiliation, l'impression de n'être pour lui que l'instrument de sa lubricité, une servante, une putain. En définitive le feu timide qui couvait entre nous me convenait, mais avec un risque : voir sortir de la bouche de la petite Pisseleu un souffle capable de l'éteindre.

Au printemps de l'année 1521, alors que sa blessure d'Amboise ne lui laissait que des maux de tête anodins, François se trouva en butte à un événement fâcheux, objet d'une humeur de fauve. Charles, duc de Bourbon, deuxième fils de Gilbert, comte de Montpensier, et de Claire de Gonzague, sœur du marquis de Mantoue, avait fait preuve à Marignan de dons exceptionnels : courage et compétence. François y avait été sensible, au point de lui décerner le titre suprême de connétable : le personnage le plus important des armées royales.

Lorsque Charles de Bourbon apprit que le roi lui avait retiré le gouvernement du Milanais au profit de mon frère Odet de Lautrec et, de plus, le commandement d'un corps d'élite, cet homme fougueux se révolta. Il nourrissait un autre grief contre le roi : François avait omis de l'inviter au camp du Drap d'Or.

Leurs relations s'envenimèrent à la suite d'une complexe affaire d'héritage. Devenu veuf et sans héritier en vie après le décès de son épouse, Suzanne de Beaujeu, Charles se trouvait à la tête de la seigneurie la plus puissante du royaume, au point que, lorsque j'en pris connaissance, je fus saisie de vertige. Cette situation mit en appétit François et madame Louise : le roi revendiquait les biens apanagés devant revenir à la Couronne, sa mère se trouvant être la cousine germaine de Suzanne et surtout la petite-fille de Charles Ier de Bourbon. La situation confiée aux légistes était d'une telle complexité et agitait tant d'intérêts opposés qu'ils faillirent y perdre leur latin.

Les rapports entre François et Charles de Bourbon se dégradèrent encore quand ce dernier envisagea d'épouser une sœur de Charles Quint et de passer avec lui un traité secret. Suprême injure pour François, s'ajoutant au risque de perdre le meilleur de ses officiers !

La colère du roi atteignit son apogée le soir où il apprit ces nouvelles, alors qu'il jouait aux dés avec son ami Fleuranges, après quelques joutes dans la salle d'armes de Blois.

— François, lui dit son partenaire, vous n'allez pas rester bras croisés devant cette injure. Comment allez-vous réagir ? L'affaire est grave. Un connétable qui trahit son roi…

François balaya les gobelets et les dés d'un geste furieux, se leva, essuya son visage et s'écria :

— Je vais mettre toute la police de France à ses trousses ! L'animal n'échappera pas à ma justice, même s'il se trouve en Allemagne. Tudieu ! Il ferait beau voir que l'on se dressât contre moi avec un tel mépris !

Après des mois de recherches incessantes dans tous les fiefs de Bourbon, François y renonça en apprenant que le traître avait trouvé refuge en Italie. L'y poursuivre eût été chercher une aiguille dans une meule de foin. On en resta là.

J'appréciais la compagnie de Fleuranges et lui plus encore la mienne. J'avais mis un frein à plusieurs reprises à ses tentatives de séduction, arguant du fait que je m'étais juré de ne jamais trahir mon amant, ce qui amusait ce bellâtre. Selon lui le fait de se donner du plaisir ne pourrait affecter en rien la passion que le roi et moi partagions depuis des années. Il avait même osé prétendre que François, informé de cette faiblesse, n'en aurait pas été choqué.

— Madame, le jour où François se lassera de vous, ce qui semble inévitable, vous me trouverez devant votre porte. La fleur que vous êtes risque de se flétrir par manque d'eau.

Je lui jetai un baiser sur la joue et le priai de renoncer à ma conquête.

— Dois-je vous rappeler, monsieur, que le jour où aura lieu cette rupture, je n'aurai d'autre choix que de finir mes jours auprès de mon époux, Jean de Laval, à Châteaubriant ?

Il me mit en garde contre les menées, connues de toute la Cour, d'Anne de Pisseleu, pour s'attirer les faveurs de François, lequel attendait que le fruit fût mûr pour le cueillir.

— Dès lors, madame, je puis vous assurer que, pour François, vous ne serez plus qu'une ombre...

La girouette d'Angleterre avait été sensible au vent de Germanie. Les démonstrations d'amitié, les promesses et le traité avec François s'étaient envolés comme feuille au vent. Une tentative de négociations, à Calais, au début d'août de l'année 1521, avait été une navrante palinodie, sous la présidence du chancelier d'Angleterre, Wolsey, en l'absence des deux principaux protagonistes : François s'était fait représenter par son fidèle chancelier, Antoine Duprat, et Charles avait donné les pleins pouvoirs à son ministre Gattinara, qui haïssait les Français.

Les pourparlers s'annonçaient difficiles, Wolsey ayant choisi de défendre l'empereur. Duprat avait affaire à deux adversaires au lieu d'un, ce qui faussait les débats. Les conditions des deux alliés étaient aberrantes : c'était à François, qui «avait le plus besoin de faire la paix», de faire des concessions ! Duprat ayant juré, *sur sa tête*, de ses bonnes intentions, s'attira une odieuse réplique de Wolsey :

— J'eusse préféré celle d'un porc !

Les exigences soumises à Duprat étaient outrancières : ils proposaient la restitution à Charles d'anciennes terres d'Empire : Bourgogne et Provence. Autant clore les pourparlers. Duprat y mit fin en se retirant.

Quelques mois plus tard, Charles Quint, Henry VIII et Léon X signaient un traité offensif contre la France. Le pape ne jouit pas longtemps de sa mauvaise action : Dieu l'avait rappelé à lui quelques jours plus tard. Cette nouvelle aurait pu réjouir François mais le nouveau pape, Adrien VI, était l'ancien précepteur de Charles Quint. C'est dire qu'en matière de diplomatie les dés étaient faussés.

Le couvert n'avait pas encore été mis pour le grand festin de la guerre ; on n'en était qu'aux prémices.

Le conflit reprit sur trois fronts. D'abord, dans les Ardennes, où le chevalier Bayard mit en déroute l'armée impériale venue assiéger la citadelle de Mézières. Dans les Pyrénées, mon frère Lesparre fut battu par les Espagnols, blessé et fait prisonnier.

Échec de même pour mon autre frère, Lautrec, dans le Milanais, à la tête d'un détachement franco-vénitien et avec l'appui de mercenaires suisses qui furent mis en déroute par l'armée impériale. Il avait engagé le combat mal préparé, au lieu dit Bicocca, au nord de Milan, avait dû se rendre et renoncer au gouvernement de province. Pour riposter à cette humiliation, François confia en 1524 une armée à l'amiral Bonnivet, assisté de Bayard. L'affrontement, suivi d'une défaite, eut lieu sur les bords de la Sesia, dans le Piémont. Au cours de la retraite, le vénérable chevalier de Bayard, symbole de la puissance armée du royaume, avait été tué d'un tir d'arquebuse. Forts de cette victoire, les Impériaux avaient foncé sur la Provence et mis le siège devant Marseille.

Le comportement de mon troisième frère, Thomas, sire de Lescun, m'étonna. Contrairement à ses aînés, il n'avait jamais éprouvé d'intérêt pour

les armes. Ses proches l'avaient surnommé le
«Protonotaire». Il avait surpris son monde quand,
apprenant l'insuccès de ses frères, il avait décidé de
se jeter dans la mêlée pour venger l'honneur de sa
famille et de son roi. J'appris qu'il avait été grièvement blessé à Bicocca.

Ces tragiques événements auguraient mal de la
suite : la guerre à laquelle François se préparait.
Pour lui, les sanglants revers subis par ses armées
n'étaient que des escarmouches et ne pouvaient le
faire douter de la victoire finale. En dépit de ces préludes décevants, il se gargarisait des rapports de ses
officiers l'assurant de l'invincibilité de son armée.

Alors que la Cour et la population frémissaient
d'angoisse dans la crainte d'une nouvelle campagne en Italie, je me morfondais, aux prises
avec la désaffection du roi. Depuis des mois il ne
m'honorait plus de ses faveurs nocturnes, si bien
qu'il me semblait devoir bientôt vivre à la Cour
comme une courtisane de troisième ordre, «comme
une ombre», pour reprendre l'expression cruelle
de Fleuranges.

Anne de Pisseleu s'était imposée, avec l'agrément
de madame Louise, comme première favorite. Ce
papillon s'était posé sur l'épaule du roi qui ne faisait
rien pour l'écarter. On se plaisait autour de moi à
jaboter sur les premiers succès de cette petite garce,
les rendez-vous de nuit dont elle se vantait, les
exploits fougueux de son nouvel amant. Elle disait
que *la Vieille* avait fait son temps, que le roi, ayant
changé de cap, n'allait pas tarder à virer de bord.

Après une nuit à brasser hypothèses et projets, je décidai, profitant de l'absence du roi, de prendre le large sans en informer quiconque, sauf Louise. Elle approuvait ma décision mais doutait que le roi fût bouleversé par mon absence. Il était tombé dans le giron de la guerre et n'en reviendrait, si Dieu lui donnait victoire, qu'après des mois. S'il en revenait vivant.

— Ma pauvre amie, ajouta-t-elle, mon frère n'aura guère d'occasions de se livrer aux plaisirs d'amour, même avec les belles Italiennes. Il vous aura vite oubliée, et je le regrette. Quand partez-vous et où comptez-vous aller ?

— Dans trois jours et pour mon domaine de Châteaubriant. Madame, si j'éprouve quelque regret de quitter la Cour, c'est en raison du renoncement à nos affectueuses relations.

— J'espère, me dit-elle, avoir votre visite dans mon petit royaume de Navarre où j'ai plaisir à me reposer. Je compte y écrire et accueillir les proscrits défenseurs des Évangiles. Cela vous rappellera votre enfance.

J'acceptai de bon cœur son invitation. Marguerite incarnait la curieuse condition d'une « biblienne » face à une orthodoxie catholique qui s'en méfiait comme de la peste, mais ne pourrait s'en prendre à elle sans risquer les foudres de François.

2

Adieu l'amour ! Bonjour la guerre

En cette triste année 1524, descendant la Loire en modeste équipage, je me remémorai un poème de François et surtout le premier vers : *Où êtes-vous allées, mes belles amourettes ?* Il en avait fait une chanson et me l'avait parfois fredonnée en me suçotant le lobe de l'oreille. J'avais décidé d'emprunter le fleuve jusqu'à Angers et, de là, passant par Segré, de rejoindre Châteaubriant où Jean de Laval, averti par mes soins, m'attendait.

Alors que je prenais quelque repos dans une auberge riveraine, mon attention fut attirée, à travers les arbres bordant la rive, par des flocons de poussière, des hennissements de chevaux et des cris d'hommes. Je m'avançai et me trouvai face à une troupe commandée par un officier que j'avais naguère rencontré et qui m'avait fait une cour discrète : Philippe de Chabot de Brion, ancien compagnon de jeu et neveu par alliance de François.

Il s'apprêtait à remonter le fleuve et peinait à trouver des barges pour sa cavalerie. Il avait, me dit-il, rendez-vous avec l'armée royale rassemblée à Lyon avant de fondre sur Milan.

— Eh oui, madame, me dit-il en soupirant, nous allons de nouveau nous battre. Je participe volontiers à cette nouvelle campagne car tel est mon devoir. Il ne s'agit pas de conquête mais de défendre notre territoire. Si vous suivez le même chemin, j'aurai plaisir à voyager en votre compagnie.

Il sembla déçu de mon refus. J'aurais pourtant aimé entreprendre ce voyage au côté de cet officier du même âge que moi à deux années près, svelte, large d'épaules, au visage encadré d'une barbe blonde et bouclée. J'aurais même, sans scrupule, pour peu qu'il eût découvert ses batteries, accepté de donner satisfaction à sa convoitise affleurante, mais, outre que mon époux m'attendait, Philippe n'avait que la guerre en tête. Je passai mon chemin et lui le sien.

Jean ne paraissait pas avoir éprouvé la moindre impatience de me voir resurgir, alors qu'il se trouvait attablé en compagnie d'un couple de vassaux de modeste apparence, un rustaud chauve, ridé et son épouse, un peu forte mais au visage d'une beauté rude de paysanne.

Mon époux se leva pour m'embrasser mais fit signe à ses convives de rester assis. Sans un mot, il m'invita à prendre place sur le banc et donna des ordres pour ma suite. J'avais grand-faim et me repus de victuailles généreuses et de pain frais. J'entendis d'une oreille distraite l'entretien portant sur l'état des récoltes, les méfaits des orages et la santé des chevaux. Avant le fromage je m'étais endormie, la tête reposant sur mes bras repliés.

Quand je rouvris les yeux, Jean, assis sur le banc vide, en face de moi, une main sur sa tempe, me regardait. Je ne l'avais pas revu depuis un à deux ans, je ne sais plus. Il me parut changé, du moins dans son visage : sa barbe sillonnée de gris avait crû et son visage s'était tanné du fait de son goût pour les travaux des champs et les longues chevauchées. Il laissa tomber sa main sur la table et s'éclaircit la voix pour me dire :

— Ma chère femme, ce voyage semble vous avoir éprouvée. Je vais donc vous laisser vous reposer jusqu'à ce soir. Vous pourrez vous faire monter le souper. Je ne vous importunerai pas.

Il ajouta en se levant :

— J'ai renvoyé votre suite. Ici, elle ne vous serait d'aucune utilité. Une servante va vous montrer le chemin de votre chambre qui a été préparée.

Je lui demandai qui étaient ses convives. Il haussa les épaules et esquissa un sourire.

— Des gens qui me sont fidèles pour l'intendance de mon fief d'Erbray : Alphonse et Garcia, son épouse. Vous serez appelée à les revoir souvent.

Il ajouta :

— Reposez-vous bien et passez une bonne nuit. Demain, nous parlerons. Mon maître palefrenier m'attend aux écuries pour des ferrages.

J'appréciai qu'il ait eu la délicatesse, dans l'attente d'un retour auquel il n'avait cessé de croire, de me réserver une chambre et me réjouis à l'idée de n'avoir pas, du moins ce soir-là, à la partager. Des tapisseries usées, de vastes dimensions, représentant des scènes de nature et de chasse, prélevées sur l'ancienne résidence, dissimulaient en partie ses murs nus mais faits de bonnes pierres bien jointoyées. Je m'occupai à défaire mon bagage qui tenait dans trois grands coffres en cuir de Cordoue, cadeau de François pour mon anniversaire, trois ans auparavant, à aligner mes livres contre une cloison, en attendant de faire confectionner des étagères. Le lit était large et sans baldaquin. La garde-robe était dotée d'un bassin de bois pour mes ablutions ; j'en fis usage sur-le-champ.

Lorsque ma servante, Adélaïde, jolie, jeune et allègre, eût tiré mes rideaux et servi mon matinel, je consacrai toute ma matinée à visiter ma nouvelle résidence adossée aux vestiges de l'ancien château.

Jean y avait mis le temps mais avait tenu sa promesse : le Château-Neuf était une petite merveille : ses structures élégantes, galeries ornées dignes des palais ligériens du roi, pavillon d'escalier *à la romaine* largement éclairé par des baies ouvrant sur le jardin. Les salles étaient à l'avenant, sans fautes de goût, ce qui me donnait à penser que mon époux avait dû faire appel à un maître décorateur renommé.

J'éprouvai une vive émotion en entrant dans la chambre de notre fille. Malade de la poitrine, Anne y était morte l'année passée, adolescente, sans que son père eût daigné m'en avertir, comme si j'étais devenue étrangère à notre famille. Son portrait à la mine, exécuté par un artiste de passage, se trouvait au-dessus du lit sous une croix de bronze. J'y retrouvai mes propres traits.

Une fenêtre de ma chambre ouvrait au nord sur un parc arboré, agrémenté d'un vaste bassin, et l'autre donnait sur une basse-cour consacrée à la forge, aux écuries, au manège et aux logis de bois des familles d'ouvriers agricoles. J'observai chez Jean un sentiment de fierté lorsqu'il me fit visiter ces lieux consacrés à son élevage de chevaux, dont certains de race hongroise.

— J'ai apporté à contrecœur, me dit-il, ma contribution à la campagne d'Italie. Les agents du roi m'ont rendu visite et ont emporté une dizaine de montures, avec promesse de paiement, ce qui me laisse sceptique. J'ai réussi à garder mon cheval favori, Alzor et, pour vous, une jument. Vous lui trouverez un nom. Si le temps le permet, nous les sellerons pour une promenade à travers *nos domaines.*

La surprise et l'émotion me colorèrent le visage. Il s'en aperçut et éclata de rire.

— Madame, si vous êtes revenue vers moi, ce n'est pas pour une visite de courtoisie. Cette demeure n'a jamais cessé d'être vôtre. L'idée ne m'est jamais venue de divorcer, persuadé qu'un jour ou l'autre vous me reviendriez.

Il ajouta en me prenant le bras :

— N'oubliez pas que vous êtes mon épouse et que je souhaite pouvoir accomplir pleinement mes devoirs d'époux. Que diable ! Nous sommes encore jeunes et en bonne santé. J'espère que vous supporterez ma présence sans avoir à vous en plaindre et que vous ne me décevrez pas.

Le soir même, au retour de notre randonnée à travers *mon domaine* sous un tendre soleil d'automne, après le souper, je montai dans ma chambre et me préparai au sacrifice sans éprouver de répugnance et même avec le sentiment pervers et agréable de me venger des infidélités de mon royal amant. Nous avons accompli nos devoirs matrimoniaux sans effusions mais avec une tendresse qui s'exprimait par les gestes plus que par les mots. Cela me changeait des étreintes de François, qui, lui, ne cessait de bavasser ou de me réciter ses vers médiocres que je connaissais par cœur et qu'il avait dû servir à beaucoup d'autres.

J'avais redouté de trouver à Châteaubriant une solitude qui m'eût fait regretter l'ambiance animée de la Cour. Il n'en fut rien. Jean recevait de fréquentes visites, pour le plaisir comme pour son élevage de chevaux.

Les plus fréquentes et les plus attendues étaient celles de l'intendant d'Erbray et de son épouse. Il s'instaura très vite, entre eux et nous, une connivence qui m'éclaira sur certains comportements insolites. Je ne tardai pas à comprendre que Garcia, cette belle Aragonaise apparue, je ne sais en quelles circonstances, dans la contrée, avait été et était peut-être encore la maîtresse de mon époux. Cela sautait aux yeux sans que j'en éprouve du ressentiment.

Une nuit cependant, après nos ébats, je me risquai sans acrimonie et de manière allusive à faire comprendre à Jean que je n'étais pas dupe quant à la nature de ses rapports avec Garcia. Il sursauta et, droit sur le lit, m'apostropha rudement.

— Madame je ne supporterai aucun reproche quant à ces rapports qui, j'en conviens, sont réels,

et que je ne souhaite point interrompre. Tenez-le-
vous pour dit! Aurais-je dû, en votre absence, vivre
comme un ermite?

Il reprit place sur le lit, frémissant, et me tourna
le dos. Il dut s'endormir aussitôt car je l'entendis
ronfler. Je restai éveillée jusqu'au milieu de la nuit,
en proie à la perplexité. Que pesait le sentiment
doux-amer de vengeance que je savourais contre
François, face à la situation conflictuelle qui se pré-
sentait?

Afin de conjurer les orages, je pris la décision de
me rapprocher de Garcia et de m'en faire sinon
une amie, du moins une compagne. Je pris l'habitude, sans que Jean s'en formalisât, de me rendre à
cheval, une fois par semaine, à Erbray, où le couple
occupait, dans une vaste clairière, une gentilhom-
mière confortable.

Nous en vînmes très vite, Garcia et moi, à la
confiance puis aux confidences. Elle n'avait pas paru
surprise que je fusse au courant de ses rapports avec
Jean. Elle détestait, me dit-elle, son rustaud de mari
qui s'acoquinait avec la domesticité, ce qui, somme
toute, apportait équilibre et complicité à leur
couple. Elle me fit comprendre que si je m'opposais à ses rapports avec mon époux, elle deviendrait
mon ennemie sans les interrompre.

À défaut de délicatesse cet avertissement avait
pour moi l'avantage d'être clair. En revanche il me
laissait perplexe. Cette notion de partage érotique,
ancrée depuis des siècles dans les mœurs royales,
ducales et autres, n'avait guère suscité de drames et
même était de pratique courante en vertu d'un

consensus. Sollicitée à plusieurs reprises par de hauts personnages, j'aurais pu céder, mais ma passion intransigeante pour mon souverain maître y faisait obstacle, alors que lui ne s'en privait pas, comme d'un droit régalien. C'est mon indulgence à son égard qui avait assuré mon maintien dans ses faveurs. Il détestait la jalousie et me savait gré de ne pas en user.

Je décidai de poursuivre nos rapports avec le couple d'Erbray, bien que nous n'eussions rien à y gagner et beaucoup à y perdre. J'éprouvais quant à moi une amère satisfaction lors des fréquentes visites que nous recevions. Ma qualité de première favorite de François me valait des marques de respect mais aussi les approches de certains qui voyaient en moi l'image d'une femme aux mœurs relâchées. Je les rembarrais et ils ne revenaient plus ou cessaient de m'importuner.

La vie avait donc repris, à Châteaubriant, avec une rigueur imposée par le maître, ce qui me convenait. J'avais même fini par m'adapter à l'infidélité de mon époux, dans la mesure où il m'imposait peu souvent sa présence nocturne, sans cesser de me témoigner son affection trouble mais sincère.

Un messager m'apporta de Blois une nouvelle affligeante : le décès de la reine Claude, le 20 juillet. De cette malheureuse créature, morte à vingt-cinq ans, l'histoire ne retiendra que le souvenir d'une reine enclose dans sa fonction de dispensatrice d'une abondante gestation : sept enfants au total,

140

dont quatre vivants. Elle aurait pu me tenir rigueur de mes relations avec son époux mais s'en était abstenue. Clément Marot avait rédigé en une phrase son éloge funèbre : *Que les anges auxquels elle ressemblait veillent sur son grand sommeil.* Elle léguait à son époux, et après lui au dauphin, son duché de Bretagne.

Une autre nouvelle, incluse dans le même message, avait causé une forte émotion à la Cour. Jean de Poitiers, seigneur de Saint-Vallier, condamné à mort pour complicité avec le connétable de Bourbon et l'empereur, avait été porté sur l'écha-faud où le bourreau affûtait sa hache quand un messager du roi avait surgi, porteur d'un message annonçant la rémission du condamné. On dit aussi que, de frayeur, il vit sa chevelure blanchir en un jour. Cet illustre personnage était le père d'une des dames de compagnie de la reine : Diane de Poitiers.

Après des mois de préparatifs et de tergiversations, les hostilités avaient débuté entre le roi et l'empe-reur au printemps de cette même année. J'en avais des nouvelles par Clément Marot, Fleuranges et des amis qui avaient regretté mon départ.

Immobilisé devant Marseille avec quelques mil-liers d'Impériaux, le connétable de Bourbon com-mençait à perdre patience. La ville était fortement remparée, la population s'était mobilisée pour lui tenir tête et les fièvres des marais faisaient du dégât dans sa troupe qui hésitait à monter aux échelles. Il en était de même dans le Nord où l'armée de Henry VIII, à peine débarquée, avait repris la mer.

Les Salamandres

Bourbon avait décidé de tenter un nouvel assaut quand avait surgi une armée aux armes de France, conduite par Galiot de Genouillac. Le grand maître de l'artillerie avait donné une telle puissance à son feu que les gens du connétable se retirèrent sans engager le combat, laissant sur place leurs malades.

Alors que Galiot savourait sa victoire, le roi avait pris la route du Sud et retrouvé à Aix-en-Provence l'armée d'Italie, forte d'environ mille cinq cent combattants, cavaliers, lansquenets et hommes de pied.

L'automne venu, François, ayant abordé les contreforts des Alpes, s'apprêtait à affronter les sommets pour gagner de vitesse ses ennemis et se trouver avant eux à Milan. Son armée allait patauger dans les neiges dites « éternelles » où Galiot laissa quelques pièces marquées de la salamandre et où le convoi perdit des chariots porteurs de vivres et de matériel, ayant chuté dans les ravins.

Ces rudes épreuves furent compensées par un succès facile : on n'aurait pas à faire le siège de Milan, des bourgeois s'étaient empressés d'en offrir les clés au roi.

Début novembre, après marches et contremarches épuisantes à travers des campagnes gorgées de pluie, François dut éprouver une forte émotion à se trouver devant une ville où il avait séjourné lors de sa première campagne : Pavie. Du sommet d'un mamelon dominant le fleuve Tessin, il s'attarda à contempler les merveilles de l'antique cité des Lombards, ses hautes tours nobiliaires, ses campaniles et ses défenses.

La ville était aux mains des Espagnols, sous le commandement d'un homme de guerre réputé, Antonio de Leiva, qui disposait de quatre cents Ibères, de cinq mille lansquenets et d'environ deux cents lances.

François dut avoir la rage au cœur à la pensée qu'il allait devoir, en mettant le siège devant la cité, lui infliger dégâts et pertes civiles. Tandis que Galiot alignait ses pièces, il fit dresser le camp entre le Tessin et les marécages. À la nuit tombée, les premiers feux de bois allumés, l'armée prenait ses quartiers, largement alimentée en victuailles et en vin.

Du haut de leurs remparts, les habitants avaient le spectacle d'une ville composée de centaines de tentes qui devait rappeler au roi les grandes heures du camp du Drap d'Or. Des gens des parages venaient par familles entières livrer contre monnaie des vivres, du vin, et fraterniser avec nos soldats. On avait même prévu pour les combattants des tentes à usage de bordel.

Pour prendre ses distances avec les miasmes suintant des marais, François avait élu domicile à l'abbaye voisine de Saint-Paul. Le duc Anne de Montmorency, compagnon de jeunesse du roi, avait massé ses troupes dans une île du fleuve, proche de la ville. Les autres chefs d'armée, La Palice et Bonnivet notamment, avaient trouvé place au château de Mirabello, peu distant des remparts.

Après quelques tentatives d'assauts décevantes, François avait décidé d'attendre le printemps pour engager les opérations, dont Fleuranges me donna des nouvelles. J'imagine que l'hivernage entre pluie et neige avait été éprouvant malgré les présences féminines. L'armée avait fêté durant trois jours les cinq mille Suisses des Grisons arrivés au temps de Noël combattre à nos côtés. Au début de janvier nous eûmes la visite d'un ambassadeur du sultan Sélim et de sa suite bruyante et chamarrée. Par l'intermédiaire de Jean de Médicis, qui, à la tête de ses fameuses Bandes Noires, s'était rallié à notre camp, le duc de Ferrare nous fit parvenir des boulets, de la poudre et de l'or.

Peu de temps après, nous eûmes la mauvaise surprise de voir nos mercenaires suisses se débander vers leurs cantons menacés de pillage par des hordes à la solde des Impériaux.

Cette défection fut d'autant plus sensible à François qu'il venait d'apprendre l'arrivée devant Pavie d'un important renfort composé d'Allemands, d'Italiens et d'Espagnols qui allaient camper à moins d'un mille des Français. Situation inquiétante : entre les murs de la ville, bien pourvus en canons, et les nouveaux arrivants, nos armées se trouvaient à la fois assiégeantes et assiégées.

Mon ambition n'est pas de raconter par le détail la bataille qui va suivre, mais d'en donner un résumé le plus précis possible, en évitant longueurs et digressions.

Elle débuta le 23 février de l'année 1525, par un assaut d'une extrême violence des bandes espagnoles d'Antonio de Leiva contre le château de Mirabello, tenu par l'amiral Bonnivet. Leurs canons ouvrirent une brèche dans les défenses dérisoires et mal gardées, si bien qu'après avoir envahi le parc,

égorgé au passage serviteurs et animaux, ils s'atta-
quèrent au château et s'en rendirent maîtres.

Les Impériaux s'en tinrent à cet exploit pour la
journée. Dès l'aube suivante, ils reprirent les armes
et ouvrirent le feu sur les lignes royales mais leurs
boulets leur passèrent par-dessus la tête pour plon-
ger dans les fossés. En revanche, l'artillerie de
Galiot, plus précise dans ses tirs, jeta la panique
parmi les Espagnols et en fit un carnage.

Dans nos rangs, on cria victoire. Ivre de joie,
François jugea le moment favorable pour la confirmer. Ayant regroupé sa cavalerie en armures, il
la lança contre les bandes de Leiva. L'opération
échoua, les batteries françaises, prêtes à achever
leur carnage, restèrent inactives pour éviter de
paralyser l'assaut de la cavalerie, interposée entre
elles et les Espagnols. L'assaut mené par le roi avait
été si rapide que la piétaille n'avait pu suivre.

Une mêlée sauvage allait s'ouvrir, qui dura de
longues heures. Le souvenir de Marignan devait
hanter l'esprit du roi au moment d'affronter l'ennemi. En cuirasse, l'épée au poing, une plume
blanche à son casque, il ne dérogeait point à sa
réputation de témérité, ce que beaucoup allaient
lui reprocher. Il se trouva bientôt entouré d'une
bande hurlante d'Espagnols, sous les ordres de
Fernando de Ávalos, général en chef des armées
de l'empereur Charles, qui tentaient de le prendre
vivant.

Son cheval abattu d'un coup d'arquebuse, le roi
poursuivit le combat à pied, avec à son côté un
de ses écuyers qui eut la gorge tranchée. D'une

blessure à la tête, le sang mêlé à la sueur filtrait sous son heaume et l'aveuglait; une autre blessure à la jambe le faisait chanceler. Il gardait malgré tout l'épée au poing quand ses assaillants, s'écartant de lui, livrèrent passage à un cavalier en armure qui s'approcha du roi, descendit de sa selle et, soulevant son heaume, lui dit :

— Sire, ne me reconnaissez-vous point? Je suis Charles de Lannoy. Votre gant, je vous prie. Vous êtes mon prisonnier.

Natif de Valenciennes, compagnon de jeunesse de l'empereur et vice-roi de Naples, Charles de Lannoy avait épousé sa cause et combattait dans ses armées. Il prit le gant que lui tendait François, le glissa dans sa ceinture et fit monter le roi sur un cheval pour le mettre à l'abri dans un hangar à betteraves.

— Je vais vous faire soigner, dit Lannoy. La bataille terminée, je viendrai vous chercher, et...

Sa voix se perdit dans les clameurs de joie des Espagnols et des Napolitains. Quelle dut être l'émotion du roi en traversant le champ de bataille où hennissaient des chevaux couverts de sang, en quête de leur maître! Il reconnut l'amiral de Bonnivet, allongé sous un arbre, en chemise, le ventre ouvert, sa monture près de lui, poussant des naseaux l'épaule de son maître. On avait aligné non loin de là, sur le talus d'un fossé, les corps ensanglantés et déchiquetés de quelques valeureux capitaines de l'armée royale : Bussy d'Amboise, François de Lorraine, Thomas de Foix, sire de Lescun, le second de mes frères...

L'un de nos meilleurs maréchaux, Jacques de Chabannes, sire de La Palice, mourut dans la bataille d'un coup d'arquebuse à bout portant, son cheval tué sous lui.

Avant d'atteindre l'abri qu'on lui réservait, François vit le connétable de Bourbon descendre de cheval en le voyant paraître. C'était son pire ennemi mais il s'inclina devant François. Quelques heures plus tard, ce traître fut appelé à donner ses soins à son roi, en l'abbaye Saint-Paul.

À l'annonce de cette humiliation, qui rappelait celle du roi Jean le Bon à la bataille de Poitiers, et de ce désastre, inconcevable quelques mois plus tôt, l'idée me vint d'en finir avec la vie de par ma volonté. J'avais vécu dans l'espoir que François, revenu couvert de gloire, comme après Marignan, me rappellerait à la Cour et que l'amour, sinon la passion, pourrait de nouveau nous réunir. Tous ces espoirs venaient de s'envoler comme des feuilles dans la tourmente, ne laissant que branches mortes et ciel gris.

Jean, qui m'observait comme un magister son élève, n'avait pas tardé à prendre conscience d'une prostration que je m'efforçais pourtant de dissimuler. Un soir où, en mon absence, il avait soupé avec nos voisins, il me dit ex abrupto :

— Ma chère, je constate que vous compatissez aux malheurs de *votre roi.* Mon avis est qu'il ne survivra pas à sa captivité en Espagne. S'il y survit, il vous reviendra vieux, malade et ne songeant plus à vos amours.

Je bondis et m'écriai :

— Pauvre homme ! Vous semblez satisfait de ses malheurs. *Mon roi*, comme vous dites, est aussi le vôtre ! Auriez-vous oublié ses bienfaits, ces titres et ces domaines qu'il vous a cédés, en Bretagne et ailleurs ?

— Monnaie d'échange, bougonna-t-il. Ce marché, dont vous êtes la pièce maîtresse, n'a pu lui faire oublier cette évidence : vous êtes mon épouse et je suis votre mari. Alors je vous ordonne de cesser ces simagrées qui m'insupportent, sinon je serai contraint de montrer plus de rigueur dans nos rapports !

Le ton de sa voix avait changé ; c'était celle d'un geôlier devant un captif indocile. Je changeai le mien pour lui lancer :

— Monsieur mon mari, vous n'êtes maître ni de mes sentiments ni de ma vie ! Je verserai des larmes quand il m'en viendra et pourrai me rendre à Blois, à Amboise ou à Paris pour attendre le retour de François quand cela me conviendra. Des logis y sont à ma disposition et ma pension me permettra de vivre sur un bon pied. Comptez-vous m'en empêcher ?

Il enfonça son bonnet au ras des yeux et me répondit avec un sourire mauvais :

— Il semble, *madame*, que vous connaissiez mal votre époux. Je suis issu, dois-je vous le rappeler, d'une famille où le premier devoir d'une femme est l'obéissance à son époux. Vous ne ferez pas exception à la règle.

— Qu'est-ce à dire ?

— Qu'à dater de ce jour vous pouvez tirer un trait sur votre sainte liberté. Je vous salue. Passez une bonne nuit si vous le pouvez.

Cette nuit-là je la passai à écrire les lignes qui précèdent, à relire les lettres que François m'adressait naguère à chacun de ses voyages et dont certaines débordent de passion. De plus, je mis de l'ordre dans les relations de la campagne d'Italie dont Fleuranges et quelques autres fidèles en amitié m'avaient fait le récit.

Au matin, une surprise m'attendait : ma porte était fermée à clé et ma servante absente.

II

Anne de Pisseleu, duchesse d'Étampes

1

La nouvelle salamandre

Récit d'Anne de Pisseleu, duchesse
d'Étampes, à la cour du roi François Ier

C'est sans émotion et même avec soulagement qu'un matin d'automne de l'année 1525, j'ai assisté à cet événement attendu depuis des mois, bien avant la campagne d'Italie : le départ de celle qui avait été, disait-on, la plus belle femme du royaume et la première favorite du roi : la comtesse Françoise de Châteaubriant, épouse du baron Jean de Laval, possesseur d'un fief important en Bretagne.

Ce n'était pas une surprise pour moi, la mère du roi, Louise de Savoie, qu'on appelle familièrement madame Louise, m'en avait informée à mots couverts puis de manière directe :

— Ma petite, m'avait-elle dit avec un sourire ironique, tous vos vœux sont comblés. Françoise va quitter la Cour pour finir ses jours auprès de son époux. Désormais votre chemin est libre de cet obstacle. Je sais l'attachement de mon fils pour vous. Vous allez, à son retour d'Italie, tenter de devenir l'élue de son cœur. Mes vœux vous accompagnent.

J'étais à ma fenêtre donnant sur la cour intérieure de Blois lorsque cette créature encombrante, après avoir fait les préparatifs de son départ, y apparut : une escorte de six écuyers en armes, deux chevaux de réserve et un chariot de belles dimensions pour ses bagages l'accompagnaient. Aucun personnage important de la Cour n'était présent, cette dame ayant décidé d'*émigrer* en secret, seule madame Louise étant informée de ce départ. C'était à l'aube d'un matin de printemps de l'année 1524. Le ciel était encore en lisière barbouillé de rose et il en suintait une pluie aigrelette.

Madame Louise m'avait informée des tractations entre le roi et Jean de Laval qui avaient introduit cette femme dans l'entourage royal.

— Monsieur, avait dit le roi, nous aurions plaisir de voir votre épouse à la Cour. Elle l'a séduite par sa beauté et son intelligence et en sera le plus beau fleuron. Rassurez-vous, vous n'aurez pas affaire à un ingrat. Le commandement d'une compagnie d'ordonnance royale vous conviendrait-il ?

Marché conclu, le destin de la comtesse était tracé. La sauvageonne engendrée par la famille de Foix avait les faveurs du roi. Elle allait en jouir durant plus de dix ans.

Cette créature de trente ans, soit le double de mon âge à une ou deux années près, avait perdu son charme et l'éclat de sa jeunesse à un âge où une femme peut encore jouir de ses dons de séduction. Sa taille s'était épaissie et des ridules griffaient son visage.

Je me souviens d'une confidence du roi à son propos. Elle avait tenu une place importante dans sa vie personnelle et il lui arrivait de lui demander conseil pour son gouvernement. Elle avait été *presque une reine*, la pauvre Claude n'en étant que le terne reflet. Madame Louise en avait pris ombrage et s'était efforcée d'en détourner son fils.

Il avait ajouté :

— Je vous confie avoir aimé cette femme, mais je n'éprouve plus pour elle que de la reconnaissance et de l'affection. Le temps a fait son œuvre et laissé de beaux souvenirs. Désormais mon cœur est vacant et le vôtre de même, il me semble.

J'ai dû me contraindre pour ne pas laisser déborder ma joie.

Je me suis gardée de lui révéler la déception qu'il m'avait inspirée lors des premiers vols à la Cour de celle qu'on allait appeler le « Papillon ». Certes j'avais été impressionnée par sa taille, pour moi celle d'un géant, par sa prestance et son goût pour les belles toilettes. En revanche j'avais détesté ses privautés avec les dames, ses rires stridents et son nez proéminent. Je lui en voulais de s'être esclaffée en apprenant mon nom et d'en avoir ri avec ses gentilshommes.

En ces temps-là, on évoquait discrètement les rapports de François avec une jeune femme d'une beauté éblouissante : Diane, fille de Jean de Poitiers, seigneur de Saint-Vallier, épouse de Louis de Brézé, grand sénéchal de Normandie. J'ignore en quelles circonstances ils s'étaient rencontrés et de quelle nature étaient leurs relations, car elles s'entouraient de mystère. Toujours est-il que la belle Diane avait choisi de résider à la cour du roi plutôt qu'en Normandie. Je l'apercevais parfois parmi les dames de compagnie de la mère du roi.

Dès ma première entrevue, dans la chambre de madame Louise, avec sa fille, Marguerite, qui venait d'épouser le duc d'Alençon, j'éprouvai de prime abord un sentiment complexe, une sorte de gêne. Cette princesse n'attirait ni par sa séduction ni par son élégance mais gagnait les beaux esprits par son érudition liée à sa simplicité. Le jour où elle avait tenté d'évaluer mes connaissances en histoire, mon ignorance l'avait choquée, et par la suite elle m'avait témoigné du mépris. Je n'avais aucune arme pour l'affronter car elle était liée à son frère par une affection inaltérable et je ne voulais en rien compromettre l'attirance que j'avais provoquée sur Sa Majesté. Le bruit avait couru de rapports incestueux entre eux, sans que j'en eusse acquis la certitude. L'ambiance de la Cour est favorable à toutes sortes de perversions ou de ragots.

J'avais été cependant acceptée par la courtisanerie, du fait de mes bonnes dispositions, d'une gaieté qui dissipait les nuages de la jalousie, et de mes origines modestes mais nobles. Native du château d'Heilly, dans la riche province de Picardie, non loin d'Amiens, de Guillaume de Pisseleu et d'une mère décédée lorsque j'avais à peine dix ans, je ne garde que des souvenirs confus de mon enfance auprès d'un géniteur austère, dépourvue d'affection, ce dont je fut longtemps obsédée.

Une légende dont je m'insurge a fait de moi, à quatorze ans, la maîtresse précoce du roi. S'il désirait voir le Papillon présent dans ses nuits, comme j'en avais la conviction, il ne se hasardait alors qu'à des mignardises : me prendre sur son genou et me réciter un de ses poèmes en m'embrassant dans le cou, ce qui m'importunait car il avait l'haleine forte. Je ne lui ai cédé que plus tard, l'année 1526, alors qu'il était toujours épris de Françoise de Châteaubriant.

Dans les années précédant sa campagne d'Italie le temps n'était pas venu pour moi d'ambitionner le rôle de favorite. J'avais l'impression de jouer avec François la fable du seigneur et de la bergère, condition humiliante compensée par ses ardeurs mais accrue par la jalousie que j'éprouvais envers la favorite en titre.

Pauvre roi... À ses moments d'exaltation à l'idée de devoir affronter l'empereur Charles Quint succédaient des périodes d'abattement auxquelles j'étais sensible bien qu'il ne daignât pas en informer la *petite seconde*, cette faveur étant réservée à la *première*.

La situation économique le tracassait. Le pays avait traversé trois années de récoltes décevantes qui obligeaient le gouvernement à modérer ses exigences en matière de charges, notamment sur la paysannerie. Ce n'est pas sans regrets qu'il avait été contraint d'augmenter la taille et l'impôt sur le sel, la gabelle, et de créer de nouveaux offices fort coûteux pour les finances du royaume. Il n'était guère aidé par l'intendant, Jacques de Semblançay, dont les comptes étaient si embrouillés que les légistes y perdaient leur latin. Pour comble, la peste avait fait sa réapparition dans plusieurs provinces et à Paris où, chaque jour, des centaines de malades venaient achever leur agonie sous les voûtes de l'Hôtel-Dieu.

De l'autre côté de nos frontières, les préparatifs guerriers battaient leur plein. Dans l'Empire, l'Angleterre, l'Espagne, la Suisse et Naples, on fourbissait les armes. À Rome, le pape Adrien montait la chrétienté contre la France.

J'avais espéré que des négociations mettraient un terme aux bruits de guerre ; je me trompais et fondis en larmes lorsque j'appris que l'armée royale venait de prendre la route du Sud. De nouveau régente du royaume, madame Louise avait tenté de me rassurer :

— Ne vous faites pas trop de souci, ma chérie. Mon fils a pris la tête de la plus forte armée de tout l'Occident, et rien ne pourra résister aux canons de Galiot. Il suffira d'une bataille victorieuse comme celle de Marignan pour que François nous revienne vite. Faites comme moi, priez Dieu et Marie chaque jour et nos vœux seront exaucés.

Par les dépêches reçues à la chancellerie et les lettres du roi à sa mère, je me tenais au courant de cette grandiose épopée qui n'avait rien de commun avec la « promenade militaire » annoncée par madame Louise.

En l'absence du roi, la Réforme avait pris un essor inquiétant. La propre sœur de François lui apportait son soutien en accueillant les opprimés dans son royaume de Navarre.

Lefèvre d'Étaples, professeur réputé, spécialiste d'Aristote, avait été un des premiers à prôner le retour au temps des Évangiles. Entouré d'une secte de bibliens chargés de divulguer ses idées à travers le royaume, il était devenu la bête noire de l'Église romaine et du roi à une époque où il avait d'autres soucis, notamment la trahison de son connétable, Charles de Bourbon, qui avait apporté son armée à Charles Quint. L'activité de Lefèvre d'Étaples n'avait rien qui puisse améliorer les rapports de François avec le pape Adrien, qui le détestait.

Je m'abstiendrai de relater les péripéties de la campagne d'Italie, d'autant que la défaite de Pavie et la captivité de François m'avaient affligée au point de me faire passer des nuits blanches. À chaque nouvelle qui nous parvenait malgré des conditions difficiles d'acheminement, j'avais l'impression d'avaler un poison et je me débattais contre mon projet de quitter la Cour pour trouver refuge auprès de mon époux, au château d'Heilly, quitte à y souffrir le martyre. L'exemple de madame Françoise m'y poussait, mais pour d'autres raisons. J'en fis part à madame Louise.

— Ma fille, me dit-elle, la colère au visage et dans la voix, comment osez-vous me parler de cette infamie ? Quitter la Cour dans ces circonstances tragiques constituerait une trahison que mon fils ne vous pardonnerait pas. Des négociations sont en cours pour le faire libérer. Après tout, l'empereur n'est pas un monstre.

Elle m'a prise dans ses bras et, pour la première fois, j'ai vu des larmes sur ses joues.

2

Le prisonnier de l'Alcazar

La bataille de Pavie avait fait, entre autres, une victime de haute noblesse : le duc d'Alençon, époux de la sœur du roi, Marguerite de Navarre. Il en avait réchappé, avait trouvé refuge en Provence, inconsolable et affecté de blessures mal soignées et d'une pleurésie qui mettait ses jours en danger. Il avait écrit à son épouse pour lui demander son aide ; elle avait aussitôt sauté en selle et s'était trouvée en présence d'un moribond auquel, deux jours plus tard, elle avait fermé les yeux avant de ramener son cadavre en France.

Lors d'un bref séjour à Blois, elle avait fait à madame Louise une étrange confidence :

— Mère, je souhaite ne pas vous choquer en vous apprenant que la mort de mon mari est pour moi une délivrance. Il n'y eut jamais entre nous d'amour ni même d'affection. Il ne pouvait supporter d'avoir pour épouse une femme possédant les qualités que la nature lui avait refusées. C'était un jaloux et un rustre. Que Dieu ait son âme.

Marguerite n'allait pas rester longtemps veuve. Deux ans plus tard elle épousait le roi de Navarre,

Henri d'Albret, puis se décida au bout de quelques années à quitter la Cour pour vivre dans son magnifique castelet de Nérac, dans la province d'Armagnac, dont elle fit le centre de la Réforme à la française. Je garde d'elle un souvenir amer : elle m'avait traitée de «petite dinde», le jour où il m'avait été impossible de lui parler des rois mérovingiens. Quelques années plus tard, elle avait envoyé à sa mère son ouvrage, *L'Heptaméron,* que j'avais fait semblant de lire pour ne pas mécontenter la régente.

Madame Louise avait été émue, puis furieuse de la première lettre que son fils lui avait adressée de Crémone, sur le fleuve Pô, en Lombardie. Il purgeait sa captivité dans la forteresse de Pizzighettone. Elle avait chiffonné la lettre et l'avait jetée sur une table en s'écriant :

— Tout ce qu'il ose m'écrire, c'est que, de tous les déboires qu'il a essuyés, il lui reste la vie sauve et l'honneur ! C'est fort bien tourné mais aucun détail sur ses conditions de détention, ses gardiens et sa geôle, sa nourriture, ni comment il a pu m'adresser ce billet.

Un marchand italien de passage à Blois à la fin de février, Carlo Frigieri, nous avait fourni quelques détails sur les conditions de détention de François.

Malgré ses blessures, d'ailleurs sans gravité et bien soignées, le roi avait retrouvé sa vivacité, sa bonne humeur et sa faconde. Il passait de longues heures en prière et semblait se préoccuper des avancées de la Réforme et de la condition morale de son peuple plus que de son sort.

— J'ai pu rencontrer le roi, nous dit Frigieri, avec quelques autres visiteurs, à travers les grilles de l'austère tour où on l'a enfermé. Il était vêtu d'une longue robe noire sans afféteries, d'une chemise blanche ouverte sur la poitrine «comme chez une femme». Il porte une dague à sa ceinture, sans doute pour couper sa viande. J'ai pu voir ses mains, accrochées aux barreaux. Elles sont d'une grande finesse et sans bijoux.

La chancellerie nous informa qu'au mois d'avril François avait eu la visite de ses deux principaux ennemis : Charles de Lannoy et le connétable de Bourbon, venus lui exposer les conditions fixées par l'empereur, pour une négociation propre à le libérer. Il les avait jugées déraisonnables. Charles Quint exigeait la cession de la Bourgogne, de la Provence et des possessions du connétable qui, à elles seules, avaient l'importance d'un royaume. Quant aux indemnités de guerre elles étaient inadmissibles. Accepter de négocier sur ces bases constituait pour François une nouvelle humiliation. Il s'y était refusé.

— Il n'aurait pu faire autrement, m'a dit madame Louise. Accepter ce dépeçage eût été faire de son royaume une dépendance de l'empire. Autant j'ai hâte de le voir nous revenir, autant je dois me préparer à un long calvaire.

Nous avons appris quelques semaines plus tard la décision de Charles Quint de faire transférer son prisonnier de Pizzighettone vers l'Espagne, autrement dit au bout du monde. Il avait été embarqué à Gênes en direction de Barcelone. Il avait reçu dans cette ville un accueil inattendu. La population l'ayant ovationné, il avait été traité par les autorités non comme un captif mais comme le roi qu'il était. On avait même insisté pour qu'il touchât les écrouelles dans la cathédrale. Pour peu, la population et la bourgeoisie eussent transformé cette fête en révolte contre une condition jugée indigne.

Le convoi, ne s'étant guère attardé dans cette cité chaleureuse, reprit son voyage en direction de Madrid où François allait être emprisonné au château de l'Alcazar.

J'appris, bien plus tard, que François avait, durant la traversée, écrit un bref poème terminé par ces trois vers : *Tu es la tramontane aimée / Celle-là que je désire ne plus voir / En la grande mer.* Il m'avait plu de croire que ces trois vers m'étaient dédiés ; il n'en était rien. Le roi, en les écrivant, pensait à son ancienne favorite, « la Noire », comme on l'appelait à la Cour, dont l'absence lui était devenue intolérable, comme il me le confia alors qu'elle venait de quitter ce monde. Elle restait accrochée à lui comme le lierre aux murailles.

Ce n'est pas le seul hommage rendu à cette dame. Dans sa cellule de l'Alcazar, ayant obtenu de quoi écrire, il avait conçu d'autres poèmes, tous aussi ardents que médiocres, pour la même destinataire, à croire que je comptais peu pour lui. J'en eus connaissance, de même que des lettres qu'il lui avait adressées jadis au cours de ses voyages. Ces lectures me causaient tristesse et colère, mais je m'efforçais de n'en rien laisser paraître.

Les négociations exigées par l'ennemi avaient débuté à Madrid quelques semaines plus tard, dans les appartements de Charles Quint, avec pour chef de nos représentants Jean de Selve, premier président du Parlement de Bordeaux et membre du Conseil privé de la régente.

Des courriers nous avaient appris les conditions de vie de François; elles étaient navrantes : un lit de camp, une tablette, une chaise et une garde-robe pour la toilette et les nécessités... Seule compagnie : celle des gardiens et des laquais lui apportant sa nourriture. Il était fréquemment sujet à des fièvres que l'on négligeait de soigner.

Admise, en septembre, à rendre visite à son frère, Marguerite nous avait écrit à son retour avoir trouvé François dans un état «comateux». Pourtant, dès qu'il l'avait vue surgir, radieuse, chargée de victuailles, de remèdes et de vins, il en avait oublié ses maux.

À mon idée de solliciter un passeport pour l'Espagne et obtenir, comme Marguerite, un droit de visite au captif, madame Louise avait violemment réagi :

— Petite sotte! Si l'une de nous deux doit effectuer cette démarche, c'est moi! On ignore jusqu'à votre nom dans les chancelleries. Il vous manque cette vertu capitale en l'occurrence : la patience. Reprenez vos travaux d'aiguille et cessez de vous vêtir comme une veuve!

Elle avait ajouté :

— J'ai dû moi-même renoncer à demander cette faveur pour ne pas laisser le royaume aller à vau-l'eau en mon absence. Sachez que des cabales se forment déjà pour assurer la succession du roi, certains ayant présumé qu'il ne reviendrait pas vivant.

Madame Louise avait, au palais des Tournelles, notre lieu de résidence, à Paris, des rapports suivis avec le chancelier Antoine Duprat, son conseiller, voire son confident, en raison d'une compétence inégalée. Je détestais cette créature obèse, souffrant de la goutte, ne se déplaçant qu'avec des cannes, d'un caractère abrupt et d'un comportement dépravé. Je l'avais rabroué le jour où il avait soulevé ma jupe avec une canne.

Au cours d'une de ses visites, à laquelle j'étais présente, je profitai de sa bonne humeur pour m'enquérir des rapports entre les royaumes de France et d'Angleterre. Ma question avait paru le gêner, si bien qu'il ne m'entretint que de banalités. J'appris peu après qu'il avait promis son aide à la régente pour la libération de François, mais s'était fait payer ce service deux millions d'écus et une pension annuelle de cent mille écus. Quant à la démarche promise, ce n'était que poudre aux yeux.

Cet ignoble personnage s'était montré plus loquace quant à la situation de l'Empire. Les finances de Charles Quint sonnaient creux, suite aux dépenses exigées par le conflit. D'autre part, nous ne pouvions que nous réjouir de la tourmente luthérienne qui suscitait des révoltes dans ses villes et ses campagnes, de la présence exécrée de ses mercenaires en Italie, et de la menace que faisait peser sur l'Empire le sultan Sélim, notre allié. Autant d'épées de Damoclès suspendues au-dessus du trône impérial !

Suite à une convention entre les deux parties, il avait été convenu que le roi ne pourrait recouvrer sa liberté qu'à la suite d'un échange. Les deux jeunes princes de France, François et Henri, prendraient la suite de leur père. Pour odieuse qu'elle fût à tous, cette décision unanime avait un avantage primordial : le retour du roi en ses États allait faire renaître la confiance du peuple et, à ma modeste mesure, dissiper mes angoisses : j'allais retrouver mon *bien-aimé*.

Alors que l'on négociait l'échange des prisonniers, sur les rives de la Bidassoa, l'empereur s'entretenait à l'Alcazar avec son prisonnier pour lui demander confirmation de leur traité. François, la main sur le cœur, lui avait répondu que, s'il le trahissait, son rival pourrait le considérer comme « méchant et lâche ». Un article de ce traité faisait état du mariage éventuel du dauphin François avec la sœur de Charles Quint, la princesse Éléonore. Comme le roi se montrait hésitant à confirmer ce vague projet, l'empereur lui avait lancé :

— Sire, je vous en conjure, ne cherchez pas à m'abuser. Renoncer à ce projet serait me faire une injure impardonnable ! Ai-je votre parole ?

Persuadé que ce projet cachait des intentions suspectes risquant de faire de la France, à sa succession, un territoire d'Empire, François s'était contenté de sourire et de hocher la tête. Cette union était d'ailleurs dérisoire : François avait neuf ans et Éléonore, à l'approche de la trentaine, n'était pas, comme l'on dit, un « perdreau de l'année ». Pourtant un mariage eut lieu, mais plus tard, l'année 1530.

J'étais près de la régente à l'arrivée du roi à
Bayonne. Elle tenait les deux enfants par la main,
ses paupières avaient gardé la rougeur témoignant
du chagrin et du bonheur de la nuit passée. Elle
était suivie d'une partie de la Cour, immobile
comme une rangée de pilastres, au milieu desquels
Diane jouait de son mouchoir pour traduire son
émotion, caressant d'une main la tête des enfants.
Marguerite, souffrante, avait dû s'arrêter en cours
de route. Quant au gros chancelier Duprat, affligé
d'une crise de goutte, il s'était effondré dans son
carrosse et réclamait de l'eau en tapant avec sa
canne contre le plafond.

Étrange situation... Nul ne paraissait savoir, si je
puis dire, sur quel pied danser. Manifester trop
d'enthousiasme pour le roi eût été indécent envers
la régente et ses deux petits-fils. Présenter à
Sa Majesté l'image d'un retour non souhaité eût
risqué de l'irriter et de susciter un scandale. On
célébra l'événement par une messe en la cathédrale. Les autorités n'avaient pu interdire à la population venue en foule de manifester sa joie par des
vivats, mais il en monta des lamentations lorsque les
deux petits princes pénétrèrent dans le carrosse qui
les mènerait à l'Alcazar. Nous avions tous des larmes
aux yeux et Diane avait fait mine de s'évanouir. Ce
fut un jour radieux comme un matin de printemps,
mais triste comme une pluie d'automne.

L'innocente que j'étais avait imaginé, alors que
nous fondions sous l'ardent soleil printanier, dans
l'attente du cortège royal, la scène qui devait

suivre : le roi sortait de son carrosse, s'avançait vers la régente, l'embrassait ainsi que ses enfants et, sous le regard froid de Diane, me serrait contre sa poitrine en me disant...

Revenue à la réalité, j'avais senti mon sang se figer quand j'entendis sa voix me lancer :

— Petite mignonne, que faites-vous là? Rappelez-moi vos nom et qualités, je vous prie.

Il avait paru indifférent à ce que je bredouillais, mais son regard parcourait le groupe des courtisans comme s'il cherchait une présence invisible. Je l'avais entendu dire à la régente :

— Mère, je cherche en vain madame de Châteaubriant. Pourquoi n'est-elle point là?

— Je le regrette mon fils, mais elle était souffrante et s'est retirée dans son domaine. Rien de grave, rassurez-vous, cependant elle devra rester longtemps absente pour prendre les eaux je ne sais où...

La foudre tombant à mes pieds n'aurait pu me causer une plus vive émotion. Je me fis reconduire au carrosse de la régente par un valet, m'y enfermai, rideaux clos, pour laisser s'épandre larmes et gémissements.

Madame Louise me trouva dans un état si pitoyable qu'elle me fit conduire avec ma servante dans une auberge toute proche et demanda un médecin. Dès qu'il parut, chapeau bas, et entreprit de me servir un compliment, je lui montrai la porte et lui jetai :

— Monsieur, je n'ai nul besoin de vous. Le mal dont je souffre n'est pas de vos compétences.

168

De retour à Paris François s'enferma dans son cabinet et l'interdit aux importuns. Je ne le vis qu'une fois en une quinzaine, dans la cour des Tournelles, au milieu d'un groupe de courtisans, sans une femme. Un soir, je sortais de mon bain lorsque l'on toqua à ma porte. Je crus qu'une servante m'apportait ma tisane du soir; c'était lui.

3

Le Papillon épinglé

Au printemps de l'année 1526, alors que François recouvrait sa liberté, soutenu par la ferveur intense du peuple de Paris, l'empereur prenait la direction de l'Andalousie. L'infante du Portugal, la jolie et fortunée princesse Isabelle, âgée de vingt-trois ans, fille du roi Manuel et de Marie d'Aragon, l'attendait à Séville. Au cours du mariage célébré avec un faste inouï, Charles Quint fut fêté comme le « Maître de l'univers ».

François, chevauchant une mule de par sa volonté, fit à Saint-Jean-de-Luz son premier vrai repas en France. Il n'eut guère à s'en satisfaire – c'était jour de carême – et n'eut pour se sustenter que du poisson. Son chancelier, le gros Duprat, fit la grimace et alla se régaler à l'office d'un chapon aux truffes.

Dans l'après-midi, au cours d'un entretien avec l'ambassadeur d'Angleterre et celui de l'Empire, le chancelier, incapable de se maîtriser, laissa éclater sa colère contre ce dernier, jugé intrus, et, sans en référer au roi, lui montra la porte.

Le Papillon épinglé

Absent depuis des mois aux affaires, François avait trouvé un royaume plongé dans un magma politique, administratif, religieux et domestique capable de lui faire regretter les murs froids mais paisibles de l'Alcazar. Débilité par les privations dues à sa captivité, il avait dû, comme Alexandre le Grand, s'attaquer d'emblée à ce nœud gordien. Par chance, les récoltes avaient été abondantes, le commerce n'avait pas trop souffert de la situation et les bandes de pillards qui écumaient les campagnes avaient été capturées et incluses dans l'armée.

Outre-Manche, le roi Henry VIII avait licencié ses troupes, qui n'avaient guère participé au conflit. La paix retrouvée, il se répandait en termes flatteurs auprès de François dans l'intention d'obtenir le maintien de sa pension. Il avoua qu'il n'avait dû se ranger au côté de Charles Quint que par crainte que sa neutralité le fît passer pour un allié de la France. Signé le 14 janvier de l'année 1526, à Madrid, un traité confirma la cession à l'Empire de la Bourgogne et des territoires du connétable, l'abandon par la France de ses ambitions sur l'Italie, la promesse d'un mariage entre François et la sœur de Charles, la princesse Éléonore, ainsi que le paiement d'une forte rançon. Dans l'esprit du roi, ces concessions obtenues par la contrainte pouvaient être considérées comme nulles.

Au cours de sa captivité, François s'était informé auprès de Marguerite de la situation religieuse en France. Elle évita de s'en réjouir devant le prisonnier, dont elle connaissait la foi catholique, pour ne pas ajouter à ses souffrances. En revanche, elle avait

171

exprimé sa répulsion envers la justice du Parlement qui abusait des arrestations et faisait usage de tortures dignes de l'Inquisition espagnole et du bûcher. François se laissa convaincre que les tribunaux ecclésiastiques en prenaient trop à leur aise en son absence et promit qu'il sévirait à sa libération.

À l'occasion d'une promenade sur la Seine, peu avant la campagne d'Italie, la reine de Navarre m'avait fait part de son intention de convertir le roi aux idées nouvelles, mais elle achoppait à la fidélité de son frère envers l'orthodoxie romaine. Elle n'était parvenue qu'à le troubler, sans lui causer de nuits blanches. Il s'inquiétait de la progression de la Réforme mais ne tolérait pas la violence envers ses prosélytes.

Comme au sortir d'un cauchemar, François avait vite retrouvé mon nom et la réalité de ma présence, qu'il avait fait mine, à Bayonne, d'avoir oubliés. M'ayant retrouvée absorbée dans mes travaux d'aiguille ou à la table de jeu dans l'appartement de sa mère, il avait dû sentir renaître en lui le souvenir de nos premières étreintes, car il m'avait montré une attention soutenue, remarquée par madame Louise, laquelle s'en réjouissait, assurée que, puisqu'il fallait à son fils une favorite, ce ne pouvait être que moi, sa protégée.

Ce fut moi. Nos rapports avaient repris sous une forme idyllique. Quand il me lisait ses poèmes je faisais mine de m'extasier. Il avait hasardé des mignardises auxquelles j'avais feint d'être rétive, ce qui ne l'avait pas découragé, jusqu'au soir où, exaspéré par ma résistance, il m'avait annoncé son intention de forcer ma porte et ma pudeur. Ce qu'il avait fait.

Je le trouvai un soir, assis au bord de son lit, ivre et radieux. Il avait tenu conseil avec l'ambassadeur d'Angleterre, lequel lui avait donné des nouvelles de l'Empire.

Charles Quint était en proie à des ennuis écrasants. Les souverains des nations continentales : la France, l'Angleterre, l'Italie, les princes allemands, le pape Clément VII, de la famille des Médicis, s'inquiétaient de la fabuleuse puissance du « maître de l'univers ». Mettant à profit ces inquiétudes, la régente Louise avait, durant la captivité du roi, créé une ligue formée de ces puissances continentales hostiles à Charles Quint, avec l'intention de libérer le royaume des contraintes du traité de Madrid. La ligue dite « de Cognac », la ville natale de François, ne pèserait guère dans les négociations futures.

Charles Quint se trouvait alors face à une Italie en proie à une rébellion de grande envergure. Plusieurs chefs d'État s'étaient associés pour résister par les armes aux pillages et déprédations de ses bandes de lansquenets allemands et d'Espagnols menés par Antonio de Leiva. Au printemps de l'année 1527, ces chefs rebelles affrontèrent l'armée impériale conduite par le connétable de Bourbon. Prospero Colonna, issu de cette puissante famille rivale des Médicis, voulant faire payer au pape son ralliement à la rébellion et sa sympathie pour le roi de France, achemina ses hordes sur Rome, qu'il assiégea et dont il força les portes. Sa Sainteté fut contrainte à se réfugier entre les murs de l'inviolable château Saint-Ange, tandis que fantassins allemands et espagnols, libres d'épancher leurs instincts barbares, prenaient possession de la ville.

Durant une semaine Rome allait vivre un enfer. Ce n'était partout que saccages et pillages d'églises et de basiliques, massacres de civils et de religieux des deux sexes, incendies et débauche. Le sac de Rome fit une tache ineffaçable dans le règne de Charles Quint, bien qu'il eût condamné a posteriori ces excès qui rappelaient les invasions des barbares, Huns et Vandales.

Informé de ce terrible événement, François conçut une profonde exécration pour les Colonna et les officiers impériaux qui en portaient la responsabilité, mais sa colère était compensée par une satisfaction : le connétable Charles de Bourbon, son ennemi juré, avait été tué dans Rome au cours d'une escarmouche. François allait avoir une rude partie à jouer le moment venu de l'héritage.

Un matin de l'été, l'année 1527, je trouvai madame Louise avachie dans son fauteuil, en larmes, entourée de ses servantes, éplorées comme elle. Je m'informai des raisons de son chagrin ; elle bredouilla dans son mouchoir :

— Monsieur de Semblançay... mon conseiller, mon confident, mon ami... condamné à mort par mon fils...

Apprenant cette tragédie, elle s'était fait conduire dans le cabinet du roi et lui avait demandé raison de cet acte. Il était entré dans une violente colère, traitant sa mère de complice de ce prévaricateur corrompu qui avait pillé les finances de l'État au profit des siennes.

— ... et des vôtres, mère, avait-il ajouté. Vous ne pouvez le nier, j'en ai les preuves. Dois-je vous rappeler que vous avez détourné avec l'aide de mon intendant l'argent promis aux Suisses, ce qui nous a causé une défaite et la perte du Milanais ? Votre cupidité ne connaît pas de limites...

À quelques jours de là j'assistai au dernier repas en public du condamné, place des Beaudets, devant l'église des Filles-Dieu, face à la foule qui huait et jetait des pierres et de la boue à ce vieillard. Quelques heures plus tard il se balançait au bout d'une corde au gibet de Montfaucon. Madame Louise avait tenu à être présente au supplice ; je m'y étais refusée. Le lendemain le cadavre avait disparu, la famille l'ayant fait enlever durant la nuit. L'épouse de la victime, arrêtée, fut jetée à la Bastille. Dans les mois qui suivirent tous les grands services étaient purgés des serviteurs royaux corrompus, qui furent emprisonnés, pendus ou soumis à de lourdes amendes.

Les affres de la captivité avaient entraîné chez François une transformation physique et mentale dont il nous donnait des preuves chaque jour ou presque. Madame Louise redoutait sa présence ; il la fuyait. Je n'avais grâce à ses yeux, comme si je n'avais été coupable que d'un forfait bénin, qu'aux premières heures de la nuit où, crispée au bord de mon lit, j'attendais sa venue. Lorsqu'il daignait paraître, souvent la mine sombre et l'allure agitée, j'avais l'impression de n'être pour lui rien d'autre qu'un exutoire à ses soucis, et que n'importe quelle servante aurait pu remplir cet office.

Parfois, lorsque les nouvelles du pays et de l'Empire le rassuraient, il éprouvait quelque rémission. Ainsi le jour où un ministre de Genève lui avait appris que Charles Quint était aux prises avec le sultan Soliman, dit « Le Magnifique », dont les redoutables janissaires avaient envahi ses territoires du Sud et menaçaient Budapest, capitale de la Hongrie. Cette nuit-là il me combla de ses étreintes, me traitant comme un jouet, déclamant de brefs poèmes de deux, trois ou quatre vers avec des éclats de rire qui me brisaient les oreilles.

C'était le retour de flamme que j'attendais : non une banale coucherie mais une flamme vivace et constante, prélude, me semblait-il, à un sentiment plus sincère et plus profond.

Le 16 décembre, nous assistâmes, madame Louise et moi, au lit de justice, assemblée solennelle rassemblant les trois ordres et le Parlement. Le discours que François prononça à cette occasion sur l'état de la nation et du continent causa à l'assistance, de par sa fermeté et sa justesse, une vive émotion. Il avait mis l'accent sur les risques d'une nouvelle guerre qui engagerait des dépenses considérables alors que l'on se remettait à peine de la précédente. Sa voix s'était brisée et des larmes avaient brillé sur ses joues en évoquant la captivité de ses enfants et l'outrance de la rançon exigée pour leur libération.

En Italie, le sac de Rome par les bandes de Bourbon n'avait pas mis fin aux hostilités, et les rares nouvelles qui nous en parvenaient n'avaient rien de rassurant. Odet de Lautrec, le frère aîné de l'ancienne favorite, poursuivait au sud du pays la guerre contre le vice-roi de Naples, Charles de Lannoy, un des vainqueurs de Pavie. À la suite d'un engagement devant Naples, épuisé par les fièvres des marais, son épée lui était tombée des mains, et il était mort quelques jours plus tard. Privés de leur chef, quatre mille hommes de l'armée royale battirent en retraite.

À quelque temps de là, le sieur de Lautrec étant décédé sans enfants, madame de Châteaubriant se présenta à la Cour, sans doute pour s'informer de la destination des biens du disparu.

Avant de regagner ses pénates, elle accepta, à la demande du roi, de me rencontrer. Bien qu'hostile à cette demande, je dus m'y plier. Je la trouvai encore belle et majestueuse, un peu empâtée, le visage marqué par ses épreuves matrimoniales, et quelque peu arrogante. Elle m'attendait dans sa chambre, assise dans un fauteuil. Sans m'inviter à m'asseoir, elle me dit avec un sourire narquois :

— Sachez, madame, que le roi m'a accordé un long entretien au cours duquel il fut question de votre présence à la Cour. Je me hâte de vous assurer que je n'ai point tenté de vous discréditer, car nous nous connaissons peu et les volontés du roi ne peuvent être discutées. Cependant, je ne puis vous cacher mon amertume. En prenant ma place dans le cœur du roi, ou du moins dans ses plaisirs, vous avez brisé ma vie. Mais pourquoi vous haïrais-je ? J'ai fait mon temps et vous ferez le vôtre. Pour le dire en deux mots, je n'éprouve pour vous qu'indifférence et pitié.

Je l'ai laissée parler sans lui répondre, satisfaite que *la Vieille, la Noire* (sa belle chevelure grisonnait) n'eût pas donné à son propos un ton plus âpre, qui m'aurait contrainte à réagir. Elle a daigné se lever pour me signifier la fin de cet entretien à sens unique. Avant de nous séparer je lui ai fait part de la peine que j'avais éprouvée à l'annonce de la mort de ses deux frères en Italie, au service du roi. Elle m'apprit que le dernier encore en vie, André de Foix, sire de Lesparre, après de longues années de lutte contre l'envahissement de la Navarre par les Espagnols, devenu aveugle des suites d'une blessure à la tête, vivait une paisible retraite dans son domaine de Montfort-l'Amaury. Elle m'a embrassée en essuyant une larme sur sa joue.

La calèche ramenant la comtesse de Châteaubriant en ses domaines quittait Paris quand madame Louise vint s'asseoir près de moi, alors que je lisais des poèmes de Clément Marot à l'abri du soleil, dans une charmille des Tournelles.

— J'aimerais, me dit-elle, échanger avec vous quelques mots à propos de la visite de madame Françoise. Je ne vous cache pas avoir toujours éprouvé pour elle de l'amitié et de la reconnaissance. Sa conversation était plaisante, nourrie de culture et, de plus, en devenant la favorite de François, elle lui a évité de se disperser en aventures graveleuses. Elle a été pour lui une sorte de vestale propre à donner de la stabilité à une vie sentimentale et érotique débridée. Vous sentez-vous capable d'assumer ce rôle?

— J'y suis prête, madame. J'ai conscience de l'honneur qui m'est fait comme de l'importance et des difficultés de ma mission.

— Fort bien, ma petite! Je vous y aiderai de mon mieux. Vous n'êtes point sotte mais votre manque de culture et votre indifférence aux affaires risquent de vous nuire.

Elle m'arracha des mains le livre de Clément Marot, le jeta dans le bassin proche et ajouta en se levant :

— Marot est un grand poète, j'en conviens, mais c'est le genre de lecture que vous devrez mettre sous le boisseau pour vos vieux jours. Pouvez-vous me dire où se trouve la Hongrie et quelle est sa capitale?

Honteuse, je rougis et me tus. Elle me flatta la joue en riant et me conseilla d'acquérir un planisphère, des cartes, et les ouvrages capables de nourrir une culture anémique. Je le lui promis, tins ma promesse et madame Louise la sienne.

Ce simple entretien allait me donner confiance en moi et offrir plus de consistance à ma vie, tant auprès du roi que de ses proches.

En exerçant ma vigilance sur les rapports de François avec les femmes, je ne pouvais exiger de lui une promesse de fidélité, ce qui n'aurait fait que l'éloigner de moi. En revanche, souvent avec l'aide de ma protectrice et avec des moyens pervers quand la situation l'imposait, je m'attachai, sinon à faire du vide autour de lui, du moins à le décourager de donner plus d'importance qu'il ne convenait à des aventures passagères.

Il me fallait pourtant lui laisser quel peu le collier libre. Il en profitait sans scrupules et parfois s'en vantait. Je faisais mine de me divertir de ces exploits libidineux et tâchais de les lui faire oublier en les surpassant par des inventions érotiques qu'il appréciait en connaisseur.

Madame Louise me disait avec un sourire pervers que je n'avais pas, grâce à elle, à m'inquiéter des dangers que je courais.

— Cette grande dinde, la baronne de M..., a osé répandre à tout-va son intention de vous supplanter dans le cœur du roi. J'ai fouillé dans ses papiers de famille et trouvé de quoi lui intenter un procès si elle ne quittait la Cour, ce qu'elle a fait. J'ai redouté davantage le succès de la petite comtesse de C... que le roi se plaisait à promener en barque sur la Seine et qui, elle aussi, se tricotait des illusions. J'ai tenté de l'en dissuader ; elle m'a injuriée ; je l'ai chassée à coups de canne. Elle n'est pas reparue.

Et cætera.

Je jouissais d'une vive satisfaction lorsque, me risquant à parler d'affaires avec François dans nos moments d'intimité, je faisais état de connaissances toutes fraîches sur la situation économique du pays, notamment de la gabelle, cet impôt sur le sel qui suscitait des troubles dans l'ouest. Il m'écoutait, contestait mes avis ou les approuvait, mais se montrait surpris et charmé de mes connaissances. Je me fais gloire de lui avoir ouvert des horizons sur le Nouveau Monde et les richesses qui alimentaient

180

le trésor impérial. Je lui conseillai d'armer des galères dans le port du Havre pour profiter de ce pactole. Je lui avais mis la puce à l'oreille mais il ne put se décider, la situation financière du royaume lui apparaissant comme une priorité.

Ma fierté se renforça le jour où, à propos de la Bourgogne qu'il se refusait à céder à l'empereur, il me fit l'honneur de me convoquer à son Conseil, malgré les protestations de ce pachyderme d'Antoine Duprat qui voyait là une infraction au protocole. J'avais passé une nuit à m'informer de l'histoire de cette province, de ses richesses et de ses divers possesseurs depuis les rois mérovingiens, si bien que je fis assez bonne figure dans cette assemblée de savants.

Je m'avisai qu'il me manquait, pour confondre les mesquineries et le mépris de la Cour, un titre à mon nom. J'en fis discrètement allusion à François ; il me promit d'y réfléchir. Quelques jours plus tard, en présence de son chancelier en second, Guillaume Poyet, il m'annonça solennellement que mon époux, Jean de Brosse, et moi allions hériter du comté d'Étampes, érigé pour nous, quelques années plus tard, en duché. J'en fus éblouie : ce domaine était un des plus vastes et puissants, entre Paris et la Loire. Ma position à la Cour allait s'en trouver relevée, le titre donnant droit au respect.

— Ma belle, me dit madame Louise, vous voilà *installée*.

4

La paix des dames

Les enfants de France, les princes François et Henri, étaient incarcérés depuis quatre longues années, dans une sinistre tour fortifiée près de Ségovie, dans des conditions indignes de leur rang, quand le roi et l'empereur se mirent enfin d'accord sur des négociations, en vue, pour François, de mettre fin à leur martyre et, pour l'empereur, de toucher la rançon : le sentiment affronté à la cupidité. Cette solution leur semblait préférable à l'idée effleurée d'un duel en champ clos, comme aux temps barbares.

Pour négocier avec le roi, Charles Quint avait donné carte blanche à sa tante, Marguerite de Habsbourg, femme réputée pour son énergie et ses qualités de diplomate. Elle régnait sur les Pays-Bas avec une mission majeure : interdire ses frontières aux armées du roi. François lui-même avait préféré s'exempter de ces marchandages ignobles pour ne pas se trouver face à la virago hispano-autrichienne. Il fit appel à sa mère, qui connaissait bien Marguerite car elles avaient été belles-sœurs, et la trouva disposée à cette mission.

Madame Louise avait prévu pour le voyage de Cambrai, lieu choisi de l'événement, un modeste convoi auquel le roi m'interdit de me joindre. Il m'avait dit en souriant :

— Vous aurez de mes nouvelles, ma mie, par le connétable de Montmorency, tandis que j'attendrai les résultats de la négociation dans une demeure voisine.

Située dans le nord du pays, sur l'Escaut, Cambrai était une ville et place forte importante, éprouvée par les guerres fréquentes dans ces parages. Les entretiens allaient se dérouler dans les vastes locaux de l'abbaye Saint-Aubert, durant le mois de juillet de l'année 1529.

Un accrochage se produisit à propos de la rançon des fils du roi. L'un des représentants de l'empereur, chargé de s'assurer du bon aloi du million d'écus, avait été stupéfié de constater qu'une bonne partie était d'un titre en or inférieur ou *rogné*. Protestations d'une part et excuses de l'autre, l'incident fut classé, au grand soulagement des dames sur le sort des enfants. Contrairement à ce que l'on redoutait, il n'y eut entre les deux rivales ni prises de bec ni crêpages de chignon. Pour ce qui est des problèmes d'argent, les femmes sont à la fois plus subtiles et fermes que les hommes. L'on en vint au sujet diplomatique principal : François renonçait à ses prétentions en Italie, ainsi que sur l'Artois et la Flandre. En revanche, il conservait la Bourgogne.

Je n'avais eu qu'à me féliciter du service rendu par Montmorency qui, au jour le jour, me tenait au courant de la *bataille* de Cambrai. Comme la Cour et le pays, je me suis réjouie de la bonne tenue de ces négociations, moins des concessions territoriales exigées par la tante de Charles Quint.

Montmorency et Galiot de Genouillac, chargés par le roi des cérémonies marquant le retour des jeunes prisonniers et la présentation au roi de la future reine de France devant succéder à Claude, avaient mis sur pied une petite armée pour la parade – quatre cents mulets de bât et une trentaine de chariots – qui allait se porter à Fontarabie, ville frontière entre France et Espagne. Galiot craignait la réaction des Espagnols, réputés soupçonneux. Il m'aurait plu d'être présente, mais François s'y était opposé pour ne pas heurter la pudeur de sa future épouse. Il m'avait chargé de veiller sur la santé de sa mère, qui lui donnait des inquiétudes.

Les cérémonies prévues furent retardées en raison d'un incident dont j'ignore la cause. Nos gens durent attendre quelques jours sur place la princesse Éléonore de Habsbourg, sœur de Charles Quint, veuve du très riche roi du Portugal, promise par traité à François.

Elle arriva par le fleuve, suivie de sa maison, d'une escorte armée défilant sous une forêt de pavillons, et de quatre cents chevaux andalous embarqués non sans peine sur des barges.

Mon émotion, m'écrivit Marguerite, s'est traduite par des larmes de joie au spectacle de l'arrivée, dans un tonnerre de canonnades et de fanfares assourdissant, des deux princes, que la princesse Éléonore tenait par la main, sur un navire pavoisé aux armes de France et d'Espagne. Le roi s'est avancé vers eux à pas lents, les a embrassés et leur a dit quelques mots qui m'ont échappé. Je vous avoue que j'aurais eu du mal à reconnaître ces adolescents, leurs années de captivité leur ayant été fort pénibles. Ils ont grandi, François surtout. Leur visage, pâle et émacié, n'a trahi aucune émotion.

Au cours des cérémonies et du repas qui suivirent, Marguerite avait eu le loisir d'observer la future reine de France.

Cette femme, plus jeune de quatre ans que mon frère, n'a rien de la beauté hispanique que j'avais imaginée : sa taille est imposante et ses jambes courtes, ce qui donne de la lourdeur à sa démarche. Son visage, large et austère, est dépourvu de toute grâce féminine. Je suis persuadée qu'elle ne sera pas une rivale dans le cœur de ton bien-aimé.

La cérémonie nuptiale s'est déroulée sans faste, quelques jours après la restitution des princes, dans l'église d'un modeste couvent, près de Mont-de-Marsan. Il semble que François ait tenu à ne donner aucun éclat à cette cérémonie qui faisait de lui le beau-frère de son pire ennemi. Quant à la reine Éléonore, elle allait se trouver dans une position très inconfortable.

Le printemps de l'année 1530 fut pour moi lourd d'angoisse.

Sans daigner m'en prévenir, François avait pris un matin, partant de Blois, accompagné d'une dizaine de cavaliers, le chemin de Châteaubriant ; madame Louise m'en informa le soir même. Mon sang n'a fait qu'un tour et, comme privée de vie, je suis restée une nuit et la journée suivante sans paraître à la Cour. Madame Louise a tenté en vain de me rassurer : le roi, me dit-elle, n'a d'autre but que de traiter des affaires de Bretagne avec Jean de Laval, dont il est gouverneur.

— Pourquoi votre fils, m'exclamai-je, ne m'en a rien dit ?

— Sans doute pour vous éviter d'imaginer un regain de passion, ce qui, reconnaissez-le, n'est pas concevable. Cette dame est, dit-on, privée de liberté et sous la surveillance vétilleuse de son irascible époux. Il ne tardera pas à nous revenir.

François resta trois semaines à Châteaubriant, dans ce Château-Neuf dont on disait merveille. Trois longues semaines à me morfondre, interrogeant matin et soir l'horizon dans l'espoir de le voir réapparaître. Trois semaines d'une torture quotidienne et de nuits blanches, passées à attendre vainement des nouvelles, à assaillir la chancellerie pour en avoir, mais trouvant bouche cousue. Ma santé en pâtit, au point que j'espérais en finir avec la vie, comme dans les fables, en me jetant dans le fleuve.

À son retour, je ne montrai à François que froideur et indifférence, me contentant de lui demander, comme s'il revenait d'Amboise, si son séjour avait été agréable. Il me le confirma et se répandit en commentaires admiratifs sur le domaine de Châteaubriant. Quand je lui demandai des nouvelles de Jean de Laval il ne parut pas surpris et me fit même part de ses excellents rapports avec le sire, des repas, fêtes et parties de chasse donnés en son honneur.

— Je crois, me dit-il, ressentir ton désir d'avoir des nouvelles de madame Françoise. Grâce à Dieu, sa santé est bonne, bien qu'elle m'ait paru morose, vieillie et indifférente à ma présence. Quant aux bruits qui courent sur le régime de recluse imposé par son mari, il ne m'en est rien apparu. J'ai simplement observé une rudesse dans la voix et le comportement de son époux envers elle.

— Je vous crois, sire, mais pourquoi ne pas m'avoir informée de cette démarche? Avez-vous imaginé le martyre que j'ai subi en votre absence?

— J'en suis désolé, ma mie, mais, vous connaissant, je craignais une scène qui aurait compromis mon projet. Oublions cela, voulez-vous? Je tiens à vous montrer que, dans mon cœur, il n'y a de place que pour vous.

Il m'en persuada le soir même avec une prodigalité de caresses et de mots tendres. Il me récita même un poème racontant qu'il se trouvait sur une île déserte, dans l'attente de sa bien-aimée.

L'année suivante, un événement d'une intense gravité allait perturber la vie de François, la mienne, et attrister la Cour et le pays.

L'automne venu, pour soigner sa goutte et des maux divers dus à son âge et à la profusion de ses activités, madame Louise était allée prendre du repos à Grez-sur-Loing, près de Fontainebleau, en compagnie de la reine Éléonore et de sa fille, Marguerite. En arrivant, Marguerite, inquiète, avait trouvé sa mère alitée, au point de faire dire des messes devant le petit oratoire de sa chambre. Elle souffrait de démangeaisons insupportables, urinait du sang, avait perdu l'usage de la parole et ne s'exprimait que par gestes.

Une lettre de Marguerite à son frère nous plongea dans l'affliction. Madame Louise venait de rendre son âme à Dieu à la suite d'une nuit de souffrances, réclamant la présence de son fils.

Selon la volonté de François, madame Louise de Savoie, régente de France, eut à Paris, en l'église Notre-Dame, le 19 octobre, des obsèques dignes d'une reine. Une foule émue avait envahi le parvis et les maisons environnantes étaient tendues de draps noirs. Sa dépouille laissait à découvert un masque de cire empreint de sérénité, qui semblait vivant dans la clarté des cierges. Au cours de la cérémonie, François, ayant perdu connaissance, avait été transporté dans la sacristie. Des cérémonies solennelles furent ordonnées à Rome et dans d'autres cités d'Italie.

Le moment venu d'évaluer la fortune et les biens de la morte, François fut le premier surpris par leur importance. Il est vrai que cette femme avait fait argent de tout et n'avait pas hésité, notamment avec l'intendant Semblançay, à se lancer dans des opérations plus ou moins honnêtes, sûre de la protection du roi, sinon de ses complices, comme Semblançay en avait fait la tragique expérience. Pourtant cela n'enlève rien à l'affection indéfectible que je lui ai vouée depuis mon entrée à la Cour, à peine adolescente. Je lui avais servi de marionnette pour inciter son fils à se désintéresser de celle qu'elle appelait *la Vieille*, alors qu'elle était plus jeune qu'elle de presque vingt ans ! Je lui pardonnais ses accès de mauvaise humeur où elle me traitait comme son nain, ses servantes et ses carlins, quitte à me témoigner ensuite confiance et tendresse.

La mort de madame Louise avait entraîné à la Cour des changements voulus par le roi. La maison pléthorique de la régente, son luxe insultant à la misère du peuple, ses biens et sa fortune allaient se fondre dans ceux du roi et de sa famille. Je n'en eus aucune part, ce qui me mortifia, mais en pris vite mon parti, le roi me témoignant sa générosité.

Le pays traversait une période sereine : point de guerre à l'horizon, un essor économique satisfaisant, une paix sociale inégalée malgré les troubles occasionnés par la Réforme. Dans l'Empire, la situation religieuse s'aggravait. Sous l'influence de ce ponte diabolique, le moine Martin Luther, le raz de marée idéologique avait pris une telle ampleur qu'il ébranlait l'autorité impériale. Des mesures draconiennes – arrestations, tortures, pendaisons, crémations – provoquaient un regain de foi et d'ardeur parmi les rebelles au dogme romain. François aurait pu, comme sa sœur, se réjouir de cette contagion mais il en était lui-même atteint, avec toutefois une violence moindre.

François me confia son idée d'organiser, entre lui et son beau-frère, une rencontre destinée à assurer la stabilité de la paix, comparable à celle du camp du Drap d'Or avec Henri VIII. Je parvins à l'en dissuader, certaine, d'une part, que l'empereur y serait hostile et que, d'autre part, ce serait engloutir des millions d'écus pour une nouvelle flagornerie.

Parmi ces remaniements opérés à la Cour, François jugea bon de m'inclure dans la maison de son épouse. J'aurais préféré régner sur ma propre maison. Il n'y était pas hostile, mais cette faveur contraire au protocole aurait fait naître autour de moi réprobation, haine et jalousie.

Je me suis attachée à créer, entre Éléonore et moi, un échange de confiance. Elle y répondait selon son humeur, variable au point de me déconcerter. Elle n'avait pas été choquée de mes rapports avec son époux, que l'on s'était empressé de lui révéler, mais souhaitait que je garde mon rang sans ostentation.

Quelques mois après son arrivée en France, une confidence de sa part me toucha. De sa voix, belle, sonore mais fortement marquée par ses origines, elle me révéla sa déception de n'être pas en mal d'enfant malgré les assiduités de son époux et alors que ses médecins l'avaient trouvée apte à concevoir.

Autre révélation à ce sujet, que je tiens de François :

— Anne, ma mie, me dit-il, vous n'avez aucun motif d'être jalouse de la reine. Quand je tiens cette créature dans mes bras, mon sang se fige et il m'arrive de rester coi, ce qui, vous en conviendrez, n'est pas conforme à mes habitudes.

— Sire, vous me surprenez. La reine ne semble pas de nature à dédaigner les plaisirs de la chair et, de plus elle est belle.

— Belle ? Certes... peut-être... mais ce qui me paralyse, c'est de me retrouver devant la sœur de mon pire ennemi. C'est lui que je vois à travers elle, sa chair, son sang, sa voix même. Je me dois pourtant de balayer ces obsessions pour tenter de la rendre mère.

Je n'avais donc laissé en moi aucune prise à la jalousie envers la reine. En revanche le souvenir de la dame de Châteaubriant revint m'obséder. Un gentilhomme qui avait accompagné François lors de son séjour de trois semaines au Château-Neuf me révéla que le roi ne s'était pas contenté de festoyer, de jouer de la quintaine et de chasser, mais que madame Françoise était souvent la compagne de ses nuits. J'ai protesté, me souvenant que Jean de Laval la tenait, disait-on, sous clé, dans sa chambre. Je pouvais dès lors soupçonner une complicité entre le mari et l'amant, après la promesse d'une nouvelle faveur, sous forme d'une baronnie vacante.

Ivre de fureur, je m'apprêtais à demander au roi l'aveu de ses mensonges. Je me ravisai, sachant qu'au chapitre de sa vie sentimentale il ne tolérait pas de traverses et que mieux valait ruminer mon acrimonie que déclencher chez lui une colère aux conséquences imprévisibles.

Je ne me déplaisais pas en compagnie d'Éléonore, de dix ans mon aînée. Elle avait souvent des accès de nostalgie au souvenir de son palais de Madrid, mais elle les compensait par une humeur de bon aloi, se plaisant à la table de jeu, jouant de la *guitarra* et entonnant des *canciones* castillanes de son enfance. Son bref et fastueux mariage avec le vieux roi Emmanuel du Portugal semblait n'avoir laissé aucune trace en elle. Elle me confia

qu'elle souhaitait faire de moi sa favorite, prétex-
tant que je connaissais son époux et les arcanes de
la Cour mieux qu'elle-même, et qu'elle était vite
lasse des minauderies et de la sottise des perruches
de sa suite. Flattée de sa proposition, j'y adhérai
avec plaisir et fierté. Il m'aurait plu qu'elle s'ouvrît
à moi de ses rapports intimes avec son époux mais
– pudeur ibérique – c'était chasse gardée.

J'étais, depuis des mois, confrontée à la convoitise d'Anne de Montmorency, maréchal de France
et ami intime du roi. Il avait pour épouse une
parente de madame Louise, Madeleine de Savoie,
qui demeurait au château de Chantilly, où le maréchal venait parfois lui rendre visite.

Avec sa carrure massive et son visage de vieux
guerrier couturé de cicatrices, ce grand personnage
pouvait se comparer au dieu Mars. Rien, en somme,
qui pût m'inspirer quelque attirance, pas plus que
les récits de ses campagnes, dont il nous abreuvait.
Il est vrai qu'il avait été à Ravenne, à Marignan,
à Bicocca, à Pavie, et qu'il méritait bien ses titres de
maréchal, gouverneur du Languedoc, puis celui de
connétable.

À l'issue d'une soirée fortement arrosée à
laquelle j'avais été invitée et où il avait joué les
matamores, il m'avait séparée des proches du roi
sans se faire remarquer et, me prenant au poignet,
m'avait entraînée dans l'embrasure d'une fenêtre
en proférant des mots de soudard et avait tenté de
soulever ma robe. Je ne m'étais tirée de cette situation humiliante qu'en le souffletant avec mon

éventail. Il poussa un cri sourd, me traita de catin, tenta de me reprendre, mais je m'esquivai pour rejoindre le roi.

— Ma mie, me dit-il, si vous cherchez les commodités, elles sont à votre droite.

— Il ne s'agit point de cela, sire. Je viens d'être agressée par votre connétable et l'ai giflé.

Il interrompit sa marche, plongea son regard dans le mien et, me secouant aux épaules, me lança d'un ton âpre :

— Vous me dites, petite idiote, que vous avez humilié le personnage le plus important du royaume après moi, sous prétexte qu'il voulait vous voler un baiser ?

— Si ce n'était que cela, sire... Il m'aurait violée si je ne lui avais pas résisté.

Il proféra ces mots atroces qui m'écorchèrent le tympan :

— Et alors ?

Il ajouta sans cesser de me meurtrir les épaules :

— Vous avez commis une faute impardonnable ! Alors, dès demain, vous irez lui présenter vos excuses et subir le châtiment qu'il vous infligera. Je l'exige !

Pour la première fois depuis le début de nos rapports, je lui tins tête, disant que le sacrifice qu'il exigeait de moi était indigne et que je m'y refusais.

Il me lâcha et soupira :

— Ma petite, vous ne tarderez pas à regretter votre stupide comportement. Je vous souhaite une bonne nuit. Adieu !

Cette dernière phrase allait s'accrocher à moi comme une épine et me faire passer une nuit blanche. Durant une quinzaine François me traita comme une étrangère, s'abstenant de me convier aux assemblées et aux festivités, passant près de moi sans un regard. Je me dis que c'en était fini de ma position de première favorite et qu'il ne me restait plus qu'à me retirer à Heilly, auprès de cet autre étranger : mon époux.

Me voyant sombre, préoccupée, muette, la reine m'en demanda la raison. Je fondis en larmes dans ses bras et lui confiai mes soucis. Elle me rassura, me promit d'intervenir auprès du roi pour rompre cette sorte de quarantaine. Deux jours plus tard, alors que j'étais dans ma baignoire, François poussa ma porte et me fit comprendre qu'il déposait les armes.

Anne de Montmorency renonça à m'adresser la parole, ce qui me laissait indifférente, et à donner suite à son humiliation. Il n'allait pas se vanter auprès de ses proches de cette bataille perdue.

L'année 1532, au cours d'une assemblée, à Vannes, les États de Bretagne avaient admis le rattachement de ce duché au royaume de France, sous l'autorité du dauphin François, raison pour laquelle, sans doute, le roi s'était déplacé quelques mois plus tôt à Châteaubriant. Qu'aurait pensé la duchesse Anne de cet abandon volontaire d'une indépendance qui lui était aussi chère que sa vie ? Il est vrai que François s'était engagé à respecter droits et privilèges. Après un millénaire d'indépendance, la Bretagne devenait une province, comme la

Bourgogne et le Languedoc, mais le dauphin n'étant qu'une timide réplique de son père.

La population ne rechigna guère à ce changement de régime. Qu'en serait-il, me dis-je, lorsqu'une nouvelle guerre exigerait des sacrifices à cette population ?

François, par ailleurs, m'avait à diverses reprises confié un souci récurrent et obsédant.

Il avait envisagé pour le second prince, Henri, un mariage italien, et avait porté son choix sur une nièce du pape Clément, Catherine, issue des Médicis, importante famille patricienne de Florence. Le duché était sous la dépendance des Impériaux mais la fortune et les biens des Médicis y tenaient encore la première place. Sa Sainteté, par ailleurs oncle de Catherine, était favorable à cette union.

Le roi me fit l'honneur de m'inviter à une rencontre entre le pape et lui, en octobre de l'année 1533 à Marseille, une ville et une contrée que je souhaitais connaître, informée que j'étais de l'importance de son port et du comportement héroïque de sa population, l'année 1524, contre les hordes impériales de Bourbon.

Nous avons descendu le Rhône jusqu'à Arles, par un automne ensoleillé. La Camargue nous a, durant deux jours, offert pour de longues chevauchées ses vastes espaces peuplés d'une faune sauvage, et la ville, riche de vestiges du temps des Romains nous a séduits par ses trésors et son accueil chaleureux.

Un orage chargé de pluie nous a contraints à rester une journée dans la cité d'Aigues-Mortes, lieu de départ des grandes croisades de jadis. À Marignane, nous avons passé deux jours à chasser les oiseaux qui pullulent sur l'étang de Berre.

François avait chargé le connétable de Montmorency du soin de préparer notre arrivée à Marseille. Pour pallier un manque de vivres, il avait fait venir d'Auvergne et du Limousin une centaine de chariots de nourriture. Avec une célérité à laquelle je ne puis que rendre hommage, il s'était attaché, en outre, à rendre plus attrayants les quartiers du centre et avait fait construire pour le Saint-Père et sa suite un palais de bois artistement décoré, le roi et la reine occupant l'ancien palais des comtes de Provence.

L'arrivée des galères romaines fut un spectacle étourdissant. Le pape Clément avait pris place dans la *Capitanesse*, une nef somptueuse où le drap d'or mêlé à la soie faseyait dans le vent du large.

Le Saint-Père fit son entrée le lendemain, dans de joyeuses bourrasques de tramontane, au milieu d'une foule prosternée en oraison. Il était suivi d'une haquenée portant les objets du culte. Le lendemain, ce fut au tour du roi et de sa suite d'affronter une foule qui avait renoncé aux prières pour l'acclamer. Il se tenait à cheval, avec à ses côtés la reine et son fils aîné, François. On avait tenu provisoirement Henri à l'écart; il venait d'avoir douze ans.

Les cérémonies furent contrariées par l'état de santé du dauphin François. Il avait contracté en Camargue une fièvre que ses médecins prirent pour la peste, ce qui provoqua un début de panique au palais. Par chance, le diagnostic était erroné.

En revanche, des messages venus de la capitale faisaient état d'un regain d'activité des contestataires dits «réformés». Des comédiens avaient joué une comédie ridiculisant Marguerite de Navarre, dont le dernier ouvrage, *Le Miroir de l'âme pécheresse,* avait occasionné des troubles.

Le 13 octobre, Catherine de Médicis faisait à son tour son entrée à Marseille avec une suite somptueuse. Cette adolescente de quatorze ans accusait une maturité physique précoce : épaisse chevelure sombre qui faisait ressortir l'ivoire du visage un peu lourd, pupilles saillantes et lèvres épaisses. Orpheline de ses parents, Laurent de Médicis, duc d'Urbino, et Madeleine de La Tour d'Auvergne, elle avait vécu sa jeunesse dans un couvent, puis auprès du Saint-Père, et en avait hérité une foi intense et un caractère distant. Nous aurions, me dis-je, du mal à l'apprivoiser.

Je ne saurais m'attarder sur les cérémonies et les festivités qui ont marqué cette union vite conclue dans le palais de bois du pape. J'ai gardé l'image de Henri qui, n'attendant pas le dessert, avait pris hardiment sa petite épouse par la main et avait disparu. Je suppose que ce prince, initié aux jeux de l'amour par Diane de Poitiers, n'a pas déçu sa partenaire.

Lors de la présentation des cadeaux nuptiaux, un étrange objet a retenu mon attention : la corne d'ivoire d'un animal fabuleux qui avait le pouvoir, en se couvrant d'une buée, de détecter le bon aloi des aliments. Précaution utile : la cour des Médicis abritant, disait-on, une officine d'empoisonneurs.

À ma grande surprise, Catherine refusa les présents qui lui étaient destinés, sauf le lionceau vivant, cadeau du pirate turc Barberousse ; elle l'adopta et lui apprit à manger dans sa main.

Sur le chemin du retour, entre Marseille et Lyon, je souffris d'un mal étrange que les médecins du roi qualifièrent de « peste larvée ». Mon corps s'était couvert de taches rougeâtres et de pustules. Je n'étais pas la seule à souffrir de cette épidémie qui, grâce à Dieu, ne dura que quelques jours. Une grande partie de la Cour, François et Éléonore eux-mêmes, en subit les ravages.

De mauvaises nouvelles de Paris, où le roi nous avait imposé un repos salutaire de trois jours, nous attendaient.

Les prosélytes français de Lefèvre d'Étaples et de la reine Marguerite en prenaient à leur aise en l'absence du roi et bravaient les autorités religieuses et civiles. Un comble : au collège des Mathurins de Paris, un prédicateur, Nicolas Cop, recteur de l'Université, ami de Jean Calvin, avait prêché en faveur de la nouvelle religion. Le pape s'en était ému et François avait ordonné de sévir contre les deux trublions ; ils s'étaient enfuis.

J'incitai le roi à faire appel contre ces agitateurs non aux châtiments en cours dans l'Empire, notamment en Espagne, mais de les écouter et de tenter de ramener à la foi romaine ces brebis égarées. Il était confronté à un duel idéologique dépassant ses compétences et ses idées. Sa foi était intacte mais tiède dans ses exercices. Il convenait que l'Église de France ne répondait plus aux exigences de sa mission, que le temporel avait pris le pas sur le spirituel, mais il eût fallu créer une police particulière pour dénoncer les abus les plus ostentatoires. Il s'y refusait.

Profitant du laxisme du roi, les rebelles réfugiés au château de Nérac, résidence de choix de Marguerite, redoublaient d'audace. Nicolas Cop et Jean Calvin, se posant en chefs de la Réforme, formaient des prosélytes en brigades pour les envoyer porter leur *bonne parole* en France.

Un nouveau venu dans le camp des réformateurs allait se distinguer par son zèle et son érudition. Citoyen allemand, professeur de grec à l'université de Wittemberg, sur l'Elbe, luthérien de la première heure, Philippe Schwarzert, connu en France sous le nom de Melanchton, allait devenir le maître à penser de la Réforme. Au nom de la doctrine évangélique, il s'apprêtait à affronter la Sorbonne, le Parlement et le roi.

Une anecdote lourde de conséquences jeta un poids dans la balance symbolique opposant le roi aux réformés : l'affaire dite « des Placards ».

Un matin, à Amboise, en quittant sa chambre, François avait aperçu, plaquée à sa porte, une feuille portant un message qu'il lut et relut en vitupérant. Le préambule était à lui seul une provocation : *Articles véritables sur les horribles grands et insupportables abus de la messe papiste inventée directement contre la Sainte Cène de Notre Seigneur Jésus-Christ.* Le premier réflexe du roi fut de déchirer cet amas d'insanités ; il me le tendit ; je le lus et en fus bouleversée. Cela ressemblait fort à une déclaration de guerre.

— C'est l'œuvre d'un fou ! rugit le roi. Je vais faire rechercher l'auteur sur-le-champ. Me provoquer alors que je cherchais les moyens d'apaiser les troubles...

Il allait avoir du mal à découvrir le coupable, ce message ne portant aucune signature. Seule certitude : ce placard ne pouvait venir que de son entourage. Le ver était dans le fruit.

Dans les semaines qui suivirent, la police royale déploya une activité fébrile, arrêtant des centaines de suspects, les confiant aux inquisiteurs qui s'acharnaient sur eux pour leur faire avouer leur culpabilité. Le sort désigna un chantre de la chapelle royale, aussitôt envoyé au bûcher en dépit de ses dénégations. On apprit que le véritable auteur du placard était un personnage obscur, Antoine Mercourt. Il avait échappé à la justice en demandant asile à un canton suisse.

Recherches et persécutions gagnèrent en intensité. Le bûcher était devenu un spectacle banal dont se délectait le bon peuple de Paris. Quand le bois se fit rare on en vint aux pendaisons, si bien que le gibet de Montfaucon avait pris l'aspect d'une énorme grappe de raisins noirs. Le poète de la Cour, Clément Marot, intime de Marguerite, qui avait eu le tort de manifester ses affinités et sa compassion pour ces hérétiques, certains victimes de dénonciations fallacieuses, avait été hissé sur le chariot des condamnés mais était parvenu à s'échapper vers l'Italie.

Dans certains quartiers de Paris l'air était lourd d'une odeur de chair grillée et de fumée. Dans ma chambre des Tournelles, j'en sentais les effluves portés par le vent du fleuve et il me semblait les respirer sur le roi au cours de nos ébats.

Après des mois de terreur, François consentit à mettre un frein à ces atrocités jugées défavorables aux relations qu'il entretenait avec des princes allemands, pour une bonne part luthériens, ses alliés contre l'empereur en cas de conflit. Le nouveau pape, Paul III, prince Farnèse, n'allait pas lui faciliter la tâche. Ce vieillard refusait toute concession avec les schismatiques, notamment les princes allemands auxquels il avait intimé l'ordre de chasser de leurs États les «plantes vénéneuses de l'hérésie» et ordonné de mener la guerre contre l'imprimerie, inventée il y avait un siècle par l'Allemand Gutenberg, accusée de détourner l'esprit de la vraie foi. Il rêvait d'organiser dans toute la chrétienté une Inquisition à la façon espagnole.

5

Le Grand Voyage

Dans la hantise d'une autre guerre jugée inévitable, François avait mis de l'ordre et apporté des innovations à son dispositif militaire par des mesures qui, pour certains, prêtaient à sourire.

Il avait gardé de ses vagues études à Cognac, et notamment après la lecture de Tacite, un mot magique, à consonance césarienne : *Légion.* À tout prendre, cette idée novatrice de changer les soldats en «légionnaires» était séduisante. Ce qu'il souhaitait, c'était la création d'une armée de métier prompte à défendre le royaume. La reine Éléonore y encourageait son époux.

François nous expliqua avec conviction qu'il effectuerait le recrutement de soldats de manière à composer un corps d'armée de sept légions réparties dans chaque province, chacune forte de six mille combattants, fantassins, hallebardiers ou arquebusiers. Ces chiffres me parurent excessifs mais je ne me hasardai pas à les contester. Ces légionnaires seraient exonérés de taille et rémunérés en temps de paix comme en temps de guerre. En contrepartie, il exigerait une discipline à la romaine, chaque faute grave étant punie de mort. Interdiction serait faite de vivre sur l'habitant, de violer, d'incendier et de blasphémer le nom du Seigneur. Par Zeus! il avait tout prévu.

Le meilleur avantage de ce projet faramineux était de pouvoir se passer des Suisses, ces mercenaires avides d'argent et d'une fiabilité suspecte. L'armée de métier mise sur pied ayant un caractère national, on pourrait espérer le soutien de la population et son acceptation des sacrifices nécessaires.

Un soir d'été, alors que le couple royal et moi jouissions de la vesprée sur une terrasse d'Amboise où le roi prenait quelques jours de repos, la conversation porta sur l'équilibre des puissances antagonistes.

— Nous ne sommes qu'en apparence, nous dit François, inférieurs en puissance à l'Empire qui cerne notre pays et semble prêt à nous écraser. Réfléchissons... Qu'est-ce que cet Empire? Un énorme conglomérat de peuples et de races divers, ayant leurs propres coutumes, partagés dans leur religion entre Rome et Genève, ce qui entraîne troubles et révoltes. De plus Charles est moins riche qu'on ne le croit, malgré l'or du Nouveau Monde. Il peine à faire rentrer les contributions en argent, ce qui n'est pas le cas pour nous. Enfin, mes chéries, Charles ferait triste figure à la tête de ses armées. Cet avorton est un diplomate rusé plus qu'un guerrier.

Ce même soir, il nous a parlé de ses rapports avec le sultan Soliman le Magnifique, qui semblait bien disposé à notre égard. Il avait déversé ses armées sur les possessions centrales de l'Empire. Elles avaient pris Budapest, tué le roi de Hongrie et marchaient sur la capitale de l'Autriche, Vienne.

— Soliman, nous dit-il, a mon âge et nous nous ressemblons par certains traits de caractère. Il aime le faste, les femmes, la puissance, et la guerre, aussi, j'en conviens. J'ai tout intérêt à conserver son amitié car, s'il prenait parti contre moi j'aurais à redouter l'attaque de ses centaines de galères armées et la multitude de ses fameux janissaires qu'il va recruter jusqu'en Perse !

Loin de partager son admiration pour ce satrape, j'affermis ma voix pour lâcher :

— Sire, avec le respect que je vous dois, je suis choquée par le mot d'«amitié» pour ce qui est de vos rapports avec ce disciple de Mahomet dont le projet est de prendre Rome, d'en chasser le Saint-Père ou de le faire empaler.

J'en avais trop dit. François tapa du plat de la main sur la table et renversa mon verre en s'écriant :

— Madame la duchesse d'Étampes, ce sont des propos indignes de vous ! Vous devez le respect à votre bienfaiteur. Veuillez vous retirer et ne reparaître qu'avec mon consentement.

Cette nuit-là, seule dans mon lit, je m'accusai d'une sincérité qui risquait de me valoir une nouvelle «quarantaine». Ne parviendrais-je jamais à surveiller mon langage et à ne pas jouer avec le feu ?

Je ne sais si la rigueur de François en fut la cause, mais il allait m'infliger une humiliation.

Une ancienne servante de madame Louise m'avait
appris, ce qui ne me surprit guère, que François et
son ancienne favorite échangeaient une correspondance suivie. J'aurais fait le sacrifice d'une main
pour en connaître les termes.

Dans un de ses poèmes, Clément Marot avait présenté madame Françoise comme une réplique de
Danaé, la fille légendaire du roi d'Argos, enfermée
par son père dans une tour d'où le dieu Zeus était
venu l'extraire, sous forme d'une pluie d'or. Marot
se trompait. Si le seigneur de Châteaubriant, après
le long séjour du roi dans son domaine, avait
enfermé son épouse à double tour dans ses appartements, elle était de nouveau libre de recevoir ses
amis, des voisins, de se livrer à des promenades... et
même d'entretenir une correspondance avec qui
elle voulait.

Il n'y avait pas là de quoi fouetter un chat. En
revanche je sursautai en apprenant par Anne de
Montmorency, qui semblait se réjouir de cette nouvelle, que nous allions avoir la visite de madame
Françoise, alors que j'avais acquis la conviction que
nous ne nous reverrions jamais.

Le prétexte de cette visite, me confia la reine, était
de régler avec l'intendant des Finances la situation
de son frère, André de Lesparre, dont la pension
n'avait pas été réglée depuis quelque temps. Le
cœur serré, j'assistai à son arrivée en superbe équipage sous des pavillons aux armes de Jean de Laval,
suivie d'un chariot porteur de cadeaux pour le roi,
la reine et leurs proches. Sa beauté était intacte, son
port majestueux et sa toilette digne de la Cour.

J'allais demander au roi la permission de me retirer dans mes terres d'Étampes, le temps que durerait cette visite, mais la reine, à qui je confiai l'idée de cette fugue, m'en dissuada, disant que j'allais fort contrarier Sa Majesté.

Le surlendemain de son arrivée, avant de partir pour une chasse dans la forêt d'Amboise, madame Françoise, en grande tenue d'amazone, me fit prévenir de son désir de me rencontrer. Je ne pouvais me dérober sans éviter la colère de François.

En se frappant la paume d'une main avec sa cravache, elle me dit en souriant :

— J'espère, ma chère, que ma présence à la Cour ne vous paraît ni fâcheuse ni importune.

— Madame, lui répondis-je, elle me laisse indifférente. Je suis habituée aux caprices du roi, comme vous l'avez sans doute été dans votre temps.

Elle hoqueta et le sourire s'effaça de son visage.

— Un «caprice», dites-vous? Sachez que j'ai retrouvé intacte la passion que me vouait François alors que vous virevoltiez autour de lui. Ce mot maladroit ne convient qu'à vous. Il apprécie votre beauté, votre jeunesse, votre vivacité, mais le temps fera son œuvre et il renoncera à vous alors que je me flatte d'être encore aimée de lui.

Elle ajouta d'une voix aigre, en pointant sa cravache sur mon visage et en me tutoyant :

— Petite garce, sache qu'il suffirait d'un mot à l'oreille du roi pour que tu quittes cette cour à jamais. Je ne vais rester que quelques jours à Amboise mais y reviendrai, comme François m'y a conviée et quand il me plaira. Je n'ai rien d'autre à te dire. La chasse m'attend. Taïaut! Taïaut!

Elle éclata de rire et me caressa la joue de sa cravache. Je me retins de la lui arracher des mains et de l'en frapper, un geste qui eût signé mon éviction.

Je passai une semaine dans une tension extrême, évitant la présence de *la Vieille* qui semblait faire de même envers moi. J'avais décidé de me retirer à Blois jusqu'à la fin du séjour de ma rivale, quand un messager du roi m'ordonna de retourner à Amboise, sans m'en donner les raisons.

Je dus patienter une heure dans la galerie, par une chaleur accablante, avant que le roi daignât me recevoir. Il était en pourparlers avec le gros Duprat et n'avait pas sa mine des beaux jours en s'effaçant pour me laisser entrer. Il toussa grassement, avala un verre d'eau, me fit signe de m'asseoir et lâcha en tombant dans son fauteuil, en agitant son éventail :

— Madame la duchesse, vous êtes décidément un personnage insupportable. Vous alliez quitter la Cour sans ma permission. Quelle mouche vous a piquée? J'ai cru que vous étiez partie pour Heilly! Expliquez-vous!

Il écrasa une grosse mouche avec son éventail. Figée comme devant un tribunal, je parvins à bredouiller :

— Sire, ne m'en veuillez pas. Durant le séjour de madame Françoise, vous m'avez traitée comme une souillon de cuisine, ce qui m'a profondément humiliée.

— Les grands mots! Eh quoi? Vous aurais-je promis une fidélité éternelle? Rassurez-vous, si j'ai tenu à recevoir dignement mon ancienne maîtresse, c'était pour célébrer nos adieux. Ni vous ni moi ne la reverrons plus. Cela devrait vous faire sauter de joie !

Il écrasa une autre mouche, essuya son visage gras de sueur et ajouta en se levant :

— Je dois interrompre cet échange de griefs avant que cette chaleur nous fasse fondre. L'ambassadeur de Naples, Son Excellence Frangipani, doit m'attendre, au frais, dans les salles basses. Auparavant je vous propose un compromis : je vous pardonne votre fugue à condition que vous oubliiez mon attitude quelque peu... distante mais imposée, vous en conviendrez, par les circonstances.

Peu de temps après, François m'annonça une nouvelle qui me fit chavirer le cœur : il préparait un long périple à travers son royaume avec la reine, et comptait sur ma présence.

— Je vais, me dit-il, profiter d'une trêve dans mes rapports avec Charles pour montrer leur pays à la reine et au dauphin François. Je tiens à leur faire observer que, si la France est un grand jardin, j'en suis le jardinier. Vous allez m'aider à préparer cette expédition. Ce sera, je vous en préviens, une tâche difficile. Mettez-vous au travail dès demain.

Je n'allais pas bouder cette mission, menée avec l'aide des services du roi. J'étais chaque soir terrassée par la fatigue mais radieuse. François avait engagé de gros budgets dans cette entreprise, ce qui nous laissait les mains libres, notamment pour l'organisation du cortège royal et les tenues d'une légion de volontaires. Une bonne partie de la Cour était invitée, mais aussi notables, religieux, artistes, comédiens, musiciens... J'avais dû réunir six mille chevaux, veiller à leur fourrage, et remplir plusieurs chariots de ribaudes destinées à divertir les voyageurs durant les haltes. Un ambassadeur du sultan me confia que ce cortège lui rappelait les grandes caravanes de son maître, et les aires de repos, les caravansérails.

La date du départ, à Compiègne, dans les premiers jours de novembre, me parut choisie en dépit du bon sens. Nous allions subir sans tarder les premiers frimas et les pluies, ce dont le roi se moquait.

Je ne m'étendrai guère sur cette odyssée dont certains ont fait un livre relatant les moindres faits pour m'en tenir aux événements les plus marquants ou piquants.

Dans la première ville importante où la caravane s'attarda quelques jours, Amiens, je fus surprise, avant même de pénétrer dans la citadelle, par la constellation de salamandres qui tapissait la porte de Montre-Écu. Décembre nous trouva sur la côte de la *mer anglaise* qui nous réserva une tempête majestueuse.

Un événement d'une autre nature mais toujours sous le signe de la mer nous attendait près de Dieppe, point de départ des expéditions lointaines. Le chef de cette caste d'armateurs, Jean Ango, humaniste et riche mécène, nous reçut avec faste dans son manoir à la mode italienne, *La Pensée*. Il évoqua ses récents exploits contre les vaisseaux portugais et nous présenta les fruits de ses expéditions. Le service était assuré en partie par des indigènes du Nouveau Monde, fort stylés, qui nous donnèrent, malgré la pluie, le spectacle étrange des chants et des danses de leur pays. Il nous convia à la visite de l'église Saint-Jacques de Dieppe, qu'il faisait décorer d'une frise sculptée racontant ses exploits.

Pour la Chandeleur, Rouen nous réserva l'honneur de quatre entrées successives. François fut convié à toucher les écrouelles dans la cathédrale Notre-Dame. Au cours d'une fête, j'eus le plaisir de voir une énorme salamandre traverser un mur de flammes et en ressortir intacte.

Notre halte dans l'agglomération portuaire du Havre, orgueil du roi bâtisseur, nous réserva des émotions par ses chantiers marins animés d'une activité incessante et par la beauté et la puissance des galères en construction. À Argentan, située sur l'Orne, je fus surprise de voir la reine Marguerite de Navarre s'incliner devant son frère, le roi. Elle possédait dans la province un domaine où elle séjournait rarement.

Aux limites de la Bretagne nous attendait le dauphin François, entouré d'une escorte flambant neuve et à ses armes. Il n'avait pas vingt ans et se conduisait comme un gentil roi de légende, aimé de ses sujets bien que de nature mélancolique, sans doute au souvenir de sa captivité. L'émotion du roi me toucha lorsqu'il étreignit son fils dans les vivats montant du cortège. Une appréhension m'effleura de sa mort prochaine.

À Caen, les autorités nous avaient réservé un spectacle surprenant : une énorme fleur de lys ornée d'une couronne d'or et de saphirs s'ouvrant par une opération magique et laissant apparaître un enfant nu tenant dans ses bras un dauphin. Un poète vint lire une œuvre de circonstance à la gloire du roi présenté comme un «Preux», allusion aux temps héroïques de Charlemagne.

Le 9 avril, alors que nous résidions encore dans cette ville, allant de fêtes en festins, François reçut la visite du nouveau roi de Hongrie, Jean Zapoly, venu se plaindre de la situation de son royaume tombé aux mains des Turcs de Soliman, et dont l'archiduc d'Autriche, Ferdinand, revendiquait la possession. Pour l'assurer de sa compassion et ne pouvant rien faire d'autre, François lui décerna le collier d'or de l'ordre de Saint-Michel.

Le cortège royal ne fit que traverser les villes de Bayeux et de Saint-Lô où les autorités n'avaient à offrir que des futailles de cidre et des messes. Alors que nous atteignions Coutances, François eut la surprise d'y voir surgir un ambassadeur de Charles Quint venant lui transmettre un message de son maître demandant l'intervention de notre armée contre Soliman qui menaçait de débarquer en Italie. François demanda à réfléchir : cela contrariait les négociations qu'il entretenait avec le sultan.

Alors que nous venions de nous attarder dans l'abbaye du Mont-Saint-Michel, François surprit son monde, et moi en premier, en décidant, ex abrupto, de faire une visite à Jean de Laval pour l'entretenir, dit-il, de questions concernant le rattachement de la Bretagne à la France. Je flairai le faux prétexte, persuadé qu'il était hanté par la nostalgie de ses amours avec madame de Châteaubriant.

Il avait tenté de me rassurer en me disant que ces affaires seraient vite réglées ; elles durèrent près de deux semaines. Par prudence plus que par respect, je me fondis dans la courtisanerie dispersée dans des résidences voisines, le Château-Neuf ne pouvant accueillir les centaines de visiteurs du convoi. Jean de Laval se contenta d'organiser de pauvres fêtes et spectacles pour ne pas laisser croire au souverain qu'il nageait dans l'opulence.

Morose – on le serait à moins –, je passai une grande partie de mon temps à lire dans un local préservé du vieux château où je respirais l'imprégnation des vieux parents de Jean de Laval, qui avaient abandonné là, avant de mourir, des objets vénérables mais sans valeur. J'évitai de suivre les chasses à la *bête noire*, le sanglier, et d'assister à ce jeu ignoble : le massacre à l'arc de faisans. En revanche, je passai des soirées agréables dans le petit cercle d'amis, lettrés et musiciens réunis par la reine Marguerite. Lorsque le temps était favorable, nous tenions nos assemblées dans un angle de la cour, sous un gros tilleul bourdonnant d'abeilles jusqu'à la nuit, où nous faisions allumer torches et chandelles, pour écouter la sœur du roi déclamer ses poèmes et ceux de Clément Marot, musiciens et chanteurs interpréter des œuvres de Guillaume Dufay ou de Josquin des Prés. Je m'avisai que le gros hibou juché sur une branche, soir après soir, offrait des ressemblances avec madame Françoise.

Durant cette interminable quinzaine traversée de fortes pluies, je fis en sorte que mes chemins ne croisent pas ceux de la comtesse et de son amant. François dut m'en savoir gré car il s'abstint de faire état de ces sages précautions. La cravache de madame Françoise me restait en mémoire.

Le cortège royal reprit la route pour rencontrer à Rennes les États de Bretagne. Les circonstances étaient favorables pour confirmer la cession de la province au royaume de France et l'accession du dauphin François au titre de duc, l'usufruit étant réservé au roi. Je vis avec émotion le petit duc arriver à la cathédrale Saint-Pierre où devait avoir lieu son intronisation, vêtu d'une robe à chevaucher en velours bleu, brodée de fils d'or. Sa monture était harnachée de velours noir semé de boutons-d'or comme fleurs de genêt.

— Je crains, me dit François, que mon fils ne s'attache trop à ses sujets bretons et qu'il en oublie son titre de dauphin de France, étant mon successeur attitré. Il eût été plus raisonnable de laisser le duché à Henri, mais il doit veiller à son propre domaine et semble fort attaché à la fille des Médicis.

Dans les premières brumes de septembre, le cortège alangui, abreuvé à satiété par les festivités, harassé par cette interminable chevauchée, se retrouva sur les bords de la Loire. Après quelques jours de repos, François remonta en selle pour faire visiter à son épouse les châteaux issus de son génie de bâtisseur : Chambord, Fontainebleau, Villers-Cotterêts, Saint-Germain-en-Laye, Boulogne, dans un bois près de la capitale du royaume... Invitée à le suivre j'eus l'heureuse surprise de le voir revenir à moi comme si une simple semaine nous avait séparés. Je garde le souvenir inoubliable d'un jour où, à Fontainebleau, au retour d'une chasse, il m'avait fait l'amour entre deux blocs de roche, sur un tapis de fougères humides de pluie.

Décembre venu, le roi transporta sa cour aux Tournelles, puis au Louvre. Nous allions y fêter Noël en grelottant, puis l'Épiphanie et Carnaval. À cette dernière fête populaire, François souhaita donner une importance inhabituelle, pour, dit-il, faire oublier au bon peuple de Paris sa longue absence. Il me confia, comme pour les préparatifs du grand voyage, la charge de recruter dans la capitale et aux alentours artistes, musiciens, chanteurs et saltimbanques destinés à animer brûleries carnavalesques et danseries.

Je fus aidée dans ma tâche, de par la volonté du roi, par le plus ancien de ses amis d'enfance, Philippe Chabot de Brion, amiral de France et gouverneur de la Bourgogne, bien qu'il fût sous le coup d'une affaire judiciaire pour malversation, ce qui n'avait rien pour favoriser des rapports de confiance.

Nous n'aurions pu, durant des jours, traverser la capitale sans éprouver la ferveur populaire, comme si l'on avait à fêter le retour d'une nouvelle captivité de François ! Ce n'étaient, parmi places et ruelles, qu'arcs de triomphe, banderoles, draperies déployées sous les fenêtres et, un peu partout, images en couleurs ou effigies de la salamandre.

Chabot m'aidait de son mieux mais, outre qu'il souffrait de ses blessures de guerre, il semblait qu'un boulet eût creusé dans sa panse un gouffre réclamant sans cesse non de l'eau mais des boissons fortes. Il ne faisait en cours de prospection que raconter ses exploits et les arroser copieusement. Ivre dès la mi-journée, il lui arrivait de s'en prendre à moi pour me conter des exploits d'une autre nature en me vantant sa virilité. Je parvins à décider le roi de me débarrasser de cet hurluberlu. J'avais sous mes ordres, Dieu merci, une kyrielle de serviteurs plus efficaces.

Pour le repas préludant aux deux jours de festivités, madame Éléonore avait exposé dans une grande salle du Louvre de somptueuses tapisseries sorties des manufactures royales de Fontainebleau, récemment créées par François, ainsi que d'autres provenant des ateliers des Flandres.

Pour la première fois il me fut donné d'assister à des joutes organisées, avant son éviction, par Chabot de Brion. Elles devaient mettre face à face les deux fils du roi : le duc François, invité à passer quelques jours hors de Rennes, et Henri, dotés chacun d'une courte lance de bois pour parer aux blessures.

J'avoue avoir pris plaisir à assister, de la tribune royale, à ces assauts. Chacun y mit du cœur, encouragé par les clameurs de l'assistance et de la foule. Le dauphin François, le premier à se présenter, fit le fiérot, faisant tinter ses éperons et battre sa lancette contre son écu à ses armes. En revanche, je fus surprise du comportement de son rival : cambré sur sa selle comme une statue, le visage empreint de gravité, Henri restait immobile face à un adversaire qui le provoquait de la voix et du geste. Soudain, sans se départir de son air morose, Henri se jeta sur son frère, le forçant à tourner bride, puis à se retirer de quelques pas. On n'allait pas en rester là. La joute prit une vigueur qui souleva l'enthousiasme des spectateurs, jusqu'au moment où, après plusieurs assauts, Henri parvint à arracher la lancette de son adversaire, mettant ainsi fin au combat et donnant lieu à l'accolade des champions.

Je n'aurai ni l'audace ni le courage de relater la suite des festivités qui firent de la capitale, durant la deuxième journée, une immense scène comparable aux kermesses des pays flamands. Le soir, place de Grève, François me prit la main et me fit l'honneur de sauter le feu, ce qui me dit-on, mécontenta la reine.

On avait à peine remis de l'ordre sur les places et dans les rues que le roi nous annonça son intention de remonter en selle et d'entreprendre un nouveau voyage, non à Châteaubriant, comme je l'avais redouté, mais dans certaines provinces éloignées qu'il avait négligé de visiter lors du Grand Voyage : Languedoc, Auvergne, Limousin… Il avait décidé de renoncer à la présence de son épouse et de la mienne pour partir avec quelques officiers du palais et une forte escorte armée. J'aurais eu plaisir à visiter Galiot de Genouillac en Quercy, dans le château qu'il s'était fait construire à Assier et dont toute la Cour disait qu'il égalait en splendeur ceux du roi de France.

Si François avait placé le Languedoc au centre de ses préoccupations, ce n'était pas pour admirer châteaux et basiliques, mais pour y mettre de l'ordre. Proche de l'Espagne et de l'Italie, cette riche province était le terrain de chasse de bandes armées qui se livraient au pillage et malmenaient les populations. François avait dispersé une partie de son escorte dans des places fortes et s'était dirigé vers le sud sous des bourrasques de neige et par des chemins labourés par la pluie.

Cette randonnée décousue, faite de marches, de contremarches et de caprices du roi, s'était poursuivie jusqu'à Rodez, la capitale du Rouergue, où François avait été convié à une plaisante chasse aux hérons. À Albi, il avait écouté une messe et touché les écrouelles dans la vaste basilique de briques roses.

En traversant Carcassonne, il avait dû se souvenir du martyre des Cathares et des déprédations de leur citadelle par les armées de Saint Louis. À Nîmes, où il avait été impressionné par les arènes et la tour Magne, il avait découvert, au sommet d'un péristyle, une image, en pierre, de la salamandre. À Toulouse l'accueil avait été marqué avec une solennité exceptionnelle par le Consulat. Le roi avait quitté cette ville riche en culture en décernant aux érudits et aux artistes les plus éminents le titre de chevaliers.

En Auvergne, les deux jours passés à Clermont n'avaient pu lui faire oublier fatigue et ulcères, les autorités ne lui ayant offert qu'une messe dans la haute cathédrale de lave noire, un spectacle de danses du pays, et un maigre brouet de charcutailles arrosé d'une infâme piquette. En revanche il avait assisté à un office avec orgues et chorales dans la vaste basilique de la Chaise-Dieu, et avait effectué un arrêt pieux à Issoire, ville natale d'Antoine Duprat, l'*Irremplaçable*, disparu depuis peu.

Au Puy-en-Velay où il avait été reçu fastueusement par les autorités religieuses au sommet du piton où se dresse une statue de la Vierge, François avait été surpris, de retour dans la ville, par un spectacle étrange. Le pirate du sultan, Barberousse, avait fait irruption, en costume ottoman, un cimeterre passé dans sa large ceinture de cuir rouge, à la tête d'un cortège bruyant et coloré, dans un déferlement de musique stridente. Barberousse passa une journée à exposer au roi les ambitions de son maître et à le rassurer sur ses intentions à l'égard du royaume de France. En guise de présents, il avait laissé au roi deux lionceaux et une dizaine d'esclaves chrétiens qu'il venait de libérer.

Au terme de cette randonnée riche en enseignements mais épuisante, François n'avait fait que traverser le Limousin, l'une des provinces les plus pauvres et les moins peuplées de France, avec une simple halte à Limoges.

Dans l'attente fébrile du retour du cortège royal, l'occasion m'avait été donnée de rencontrer chez la reine le génial navigateur Jacques Cartier. Il venait tout bonnement d'offrir à notre petit pays les immensités du Nouveau Monde, sans avoir eu à massacrer, comme les *conquistadores* espagnols ou portugais, les populations indigènes pour se procurer de l'or. Il n'y avait point de métaux précieux sur les rives du Saint-Laurent mais d'immenses territoires propres à une conquête pacifique et à des établissements de colons. Une ambition l'obsédait : être le premier à découvrir, en remontant le cours du fleuve, la voie menant vers la Chine.

Dès son retour, François, au cours de longs entretiens avec Jacques Cartier, s'était laissé convaincre par cette ambition. L'aventurier de génie avait quitté Saint-Malo en avril de l'année 1534, pour y revenir en septembre, sans or ni diamants mais avec les deux fils du chef des Hurons. Il avait fondé sur le fleuve Saint-Laurent une agglomération baptisée Sainte-Croix puis Québec.

Si François m'avait écartée de son périple dans le Midi, il n'en fut pas de même pour le voyage de Reims où il tenait à montrer au dauphin François l'endroit où, lui disparu, il serait sacré roi de France.

Nous quittâmes Paris au début de mars, par de lumineuses averses de printemps, et traversâmes la Picardie sans nous y arrêter. François faisait peine à voir. Il souffrait depuis deux à trois ans d'un abcès dû à une maladie vénérienne contractée jadis en Italie et mal soignée. En cours de route, son médecin, Louis Burgensis, tenta en vain de le débrider. Au cours d'une halte dans la petite ville de Corbeny, une résidence de l'empereur Charlemagne, François toucha les écrouelles et passa une heure en oraison devant le chef momifié d'un saint guérisseur.

À Saint-Rémi de Reims, le supérieur nous autorisa à faire nos dévotions devant la sainte ampoule, simple fiole de terre cuite ornée d'images fort anciennes, contenant l'huile inépuisable dont on avait oint les rois depuis les origines de la chrétienté.

Au retour, pour se faire pardonner sa longue absence à travers le Midi, le roi me combla de cadeaux, souvent des babioles, parfois des pièces rares comme des monnaies romaines, d'anciens crucifix de bronze et une salamandre en or massif, aux yeux d'améthyste, hommage des consuls de Toulouse.

Je dus me faire une raison : était-ce le Grand Voyage, les périples à cheval, les tracas occasionnés par les ambitions démentielles du sultan ou la maladie vénérienne dont il souffrait sans se plaindre depuis des mois ? Le roi dépérissait. Aucune marque de sénilité précoce apparente, aux abords de la quarantaine, sinon un empâtement, une voussure des épaules, un discret boitillement, mais, ce qui m'inquiétait davantage, des accès de morosité, des absences, des regards qui semblaient ne voir rien ni personne, hormis un objet invisible pour nous.

Je m'enquis auprès de la reine des rapports du roi avec Françoise de Châteaubriant. La réponse me rassura : cette dame ne quittait pour ainsi dire plus le Château-Neuf où, à la suite d'une fugue manquée vers les bords de la Loire, Jean de Laval l'avait cloîtrée, avec porte gardée jour et nuit. Un message d'un officier du château acquis à la reine avait appris à Éléonore que la santé de la dame laissait présager une fin prochaine.

Ce n'est que deux ans plus tard, à l'automne de l'année 1537, que j'appris sa mort, à quelques jours d'une joute littéraire où elle avait brillé de ses derniers feux. À la suite d'une visite, Marguerite nous avait fait part de l'affliction, apparemment sincère, de Jean de Laval. Se repentait-il des traitements odieux que sa jalousie morbide avait imposés à une épouse infidèle ?

Sans une ombre de preuve, une rumeur se répandit dans tout le pays, selon laquelle ce triste sire qu'était le châtelain avait enfermé son épouse inconsciente dans une basse-fosse et lui avait fait ouvrir les veines des poignets. Je n'ai jamais eu de sympathie pour Jean de Laval, qui jouissait des faveurs outrancières du roi, et moins encore pour son épouse. Elle avait montré envers moi, sa remplaçante, une agressivité impardonnable. En revanche j'étais subjuguée par la passion inextinguible qu'elle avait vouée au roi, en dépit de traverses qui en auraient fait renoncer bien d'autres.

Selon les rumeurs, la dernière à voir la comtesse encore en vie avait été Mme de Montmorency. Encore avait-elle dû insister pour que Jean de Laval lui ouvrît la porte d'une sentine du vieux château, repaire des chauves-souris, des hiboux et des rats. Elle avait cru ne pas reconnaître la captive dans cette femme maigre à faire peur et s'aidant de cannes. La visiteuse avait tenté de lui parler, mais c'est le mari qui répondait. Elle avait voulu convaincre le roi de porter secours à cette malheureuse, mais il avoua qu'il ne pouvait risquer de mécontenter Jean de Laval, l'un de ses plus fidèles sujets.

François, à juste titre, a tenu à rendre hommage à la défunte dont la mort l'avait bouleversé plus qu'il ne voulait le laisser paraître. Il s'est incliné sur la tombe, dans le cimetière du couvent de la Trinité, où Clément Marot avait fait graver l'épitaphe. De retour, il consacra un poème à celle qu'il n'avait cessé d'aimer.

6

Un amour de pierre

Alors qu'il inspectait les travaux de Fontainebleau en présence de quelques officiers de sa cour, François me confia que, dans la solitude de sa captivité à Madrid, il avait conçu des projets pour de nouvelles résidences.

— J'ai obtenu du gouverneur de l'Alcazar, me dit-il, de quoi écrire et, durant des jours, j'ai couvert des feuilles de croquis et d'annotations. J'ai pu conserver ces documents et vous les montrerai si vous y portez quelque intérêt.

— Certes, sire. J'aime les belles constructions et vous nous en avez comblés. Cependant...

— Dites, ma belle.

— Les monuments et les résidences dont vous avez déjà agrémenté votre règne ne pourraient-ils suffire à votre gloire de bâtisseur ? Vous allez devoir pressurer votre peuple qui vit dans la précarité, suite à des récoltes désastreuses.

Il me répondit avec quelque aigreur :

— Le manant... Il ne cesse de se plaindre même quand ses greniers sont pleins de blé et ses caves de vin !

J'achevai mon propos en objectant que la guerre semblait imminente, que les armées du sultan commençaient à déferler en Italie, que des bandes d'Allemands franchissaient nos frontières de l'Est, et que...

Ses bras entourèrent mes épaules. Il me coupa la parole en s'esclaffant :

— Où avais-je la tête ? Madame la duchesse d'Étampes, c'est à vous que j'aurais dû confier les finances de notre pays et les relations extérieures ! Regardez plutôt et admirez cette tourelle. On dirait un vol de colombe...

Il ajouta d'un ton pontifiant, en me tutoyant comme cela lui arrivait parfois, surtout au déduit :

— Je connais l'histoire mieux que toi. Les souverains qui m'ont précédé n'ont laissé dans l'histoire que des souvenirs d'intrigues amoureuses, de guerres inutiles et de mœurs dissolues. Ils ont détruit plus que construit et ne nous ont laissé que des ruines. Je veux y mettre un frein et faire de la France le plus beau pays du monde. J'aimerais que la postérité me garde le titre de roi-chevalier mais qu'elle y ajoute les titres de roi-bâtisseur et de roi-poète. Est-ce trop ambitieux ? Advienne que pourra !

Peu avant la libération de François, madame Louise m'avait fait visiter des chantiers récents, ceux de Chambord et de Saint-Germain notamment. Spectacle pitoyable ! Tout était à l'abandon : terrassements envahis par une végétation sauvage, couleuvres somnolant sur les pierres taillées, une famille de loups nous observant du bord d'une excavation...

À son retour de captivité, repris par cette « maladie de la pierre », il avait engagé des sommes folles dans la reprise des chantiers anciens et en avait ouvert de nouveaux. À Chenonceaux, sur la rivière du Cher, il avait acquis des héritiers du financier Bohier un château alors à l'abandon.

Des Tournelles, j'assistais avec une joie intense aux travaux effectués à la forteresse du Louvre, dont François souhaitait faire un palais italien. Il avait fait abattre la hideuse tour datant de Philippe Auguste et fait aménager des salles pour les réceptions et les grands repas, ainsi que des chambres destinées aux dames de compagnie de la reine. J'y aurais la mienne, dotée d'une suite. Cela me changerait de la chambre inconfortable que j'occupais dans la vaste tour de bois des Tournelles, promise à la démolition.

Il y a quatre siècles, le roi Louis, dit *le Gros,* avait eu l'idée saugrenue de faire édifier un manoir près du village d'Avron, au milieu de ce que Saint Louis appelait « le Désert ». C'est là, en lisière de forêt, que François avait décidé d'implanter l'une de ses plus belles résidences : Fontainebleau. Je ne saurais dire mon éblouissement lorsqu'à l'occasion d'une visite en privé, il m'introduisit dans la grande galerie où une équipe d'artistes venue d'Italie achevait de recouvrir murs et plafond d'un décor de boiseries, de stucs et de peintures mêlant aux épisodes du règne de mon royal amant des scènes mythologiques ou allégoriques aux couleurs acides.

Je fus surprise, à peu de temps de là, de l'intention du roi de donner le nom de « Madrid » à un palais de pierre blanche et de quatre étages qu'il faisait construire près de la capitale, dans le bois de Boulogne. On en parlait à la Cour comme du « château de faïence du roi ».

Au château de Chambord, en la seule compagnie d'un chien, je m'étais hasardée dans ce labyrinthe dont la construction se poursuivait, et avais failli, le jour tombant, me perdre et devenir folle d'angoisse. Le chien me fit retrouver la sortie. C'est dans cette construction, la plus vaste sinon la plus confortable des résidences royales, que François a gravé à la pointe de sa dague, sur une vitre, deux vers mystérieux : *Souvent femme varie / Bien fol est qui s'y fie*. J'ignore à qui pouvait bien s'adresser cette plainte que l'on pourrait retourner contre lui.

Si je regrettais parfois de voir l'argent du royaume s'envoler sous les pioches et les truelles, « pour le prestige », disaient certains, « en pure perte », selon d'autres, en revanche je constatais avec ravissement l'avancée des travaux dans le port du Havre qui, j'en suis certaine, restera l'œuvre majeure de François. Ce qu'il avait considéré comme une utopie, il l'avait réalisé : nous avions désormais une porte largement ouverte sur le monde.

Dans son souci de faire de sa capitale une ville présentable, François consacra une partie de son temps à faire assainir les anciennes cours des Miracles, devenues le repaire de brigands de tout poil, à détruire des taudis favorables aux épidémies et aux incendies, à recharger le sol des rues et des places, à se lancer dans la construction d'un vaste et majestueux édifice : l'Hôtel de Ville. J'étais à son côté quand il donna le signal des travaux, l'année 1533, en présence de l'architecte italien Dominique de Cortone, dit Boccador.

Un mimétisme semblait s'être emparé de la noblesse et de la bourgeoisie, chacun s'attachant à faire construire dans la campagne une résidence seigneuriale, un pavillon de chasse, ou restaurer son logis urbain, selon le goût venu d'Italie. On ne parlait à la Cour que d'escalier à la romaine et de galerie à « coudre » à son château. Cette fièvre novatrice avait un avantage incontesté : donner du travail aux ouvriers.

L'épouse du dauphin en second, Henri, la jeune princesse Catherine de Médicis, avait abordé ses nouvelles conditions d'existence avec une humeur renfrognée. Nièce d'un pape, élevée dans une famille aux fortes convictions romaines, elle me confia, un jour où elle était portée aux confidences, qu'elle regrettait ses parents, ses proches, la chambre de son palais donnant sur l'Arno, et même ses années de couvent.

Au cours d'une messe en l'église Saint-Eustache, elle avait été scandalisée par les propos lâchés en chaire par l'abbé Lecoq. Il s'était écrié en parlant de l'Eucharistie :

— Il n'y a là que de la farine et du vin ! Jésus-Christ, lui, est dans le ciel !

Je l'accompagnai lorsqu'elle décida de quitter ces lieux où l'on niait les saints sacrements. Sur le parvis au milieu de la foule et des pauvres, elle se délivra contre moi de son indignation et s'écria en me battant la poitrine de ses poings :

— Je veux que le roi fasse sur-le-champ arrêter cet hérétique et le fasse pendre ! Je veux qu'il fasse fermer les églises qui abritent des luthériens ! Je veux qu'il fasse la guerre à Marguerite ! Je veux que Sa Sainteté soit prévenue de ces provocations ! Si je ne suis pas écoutée je retournerai à Florence.

Je me sentais mal à l'aise au milieu de la foule d'où montaient des rires et des réflexions désobligeantes ; elle pas. Elle aurait poursuivi ces vociférations si un valet de Henri n'était venu m'aider à l'enfermer dans son carrosse.

Je me dis que ce malheureux incident oublié, s'il pouvait l'être, François et son fils auraient fort à faire pour juguler cette pouliche.

Demander l'intervention du roi auprès du pape Paul III, qui venait de succéder à Clément VII ? Mieux valait y renoncer : un vent de panique venu de Londres soufflait sur le trône de saint Pierre. Henry VIII maintenait sa volonté de divorcer d'avec la reine Catherine d'Aragon, tante de Charles Quint, pour épouser sa favorite, Anne Boleyn. Le Saint-Père ne pouvait autoriser ce divorce ; Anne de son côté poussait Henry à dénier toute autorité au pape sur les affaires religieuses de son royaume. Pour Charles Quint, une autorisation de divorce donnée par le pape Paul aurait provoqué une rupture avec le Saint-Siège. Inconcevable.

Face aux problèmes soulevés par la Réforme, François était l'objet de crises de conscience qui le harcelaient chaque jour, en tous lieux, et dont souvent il me faisait part au cours de nuits où nous gardions une attitude qu'il qualifiait de «bourgeoise». Il avait violemment réagi dans l'affaire dite «des Placards», mais surtout en y décelant une provocation personnelle. J'ai vu des larmes sur ses joues lors d'une procession expiatoire, en janvier de l'année 1535, où, abrité d'un dais à quatre porteurs sous une pluie battante, il tenait à la main un cierge allumé. J'étais présente lorsqu'il s'est agenouillé, dans la chapelle de Saint Louis, devant la couronne d'épines du Christ et une parcelle de la Vraie Croix. J'aurais pu l'entendre murmurer cette prière : *Mère de Dieu, donnez-nous secours, force et vertu contre les adversaires de l'Eucharistie.*

Au repas à l'évêché, lorsqu'on lui avait demandé quelles mesures concrètes il comptait prendre contre les hérétiques, il avait répondu :

— Si l'un de mes bras était infecté de cette pourriture, je le séparerais de mon corps !

Ces propos furent suivis de funestes résultats. Le Parlement décréta une centaine d'arrestations dont six suivies de crémations publiques. Pis encore, cette assemblée parvint à convaincre François de constituer un tribunal d'exception à la manière espagnole, décrétant qu'abriter un hérétique était puni du bûcher. Une ambiance de suspicion et de terreur flottait sur la ville. Confronté jour après jour à ces atrocités, que faisait le roi ? Rien, ou presque : il signait des arrestations et des arrêts de mort comme un simple commis aux écritures. Avec indifférence. Pour éviter de déclencher une crise, j'évitais de le sortir de sa torpeur. Aux courriers de sa sœur Marguerite, se montrant ulcérée d'un comportement aussi barbare, il ne répondait pas. Les lisait-il seulement?

Nous n'avions pas renoncé à nos nuits communes; François y paraissait même attaché, moins pour apaiser ses remords que pour se conformer à des habitudes rassurantes. Il lui arrivait de m'étreindre mais comme il l'eût fait avec une servante, sans préludes ni application. S'il consentait à échanger avec moi quelques mots, c'était pour évoquer la santé du dauphin François, le zèle religieux de la Médicis, et ce mal qui le rongeait et contre lequel le mercure était impuissant. D'Éléonore, pas un mot.

L'état somnambulique de François connut une rémission le jour où, à Amboise, il reçut la visite de l'ambassadeur allemand du Wurtemberg, accompagné de son épouse, blonde et grasse, qui n'eut de cesse de le séduire, ce qui fut aisé. Je rongeais mon frein en les voyant, le matin, partir à cheval, botte à botte, pour une randonnée le long du fleuve. Ils montaient dans une barque et se dirigeaient vers un îlot de sable où se dressait la cabane déserte d'un nautonier. Elle en revenait échevelée, rose de plaisir, et lui transformé.

Cette idylle a été brève mais elle m'a plongée dans une profonde affliction, liée à l'idée qu'une menace perpétuelle d'éviction pesait sur moi.

Les médecins de la Cour se montraient évasifs quand je tentais d'obtenir des détails sur la santé du dauphin François.

Il avait joui de son heure de gloire en recevant la couronne du duché de Bretagne, où, de fait, il séjournait peu. Depuis, retrouvant sa gravité naturelle, il avait laissé la solitude se refermer sur lui. On disait qu'il ressemblait au roi Louis XII par son visage marmoréen et sa démarche embarrassée. Côté sentiments, il demeurait puceau. Le roi lui avait jeté dans les bras de jeunes donzelles ; il les avait méprisées. Même Diane de Poitiers n'aurait pu le déniaiser comme elle l'avait fait pour son frère cadet.

Henri était son contraire : du vif-argent comparé au mercure. Il évoluait sans scrupules entre sa jeune épouse, Catherine, et Diane, sa passion. Il s'adonnait avec ferveur aux exercices violents dans les salles d'armes et de paume. Il lui arrivait cependant, comme son frère, de traverser des périodes maussades, lorsque lui revenaient des souvenirs de captivité.

Le roi m'avait confié que sa préférence se portait, ce qui me surprit, sur son aîné, plus proche de lui par sa majesté et son sérieux, que ce gringalet turbulent de Henri. Le destin allait se charger de le contrarier.

7

Sombres années

J'étais plongée, dans ma chambre de Blois, à la lumière du jour, dans la lecture d'une lettre récente de Marguerite, quand le contact d'une main sur mon épaule me fit sursauter. François, croquant une pomme, s'assit près de moi et me lança d'une voix ironique :

— Eh bien, ma belle, sont-ce des nouvelles de votre époux ? Souffre-t-il toujours de ses hémorroïdes ? Ne m'en dites rien. Je préfère lire cette lettre, s'il vous plaît.

Je la lui tendis à regret ; il la lut en fronçant les sourcils et la jeta à terre en bougonnant.

— Il semble, madame, que l'on complote dans mon dos. Veuillez vous expliquer !

Je bredouillai :

— Sire, j'implore votre pardon, bien que je ne me sente pas coupable d'une faute méritant votre courroux. Madame votre sœur s'est informée auprès de moi de la situation religieuse à Paris. En raison du respect que je lui dois je ne pouvais lui refuser ce service. Elle m'a répondu par la lettre que vous venez de lire. Avouez qu'il n'y a pas...

— ... de quoi fouetter un chat ? Pauvre innocente ! La manière dont vous parlez de Calvin pourrait vous mener devant les juges si je ne m'y opposais. Ce qui m'irrite, c'est que vous entreteniez des correspondances sans m'en informer. Nous sommes assez libres dans nos conversations pour ne pas entretenir des petits mystères. C'est intolérable. Tenez-le-vous pour dit.

À quelques jours de cette algarade, sans doute pour mettre à l'épreuve mon comportement envers l'hérésie, il me convia à un nouveau supplice public qui nous venait d'Allemagne : la roue. L'endroit choisi, la place de Grève, face au chantier de l'Hôtel de Ville, avait été jugée assez vaste pour des milliers de badauds.

Le nom de la victime m'est inconnu. En revanche je n'oublierai jamais les horreurs du supplice subi par un pauvre bougre trouvé porteur d'un document subversif signé de Calvin, et qui avait opposé de la résistance à la patrouille.

Quand nous arrivâmes sur les lieux, François et moi, madame Éléonore s'étant abstenue, la foule, débordant la place et ayant envahi les fenêtres et les toits d'alentour, menait grand tapage et entonnait *Deo gratias* et *alleluias*.

De la sentence prononcée par un magistrat en robe noire, je ne compris que des bribes. Il laissa place sur l'échafaud au bourreau, le *rouart*, un colosse vêtu de rouge et armé d'une barre de fer. Durant plus d'une heure, pour donner satisfaction à l'assistance, il allait fracasser sur une table, un à un, les membres, puis le corps du malheureux qui se mit à hurler et finit par se taire, bras, jambes, torse et ventre réduits en bouillie sanglante. Le rouart avait négligé de frapper la tête pour prolonger la conscience de sa victime.

Libéré de ses entraves, le supplicié, hissé sur une roue suspendue à plat au-dessus de la table et lié de nouveau, n'était pas mort. J'étais assez proche de lui pour l'entendre proférer des imprécations, des menaces et entonner un cantique païen. Je demandai au roi ce que l'on allait faire de cette dépouille sanglante. Il me répondit que la règle était de la laisser sur place jusqu'à la corruption des chairs, bien gardée afin que la foule ne vînt pas arracher à cet hérésiarque un lambeau de chair ou de chemise en guise de reliques.

Je m'étais efforcée de contenir ma répulsion et ma fureur, ce dont le roi me fit compliment. De retour dans ma chambre je perdis conscience. Lorsque je revis François, je me risquai à lui demander si ce supplice n'avait pas occasionné en lui émotion ou remords.

— Certes, me dit-il, c'est un spectacle atroce. J'en avais des sueurs froides, mais l'interdire eût été affronter la mauvaise humeur du Parlement, de la population, de la bourgeoisie et surtout de l'Église. On en aurait parlé jusqu'à Rome, et vous savez ce qu'il m'en aurait coûté de mécontenter le pape. Quant à vous, ma belle, vous avez su maîtriser vos émotions. Je vous en félicite.

Durant une semaine, je me suis refusée à lui, non pour lui reprocher la suave mais brève idylle qu'il vivait avec une demoiselle d'Orléans, mais pour cette mise à l'épreuve humiliante.

Au grand regret de son père, le dauphin François répugnait à l'exercice des armes et considérait la guerre comme une calamité à éviter, quelles qu'en soient les conséquences, ce qui relevait davantage de la sagesse que de la lâcheté. En revanche, il s'adonnait, chaque jour ou presque, au jeu de paume, où il lui arrivait de battre son cadet et les plus valeureux des gentilshommes. Chose étrange, il restait indifférent aux compliments et refusait les récompenses.

Il avait peu de compagnons et point de vrais amis, hormis le jeune et beau Sébastien, comte de Montecuculi, son conseiller, secrétaire et partenaire à la paume.

Au cours de l'été de l'année 1536, ils se trouvaient entre Lyon et Valence, où le roi les attendait. Le dauphin avait joui durant quelques jours de l'hospitalité affectueuse du cardinal de Tournon et s'était livré jusqu'à l'épuisement à des parties de paume.

Un matin de forte chaleur, après avoir triomphé de Sébastien et avalé un verre d'eau glacée, pris de frissons, il s'absenta du repas. Le lendemain et les deux jours suivants, le médecin de la famille décréta qu'il devait garder la chambre, sans que l'on sût de quoi il souffrait; il refusait toute nourriture et restait plongé dans une étrange léthargie.

Au troisième jour, Sébastien, qui partageait sa chambre, le trouva pâle et froid comme marbre, sans le moindre signe de vie.

Un mystère insondable allait s'attacher à la maladie et à la mort du dauphin qui venait d'avoir dix-huit ans. Les pires ragots circulèrent autour de cette affaire. On accusa, sans un début de preuve, Montecuculi d'avoir été le bras de l'empereur, contre monnaie, pour empoisonner son compagnon. D'autres soupçons se portèrent sur son frère Henri, mais il était resté à Paris, d'autres enfin sur Catherine, cette Florentine, jugée experte en poisons et « un peu sorcière ».

Les accusations du roi se portèrent sur Sébastien Montecuculi.

Arrêté, soumis à la question par le tribunal inquisitorial, Sébastien avait fini par s'avouer coupable d'avoir empoisonné son maître à l'arsenic. Conduit à Lyon sans autre procès, il y subit en public le plus atroce des supplices : l'écartèlement à quatre chevaux. Alors qu'il lui restait un souffle de vie, il fut livré à la populace qui se rua sur ses restes, l'énucléa, lui coupa nez, oreilles, lèvres et génitoires, avant de jeter aux chiens ces reliefs de boucherie.

Je pris ma part de la douleur qui accabla le roi. Il avait toujours préféré son aîné à Henri. Je tentai de lui faire oublier son chagrin : la dynastie n'était pas menacée, le nouveau dauphin avait les qualités nécessaires pour assurer la succession et, Dieu merci, sa santé était florissante. Il m'écoutait, hochait la tête, puis fondait en larmes.

Par bonheur, si je puis dire, d'autres soucis allaient survenir et dissiper ces ombres intimes.

Deux ans auparavant, François s'était mis en tête d'opposer à l'empereur des relations plus concrètes avec le sultan Soliman, sur les plans économiques, politiques et militaires, s'en faire en quelque sorte un allié, ce que traduisirent les articles d'un traité d'alliance, les *Capitulations*, qu'il faut entendre comme négociations.

Ç'avait été, dans toute la chrétienté, et notamment en France, un hourvari auquel s'associèrent les disciples de Jean Calvin, contre cette diplomatie aberrante. Qui aurait pu supposer que François irait aussi loin dans ses rapports avec le *padishah* musulman ? Jamais l'on n'avait vu un roi *très chrétien* faire cause commune avec des disciples de Mahomet.

Face aux critiques qui l'assaillaient, François était resté de marbre et avait même installé à Constantinople un ambassadeur, le sire de La Forest. Afin d'affermir sa politique, il avait convoqué un lit de justice pour exiger de l'empereur qu'il lui restituât les provinces indûment occupées par les armées impériales, notamment la Flandre et la Lorraine, ainsi que le Milanais.

Ce fut un coup d'épée dans l'eau. Charles Quint, occupé à mettre de l'ordre dans une Espagne de nouveau en proie aux bandes insurgées des *comuneros* n'avait pas daigné répondre à cette sommation. Quant au Milanais, il y avait laissé des forces armées prêtes à la riposte.

Cette dernière provocation concernant l'Italie m'avait valu, au cours d'un repas à Amboise, pour l'anniversaire de Catherine, une vigoureuse altercation avec le roi. D'accord avec la petite Florentine, j'avais discrètement reproché à François de n'avoir pu se libérer des mirages qui, depuis plus d'un siècle, avaient attiré nos souverains en des guerres de conquête inutiles et coûteuses en Italie. Il s'était renfrogné et, la nuit venue, il avait violemment poussé ma porte et m'avait apostrophée :

— Madame, vos critiques concernant ma politique italienne sont exaspérantes. De quel droit la jugez-vous, petite sotte ? Vous prendriez-vous pour un ministre ou un diplomate ? Je vais vous renvoyer auprès de votre époux et vous rappellerai à la Cour en vertu de mon bon vouloir.

Foudroyée par cette réprimande, je gardai mon sang-froid afin de ne pas lui faire don de ma contrition ni de mes larmes prêtes à jaillir. Je répondis avec une courbette et une banalité :

— Sire, il en sera fait selon votre volonté.

Il sortit sans me baiser la main ni ajouter un mot. Je restai seule pour ma toilette de nuit, me maudissant d'avoir avancé des réflexions mal argumentées, alors que d'ordinaire le roi admettait mes observations et que nous nous livrions à de libres controverses. Qu'avais-je dit de trop ? Sans doute cette allusion, alors que nous évoquions ses projets italiens, aux «belles Milanaises porteuses de vérole». J'avais surpris un trait de foudre dans son regard et un froncement de sourcils annonciateur d'un orage.

Le lendemain, en proie à l'angoisse, certaine que mon *règne* était révolu, je pris la direction d'Heilly dans une voiture à deux chevaux, avec une escorte de quatre hommes et deux servantes, en évitant de prévenir Sa Majesté et d'informer mon époux, lequel soignait ses hémorroïdes dans son château d'Étampes.

François venait à peine de quitter Paris pour Lyon, la guerre semblant imminente, quand il fut abordé, près de Mâcon, par le convoi du jeune roi d'Écosse, Jacques V, adversaire du roi d'Angleterre et ami de la France. Il demanda à François la main de sa fille, la princesse Madeleine, qui venait d'avoir seize ans. Le jeune roi était blond comme blé mûr, svelte et cavalier émérite ; l'adolescente, d'apparence gracile, avait en le voyant le rose aux joues et le rire aux lèvres.

Contrat élaboré et signé, Jacques et Madeleine reçurent l'onction nuptiale du cardinal de Bourbon à Notre-Dame, et furent conviés par Mgr l'évêque au repas en son palais. Les fêtes durèrent trois jours pleins. Revenu en grâce, Clément Marot s'enflamma de poèmes et le dauphin d'exploits en lice. Tout semblait rappeler qu'une amitié sans ombres régnait depuis plus d'un siècle entre les deux pays partageant la même foi. François voyait dans cette union une garantie de sécurité contre les caprices de la « girouette » de Londres.

Fort épris l'un de l'autre, les deux jeunes époux quittèrent la France, pour savourer à Édimbourg les délices d'une lune de miel que des nuages vinrent trop vite assombrir. Le rude climat de l'Écosse emporta la jeune reine six mois plus tard. François vit ainsi se dissiper ses chimères. Il avait manifesté moins d'affection aux filles issues de la reine Claude qu'à ses fils, mais la mort de Madeleine l'avait affecté : elle était le portrait sans retouches de sa mère.

Dès le retour de mon exil d'Heilly, qu'il avait lui-même interrompu, nos rapports avaient repris sur un mode inégal, ce que je lui pardonnais en raison de ses soucis et de ses malheurs. Pour les oublier, il continuait à butiner dans la maison de son épouse et ne revenait guère à moi que pour se plaindre de nouveaux abcès apparus à la suite de la maladie vénérienne qui ne semblait pas affecter sa virilité.

En juillet de l'année 1536, la trêve entre le royaume et l'Empire vola en éclats. Charles Quint avait repris les armes pour assurer sa présence dans le Milanais, ce qui constituait une déclaration de guerre implicite, d'autant qu'il avait lâché ses troupes sur la Provence et la Flandre.

C'est vers ces dernières contrées que François mena une armée commandée par Anne de Montmorency et le dauphin. Il m'avait dit, au moment de mettre cul en selle, qu'il s'apprêtait à «savourer le vin âpre de la guerre». Il allait remporter contre les Impériaux, à Thérouanne, sur la Lys, entre Flandre et Artois, une modeste victoire mettant fin à une guerre picrocholine, suivie d'une trêve de trois mois.

Nous aurions eu tout lieu de nous réjouir de cette pause, aussi brève fût-elle, quand la reine, séjournant avec son époux dans une aile achevée de Fontainebleau, m'informa que François réclamait ma présence. Je le trouvai dans un état pitoyable qui me fit craindre le pire. Il avait été rudement éprouvé par la campagne de Flandre où il avait tenu à jouer au roi-chevalier, mais surtout par ses abcès que les médecins ne cessaient de brider et qui répandaient une odeur fétide.

Je restai une semaine auprès de lui, dans sa chambre où brûlaient des herbes odoriférantes. La reine et moi nous passions le relais pour veiller sur ses nuits et lui servir tisanes et pilules. Nous fûmes surprises, un matin, au réveil, de le voir rejeter ses draps, bâiller et nous lancer en grattant furieusement ses bras :

— Faites seller mon cheval ! Je vais faire une promenade dans la forêt. Qui m'aime me suive.

Nous le suivîmes. Il paraissait alerte et, de temps à autre, s'arrêtait pour respirer les odeurs du sousbois ou observer le passage d'une sauvagine. En voyant surgir un cerf il nous dit :

— C'est une bête de cinq à six ans. Demain je lui donnerai la chasse avant de partir pour Milan.

Éléonore et moi échangeâmes un regard surpris.

— Sire, lui dit-elle, vous plaisantez ? Qu'iriez-vous faire en Italie alors que la trêve court encore ?

— Charles se croit chez lui en Provence, après m'avoir pris le Milanais. Je compte lui donner une leçon. Le temps de m'y préparer et la trêve aura pris fin. Mesdames, il me plaît de chevaucher en votre compagnie. Ne me décevez pas.

Il reprit son allure en chantonnant un poème de Clément Marot parlant d'amour et de guerre.

La surprise nous cloua le bec. Je compris que ni elle ni moi n'avions envie de le voir s'aventurer dans une nouvelle expédition, malgré notre souci de protéger le royaume. D'un commun accord nous décidâmes également de renoncer à la partie de plaisir du lendemain. Dame Éléonore, pour m'épargner une nouvelle rebuffade, se chargea d'en informer François. Mission remplie, elle me confia que son époux ne voulait que moi pour l'accompagner, la reine devant rester à Paris avec le titre de régente, comme jadis madame Louise.

Ma santé ne me causait aucun souci, je ne redoutais pas les longs voyages dont j'affrontais les aléas avec bonne humeur. Il m'aurait plu de partager durant quelques semaines, selon les caprices de la guerre, les mirages qui nourrissaient l'esprit du roi comme de ses prédécesseurs. Il m'avait tant parlé des palais dressés sur les rives des fleuves, des jardins enchantés, des temples de pierre dorée qui rappelaient la présence des dieux antiques... Que seraient pour moi les fatigues, les dangers et les horreurs des combats, affrontés près de mon maître ? Cependant je renonçai à le suivre.

François, à la tête de ses *légions*, avait fait halte à Lyon au début d'octobre, pour préparer l'offensive contre celles de Charles Quint. Il avait franchi le pas de Suse sous les premières neiges, avant de fondre sur le château d'Avigliana, tenu par les Impériaux, et de s'en emparer au premier assaut. Mon sang se glaça en apprenant qu'Anne de Montmorency avait fait égorger toute la garnison, composée d'une quarantaine d'hommes.

Tandis qu'il se reposait à Carmagnole, François avait reçu des envoyés de l'empereur demandant une trêve de trois mois, comme la précédente.

Les négociations s'étaient déroulées à la mi-novembre, à Narbonne, près de l'étang de Leucate, sous des bordées de neige et de pluie. Il en était résulté peu de chose : Charles retirait ses mercenaires sur Milan et François maintenait ses «légions», par vigilance, dans le Piémont.

Alors qu'on entrait dans l'hiver, François m'informa – enfin – qu'il m'attendait à Montpellier, alors que je le croyais sur le chemin du retour; il laissait Montmorency aux frontières s'assurer du respect de la trêve. Perplexe quant aux raisons de cet appel et redoutant que la santé du roi n'en fût la cause je montai sans plaisir dans ma calèche pour affronter les chemins défoncés et les intempéries.

Je lui trouvai une santé rassurante et d'excellentes dispositions à mon égard. S'il réclamait ma présence, me dit-il, c'est qu'il supportait mal l'ennui dans une vieille bâtisse, entouré de ses officiers et de prélats qui le harcelaient à propos des troubles religieux. Je lui apportais, me dit-il, «une bouffée d'air printanier». Il me lut un sonnet dont il était l'auteur, qui trahissait son désir de m'avoir près de lui. Le soir même, il m'honora de ses faveurs avec une ardeur juvénile.

François passa une partie de la matinée du lendemain devant un amas de braises, à évoquer les malheurs qui l'avaient assailli ces derniers temps : la mort du dauphin François, de sa fille, Madeleine, de son ami d'enfance, le maréchal de Fleuranges, mort après le siège de Péronne par Charles Quint.

Je me hasardai à évoquer la disparition de madame Françoise. Il n'en fut pas choqué.

243

— J'ai appris, me dit-il, que son époux, sans doute harcelé par le remords, a fait édifier dans le cimetière de Châteaubriant un tombeau de marbre avec l'effigie de la défunte. Jean de Laval... J'ai toujours détesté cet homme autant que j'ai aimé son épouse. C'est un personnage complexe, sournois, indomptable dans la défense de ses intérêts et toujours insatisfait des faveurs que je lui ai témoignées pour apaiser sa jalousie.

François m'annonça son intention de confirmer, par une cérémonie solennelle, à Moulins, la connétablie du maréchal Anne de Montmorency. Il semblait avoir oublié cet acte barbare : le massacre de la garnison d'Avigliana, le mois précédent. Je n'aimais guère ce personnage qui m'avait poursuivie en vain de ses assiduités et ne semblait pas y avoir renoncé, encore en pleine possession de ses facultés viriles, ce dont les perruches de la Cour ne se plaignaient pas. Il était devenu le bras droit du roi, un administrateur et un chef d'armée hors de pair.

Invitée à la remise de l'épée symbolique, je ne pus m'abstenir d'y paraître sans risquer de mécontenter mon maître, et m'y ennuyai fort durant trois jours.

Je garde le souvenir d'un homme froid comme marbre, au visage de *condottiere* couturé de cicatrices, drapé dans une robe de velours cramoisi, brodée de fils d'argent et d'or. Il a reçu l'épée non des mains du roi mais du dauphin, assisté de l'écuyer Pommereul. Le récipiendaire a tenu durant des heures l'épée haute et droite devant lui comme une croix de procession, même au cours de la messe qui a suivi.

La ville de Moulins n'avait pas été choisie au hasard par le roi. Les cérémonies se sont déroulées dans le château et la chapelle du connétable précédent, Charles de Bourbon, traître à son roi et à son pays, massacré une dizaine d'années auparavant au cours du sac de Rome par les hordes de l'empereur.

Ces journées donnèrent lieu, entre autres divertissements, à un combat singulier organisé par le connétable, entre deux gentilshommes décidés à vider leurs différends par l'épée : les Berrichons Sarçay et Véniers. C'étaient, comme ils nous en donnèrent la preuve, d'excellents bretteurs. Lorsque Véniers reçut une grave blessure au bras qui le livrait à son rival, un cri jaillit de la tribune royale. François, jetant sa canne dans la lice, mit fin au duel pour qu'une mort ne vînt pas endeuiller la fête, comme au temps des gladiateurs. Jugeant qu'il n'y avait ni vainqueur ni vaincu, le roi les récompensa d'une bourse de cent écus et leur imposa une accolade.

François allait éprouver quelques soucis avec le pape Paul III, de son vrai nom Alessandro Farnese. À soixante-dix ans, élu à l'unanimité par le Sacré Collège, il s'était promis de mettre sa foi et son énergie au service de la paix. Son premier souci : s'allier à l'empereur pour s'opposer au déferlement des armées du Prophète sur le continent.

L'idée sage et conciliatrice de Paul III consistait en une alliance défensive, voire offensive, entre l'Empire et les puissances chrétiennes pour maîtriser ce raz de marée. Charles et François avaient de lourds motifs de discorde, mais je souhaitais, et n'étais pas la seule, voir adopter l'idée de cette politique empreinte de sagesse. Je n'ai jamais cru à la pérennité d'une entente entre Soliman et François.

Paul III avait proposé à Charles et à François une rencontre tripartite à Nice. Acceptée de part et d'autre, elle se déroula au printemps de l'année 1538. Invitée à être présente, je ne pus ni ne souhaitai m'y dérober. Au cours d'une étape à Lyon sur la route de Nice, je passai une journée à visiter les grottes de la Balme, à huit lieues de la ville. Nous avons pénétré dans les entrailles de cette merveille géologique à bord d'une barque et à la clarté des flambeaux. Au fil de la rivière souterraine, un mystère prenait corps. J'avais l'impression, ma main crispée dans celle de François, d'avoir pénétré dans l'Enfer de Dante.

Tandis que les pourparlers s'engageaient sous le ciel éclatant de la Provence, la réconciliation ayant cessé d'être chimérique, le connétable, pessimiste quant à l'issue de ce colloque, brassait, avec ou sans l'accord de son maître, des idées guerrières. Il débordait d'activité, renforçait nos positions dans le Piémont, négociait des accords avec les princes allemands réfractaires à l'empereur, la République de Venise et le roi du Danemark. L'attente de l'ouverture des pourparlers devenait insupportable : le pape était arrivé à Nice dix jours avant la date prévue, et l'empereur faisait le pied de grue depuis une quinzaine.

La veille du colloque, François, dans un état de fébrilité intense à la suite d'une insomnie traversée de cauchemars qui lui arrachaient des gémissements et des sursauts, m'informa de son désir de me voir rencontrer l'épouse de l'empereur, Isabelle du Portugal, et de lui tenir compagnie en terre française. Je protestai :

— Sire, vous allez me mettre dans l'embarras. Je ne sais si cette dame parle notre langue et je n'entends ni le portugais ni l'allemand. De quoi pourrions-nous parler, et dans quel idiome ?

— De rien, comme les diplomates qui parlent pour ne rien dire. Vous jouerez aux cartes, aux dés, aux dominos, vous échangerez des chansons, vous vous promènerez le long de la côte, qui est paradisiaque.

Il ajouta avec humeur :

— Entre femmes on trouve toujours des sujets de conversation, même entre Turques et Chinoises, ce qui est pour ainsi dire le cas aujourd'hui ! Cessez de mettre des traverses à mes idées !

Paul III avait choisi pour ses pénates le couvent des Cordeliers. Il proposa ce lieu austère et paisible, situé hors de la ville, pour les travaux. Le roi avait installé sa maison au château. Quant à l'empereur, sans doute par prudence, il avait préféré rester à bord de la galère réale ancrée dans le port.

Alors que les entretiens venaient de débuter sous un soleil radieux, j'assistai, en compagnie de l'impératrice Isabelle à l'arrivée, avec quelque retard, de la reine Éléonore, à la tête d'une flottille espagnole partie de Gênes. Elle avait tenu à faire, avant de nous rejoindre, une incursion dans ses anciens domaines.

Elle s'engageait avec sa suite sur la passerelle reliant le navire au quai, quand ce frêle édifice se fendit en deux, précipitant dans les eaux souillées de poissons morts dames et gentilshommes. J'assistai, impuissante, à un énorme charivari, les hommes d'équipage ayant plongé pour repêcher ces malheureux dont la plupart ignoraient la nage. L'empereur, qui s'était porté sur le pont pour accueillir sa sœur, échappa à la noyade.

L'ouverture des débats allait être marquée par un autre coup de théâtre : l'empereur et le roi avaient pris le parti de s'éviter, laissant aux diplomates le soin d'assumer les pourparlers. J'en ignore la teneur, François n'ayant pas daigné m'en informer. Il semble qu'ils eussent tricoté des échanges de territoires et que tout se fût déroulé sans anicroches. Je fus soulagée dans ma fonction d'accompagnatrice d'Isabelle par Éléonore ; toutes deux parlant la langue espagnole elles n'eurent aucun mal à s'entretenir.

Le roi et l'empereur ayant décidé de se rencontrer, je fus témoin de la cérémonie organisée à bord de la galère réale de Charles. Elle se déroula en présence d'Andrea Doria, le plus illustre capitaine de navires de tout l'Occident, l'équivalent de Barberousse, l'amiral en chef de Soliman.

Je redoutais qu'un incident marquât cette entrevue. Il n'en fut rien. L'empereur et le roi, l'air grave, ne cessèrent de s'observer durant les allocutions.

François suscita des sourires en lançant à Charles d'un air jovial :

— Mon frère, me voici de nouveau votre prisonnier !

Ce à quoi Charles répondit sans un sourire :

— C'est un grand malheur que nous ne nous soyons pas trouvés plus tôt. La guerre n'aurait pas duré aussi longtemps.

À la cérémonie de remise des présents, François offrit à son *frère* une bague ornée d'un gros diamant ; Charles lui fit don du collier de la Toison d'or, François répondit en lui passant au col l'emblème en or de l'ordre de Saint-Michel. Somme toute, même s'il n'y eut ni serrement de mains ni accolade, cette conclusion dissipait nos angoisses.

Éléonore, au moment du départ, se montrant optimiste, dit à François :

— Sire, vous venez de nous démontrer que vous et mon frère n'êtes pas irréconciliables. Écrivez donc un simple billet pour dire à ma belle-sœur Isabelle le plaisir que vous avez eu à la rencontrer et à vous réjouir du succès de cette entrevue. Elle a beaucoup d'influence sur Charles et pourra vous être utile. En outre elle a fort apprécié votre allure juvénile, votre majesté et votre esprit pétillant.

Alors que notre convoi venait d'atteindre Lyon, François m'invita à le rejoindre dans sa chambre pour me lire le billet destiné à l'impératrice, me demander d'en améliorer la teneur et d'en corriger l'orthographe. Ce billet disait notamment : *Majesté, désormais les affaires de l'empereur et les miennes ne sont qu'une même chose.* Il y avait ajouté quelques banales gracieusetés en vers et en prose.

Anne de Montmorency, qui avait suivi de près les débats à la place du roi, ne partageait pas notre confiance.

— Cette rencontre, me dit-il, a été un coup d'épée dans l'eau. Charles n'a aucune intention de nous céder le Milanais. Quant à renoncer à notre alliance avec le sultan, que je réprouve, le roi semble s'y accrocher. Le seul résultat concret de ces travaux est la volonté des deux puissances catholiques de lutter contre l'hérésie, ce qui a porté de l'eau au moulin de Sa Sainteté. Autrement dit, pour parler comme la reine, c'est *nada*!

8

Éblouir l'empereur

À peine étions-nous de retour à Paris que la chancellerie informa le roi des déboires de Charles Quint.

Après un agréable séjour en Provence, il avait appris que la population flamande venait de se soulever, l'arme au poing, contre Marie, sa sœur, gouvernante de la province. Ce peuple laborieux ne pouvait plus supporter les impositions abusives qu'elle lui imposait afin de financer les frais de guerre de son frère. Le chef de l'insurrection avait écrit à François pour lui demander son aide et se proposait de mettre le pouvoir entre ses mains.

Peu après, François reçut la visite inattendue et fâcheuse de Marie, venant le prier de ne pas intervenir en faveur des insurgés. Il la rassura, préférant laisser Charles se dépêtrer seul de ce guêpier. D'ailleurs, ce n'était pas son affaire, la situation du Milanais lui important en priorité. L'Italie, toujours...

En revanche, lorsque Charles lui demanda la permission de traverser notre territoire pour conduire son armée en Flandre, François lui donna son accord, à condition que ses bandes ne commettent pas de méfaits comme lors du sac de Rome. Charles lui en donna l'assurance et s'engagea même à s'arrêter sur la Loire pour confirmer ses bonnes intentions.

— La vérité, me dit François, c'est qu'il meurt d'envie de connaître mes châteaux et mes palais. Je tiens cela de son ambassadeur. Eh bien, je vais le satisfaire, lui montrer ce que l'on ne verra jamais sur les bords de l'Elbe et de la mer Baltique! C'est à vous, ma mie, que je confie cette tâche, de préférence à cette brute de Montmorency qui le déteste.

La saison était mal choisie pour ce genre de réjouissances : décembre nous assaillait de neiges et de pluies généreuses et nous eûmes à nous déplacer souvent et loin de la Loire parfois. Charles a tenu bon contre le froid et l'eau, abrité par une ample capuche, mais il toussait beaucoup et avait toujours au bout du nez une perle de cristal qu'il évacuait du poignet.

De tout le temps que dura cette corvée, il garda sa morgue, ne daignant manifester son jugement que par un mince sourire ou quelques mots : «Madame, tout cela est fort beau mais, *acht!* cela a dû coûter beaucoup d'argent.» Il retrouvait à chaque étape, entre Fontainebleau, où François lui fit visiter sa nouvelle galerie italienne, Blois ou Chambord, une apparence de plaisir. Il est vrai que j'avais prévu de larges flambées dans les cheminées monumentales et une chère abondante et délicate. Il savourait notre vin mais en buvait peu, se méfiant sans doute des conséquences qui l'eussent amené à se débrider. Il prêtait davantage d'intérêt à ses chiens qu'aux facéties du nain Triboulet, ou à la musique et aux danses du pays.

Cependant il était resté admiratif devant cette merveille architecturale : l'escalier à double vis inscrit dans le donjon de Chambord. Je l'avais informé de son origine, inspirée du génie mathématique du grand artiste Leonardo da Vinci. Il s'était plu à monter jusqu'aux terrasses d'où la vue plongeait sur ce vaste chantier. Je m'étais attendue à une marque d'émotion de sa part; il était resté muet, rongé peut-être par la jalousie, tant ces bâtisses tranchaient avec le décor de ses palais d'Espagne et d'Allemagne, monumentaux mais sans agrément.

J'aurais aimé, comme Jean Clouet ou son fils, avoir quelque talent pour la peinture de portrait, car j'avais eu sous les yeux l'empereur chaque jour de cette semaine. Son visage était marqué d'une singulière disparité : la partie supérieure ne manquait pas de grâce avec un front net et plat, d'un bel ivoire, mais la partie inférieure était disgracieuse, enlaidie par un mâchoire prognathe, des lèvres inférieures débordantes et une bouche toujours ouverte sur une denture délabrée.

La dernière journée de ce long périple a été marquée par un incident qui aurait pu avoir de tragiques conséquences. Un valet maladroit avait laissé tomber une torche, laquelle, ayant mis le feu à une tapisserie, causa un mouvement de panique dans l'assistance qui se préparait au repas. On en fut quitte pour la peur et la perte d'une tapisserie. L'on avait craint la mauvaise humeur de Sa Majesté

impériale ; elle se contenta de sourire entre deux
accès de toux, la fumée l'ayant indisposée.

J'étais présente lors d'un incident, amusant celui-
ci, qui se déroula lorsque l'empereur quitta Blois
pour monter vers la Flandre. Le dauphin Henri
s'élança vers le cheval de Charles, sauta en croupe
et, ceinturant le cavalier de ses bras, faisant allusion
à sa captivité en Espagne, s'écria avec humour et
d'une voix joviale :

— Majesté, vous êtes mon prisonnier !

L'empereur ne daigna pas se montrer offensé. Il
gratifia même l'impertinent d'un sourire.

À la suite de cette étrange rencontre, François,
mi-figue, mi-raisin, restait perplexe.

— Charles, me dit-il, m'a semblé satisfait de son
séjour, encore qu'il ne s'en soit pas ouvert à moi
mais à mon épouse. C'est le signe qu'il tient à conso-
lider nos bons rapports. Il me l'a d'ailleurs témoigné
en me proposant le mariage d'une de ses filles,
Marie, avec mon dernier-né, Orléans. Nous avons le
temps d'y songer. En revanche il s'est dérobé chaque
fois que j'ai tenté d'évoquer les graves problèmes qui
nous préoccupent. Que faut-il en penser ?

— Ne pas prendre au sérieux cette réserve, sire.
Charles, jouissant de votre hospitalité, n'a pas souhaité jeter de l'huile sur le feu. Il m'a confié la gratitude qu'il a éprouvée en apprenant que vous
n'alliez pas intervenir dans la Flandre.

Il avait soupiré en me prenant dans ses bras :

— *Ma chérie*, je vais vous faire une confidence
dont je vous prie de garder le secret : je suis las
de la guerre, mais je me refuse à abandonner le

Milanais à cet ogre de Charles. Autant chercher à résoudre la quadrature du cercle.

Il m'avait appelée sa «chérie»... J'en ai rougi de plaisir.

À l'idée que ses compères, l'Allemand et le Français, trafiquaient dans son dos une alliance dont il serait exclu, le roi d'Angleterre, Henry VIII, rongeait son frein. La «girouette» attendait un vent qui tardait à lui apporter la certitude que l'on s'intéressait à lui.

Veuf, privé de sa favorite Anne Boleyn, envoyée pour infidélité au bourreau de Londres, il s'était mis en tête de demander à François la main de sa fille, Madeleine, mais elle lui avait échappé pour aller mourir en Écosse. Il persistait, attendant que François lui proposât une demoiselle de haute volée, par exemple une Valois ou une Guise. Il poussa l'exigence jusqu'à demander que l'on envoyât ces pucelles et quelques autres à Calais pour qu'il pût faire son choix, comme un marchand d'esclaves! On en rit beaucoup à la Cour, et nul ne se risqua à envoyer à cet ogre la proie qu'il espérait.

Réaction indignée de François :

— Ce jean-foutre nous traite comme des maquignons! Nos filles ne sont pas des juments pour la foire aux chevaux!

Henry, avant de faire exécuter Anne Boleyn, avait eu une autre maîtresse, d'une beauté exceptionnelle à en croire notre ambassadeur : Jane Seymour, qu'il avait épousée et qui avait peu après trouvé la mort en mettant au monde un héritier baptisé Edward. La nouvelle conquête de Henry, Catherine

Howard, nièce du puissant duc de Norfolk, connut,
au bout de deux ans, le même sort qu'Anne Boleyn,
et pour des raisons similaires. Paris en fit des chansons.

Le jeune prince d'Orléans, Charles, décevait le
roi, lequel me dit un soir :

— Je me demande ce que je vais pouvoir faire de
ce vaurien ! Il boude ses études et ne songe qu'à se
distraire avec sa bande de joyeux drilles. Le jour où
j'ai tenté de l'intéresser au Milanais, il m'a ri au
nez. Je lui ai donné la fessée ; il était fou de rage,
preuve qu'il est orgueilleux.

Personnage singulier, cet Orléans, qui ne ressemblait en rien à son frère. Maigrichon, coiffé de cheveux roux, il était myope, ce qui ne contrariait
nullement son goût pour les demoiselles de la
reine, et moi de même, qui le rembarrais. Une nuit
de l'année 1540, alors qu'il venait de fêter ses dix-
huit ans dans un bouge, avec ses comparses, je
l'avais trouvé nu dans mon lit et l'en avais expulsé à
coups de canne. Il s'était écrié en prenant la porte :

— Pour qui te prends-tu ? Tu n'es qu'une catin
comme une autre, la putain du roi. Un jour j'en
aurai ma part !

Quand je confiai cet incident au roi, il me promit d'infliger à son fils une correction dont il se
souviendrait. J'eus du mal à l'en dissuader, cette
affaire ne relevant que de mon propre jugement.
Je redoutais avant tout la perspective d'une mort
précoce du dauphin Henri. La pensée que Charles
pourrait un jour devenir roi me donnait des
sueurs froides.

À la fin des années 1530, l'ambiance à la Cour était détestable. Profitant du laxisme du roi consécutif à sa fatigue, à ses soucis diplomatiques et surtout à son mal vénérien, deux clans la divisaient : celui du roi et celui du dauphin et de sa maîtresse, Diane de Poitiers, toujours *Belle des belles* malgré ses quarante ans. La petite Médicis restait à l'écart dans l'attente d'une lassitude de son époux pour cette *vieille*. La petite guerre faite de calomnies, d'intrigues, de coups bas qui sévissait entre les deux clans, François faisait mine de la mépriser. Malheureusement le bruit s'en était répandu dans tout le royaume, jetant le trouble dans le peuple, faisant exulter les prophètes de la Réforme, et notamment Jean Calvin.

Ce conflit interne prit de l'ampleur avec une affaire mettant en cause Philippe de Brion, seigneur de Chabot, ami d'enfance de François, gentilhomme de sa chambre et amiral : il mettait à profit les faveurs du roi pour s'enrichir de façon éhontée.

Montmorency m'assura que Chabot était l'« homme à abattre ». Il occupait une place excessive dans l'entourage du roi, sa fortune insolente suscitait des jalousies et il se comportait comme un prince royal dans son château de Pagny, au bord de la Saône. Il m'y avait invitée avec François et un groupe de gentilshommes, pour une partie de chasse en forêt de La Bauche, réputée riche en gibier. À la fin d'un repas, alors que François était ivre et moi entre deux vins, il m'avait proposé de le rejoindre dans sa chambre au cours de la nuit, ce que je lui avais refusé.

Il arriva à Chabot ce qui lui pendait au nez depuis quelques années. Informé de quelques malversations dans son service, le roi diligenta une enquête qui se traduisit par un procès pour abus de pouvoir, non respect des lois de la pêcherie et de la navigation, et de piraterie. Incarcéré à Vincennes, libéré peu après, grâce à mon intervention auprès du roi, il allait finir ses jours à Pagny, l'année 1543. De l'immense fortune dont il avait été dépossédé ne lui restait que cette demeure. Grandeur et décadence...

Mes rapports avec le connétable n'avaient jamais dépassé les limites d'une courtoisie, ardente de son côté, froide du mien. Ils ne s'étaient pas améliorés lorsqu'il s'inséra dans le clan du dauphin Henri et de la duchesse Diane de Poitiers. Le moins qu'on puisse dire est que les relations que j'avais avec *la Vieille* étaient tendues. Elle était vive dans ses propos ; je l'étais autant qu'elle mais, par précaution, m'en tenais aux boutades et à une froide ironie. J'éclatai de rire le jour où elle me proposa, d'un ton sérieux, de vider nos différends par un duel à l'épée ! Il est vrai que je l'avais touchée au vif en lui disant qu'elle était la « nourrice du dauphin ». Elle m'avait envoyé ses témoins ; je les avais récusés.

Au cours de l'été, l'année 1541, je me trouvais à Châtellerault, sur les rives de la Vienne, en compagnie de la famille royale, pour la célébration du mariage de Jeanne d'Albret, une fillette de douze ans, fille de Marguerite de Navarre, avec le duc de Clèves, quand éclata un incident comique. Au moment d'entrer dans l'église, Jeanne, frêle de nature, croulant sous le poids de ses vêtements nuptiaux et incommodée par la chaleur, eut une défaillance. J'entendis François lancer à Anne de Montmorency :

— Eh bien, monsieur le connétable, qu'attends-tu pour la porter sur tes épaules ?

Banale anecdote mais qui témoigne de l'humour du roi dans les circonstances les plus solennelles. Loin de s'exécuter, Montmorency se retira sur-le-champ, au milieu de l'hilarité de l'assistance. Son orgueil affecté, il ne reparut pas à la Cour. Le roi tenta de se faire pardonner par des messages à son château d'Écouen ; il ne daigna pas y répondre.

J'avais tenté de faire comprendre à François que son connétable, en choisissant le clan du dauphin et de Diane, nourrissait de mauvaises intentions à son égard.

— Sire, ce fourbe est pourri d'ambition. Il n'attend qu'une occasion favorable pour fomenter un complot contre vous, avec la complicité de Diane, qu'il a entraînée dans sa retraite.

— Vous avez vu juste, ma mie. Montmorency a choisi le camp du dauphin contre moi, c'est vrai, et d'autre part, je ne puis oublier que c'est par ses intrigues boiteuses qu'il m'a fait perdre le Milanais. J'ai songé m'en débarrasser mais je ne puis balayer ainsi une amitié qui remonte à notre enfance à Amboise.

François allait pourtant en venir là. Montmorency n'ayant pas daigné reparaître à la Cour en dépit de ses sommations, il fut destitué de ses fonctions mais pas de son titre de connétable, n'ayant pas trahi ouvertement son ami et maître. Il conserva même le gouvernement du Languedoc. Nous n'allions pas avoir de longtemps des nouvelles de cet odieux personnage qui alla jouir de sa fortune, sinon de sa puissance, dans un de ses nombreux domaines, Écouen, où il fit édifier et somptueusement décorer un château à la mode d'Italie.

9

Au nord et au sud : la guerre

Les années 1540 tiraient à leur fin quand des nouvelles nous parvinrent de la Flandre où l'empereur,
après son séjour parmi nous, avait jeté son armée.

La situation était tragique. L'insurrection née
dans les ateliers de tissage de Gand avait gagné tout
le pays, mettant la gouvernante Marie aux abois.
Les insurgés s'étaient soulevés contre des contributions exorbitantes destinées non à la construction
de digues mais au trésor de guerre de Charles.
Négocier avec des ouvriers? Charles n'y songea
même pas. Dès son arrivée, d'accord avec sa sœur,
il fit procéder à l'arrestation des meneurs et, sans
jugement, les fit décapiter à la hache en public.
Pour donner satisfaction à ses hordes de mercenaires, il les laissa se répandre dans les campagnes
et donner libre cours à leurs instincts barbares. Les
anciennes libertés de Gand et de quelques villes
importantes supprimées, l'ordre rétabli, Charles
reprit le chemin de l'Allemagne, laissant à Marie
un trône bancal, une industrie désorganisée et une
misère effroyable dans la population. Comparé à
Attila il n'eût pas démérité.

En revanche, les nouvelles qui nous parvenaient du Nouveau Monde étaient rassurantes. Jacques Cartier avait planté la croix et la bannière royale sur des territoires immenses peuplés par des sauvages, dont une bonne partie, le long du fleuve Saint-Laurent, serait propice à la colonisation et à la conversion.

Les galères partant de Saint-Malo emportaient déjà des populations émigrées de paysans et de gens de métier chargées de s'installer dans des concessions pour y faire vivre leur famille, ainsi que des troupeaux de bœufs, de moutons et de chevaux de trait.

Une ombre à cette perspective radieuse : Cartier n'avait ramené ni or ni pierres précieuses, ces contrées en étant dépourvues. On disait par moquerie, parlant d'un bijou factice : «Il est faux comme un diamant du Canada.» Malgré ses déceptions, Cartier n'avait pas renoncé à découvrir, dans l'immensité des forêts et des montagnes, le chemin qui le mènerait à la mystérieuse Cathay de Marco Polo : la Chine. Les rares messages qui nous parvenaient donnaient les noms d'agglomérations nées de la conquête : Québec, Hochelaga, Stadaconé... François se prenait à en rêver comme de Milan, de Ravenne ou de Venise.

L'année 1541, sur les côtes de la Méditerranée, une guerre navale avait débuté. L'empereur avait lancé sa flotte, depuis l'Andalousie, dans une aventure périlleuse, jetant l'ancre et braquant ses canons devant le port d'Alger occupé par l'amiral-pirate

Barberousse. Informé des relations courtoises que François entretenait avec le sultan, Charles l'avait prié de rester neutre pour éviter que ce conflit ne dégénérât. François se le tint pour dit : il serait spectateur mais non acteur, et tant pis si Soliman s'en montrait fâché !

Barberousse avait mis en ordre de bataille une flotte d'une centaine de galères armées de gros canons, mais celle de Charles avait de quoi lui tenir tête. L'engagement avait débuté par une grandiose canonnade suivie de part et d'autre d'abordages, arme au poing. Les galères impériales étaient sur le point de remporter la victoire quand une tempête avait englouti une bonne partie d'entre elles. La victoire ayant tourné au désastre, la flotte espagnole avait viré de bord et Barberousse s'était retiré dans la ville.

La santé du roi me tourmentait. Elle avait atteint un tel point de gravité que ses médecins ne pouvaient trouver le moindre signe de rémission.

Deux ans auparavant, de passage à Compiègne, François avait été terrassé par une crise grave : un abcès au périnée que ses médecins n'étaient pas parvenus à débrider. Un soir, au Louvre, j'avais obtenu de passer la nuit à son chevet. Il était alité depuis quelques heures quand, en se réveillant, il m'avait demandé d'approcher et de m'allonger près de lui, nue comme il l'était lui-même selon son habitude. Nous étions restés dans les bras l'un de l'autre jusqu'au matin, mes mains étreignant ses génitoires brûlantes. Il m'avait dit en se réveillant :

— Ma mie, où sommes-nous? Que faites-vous près de moi, et nue?

Au comble de la surprise, je l'avais rassuré : il venait de faire un long somme, sans une plainte, «comme Booz dans les bras de Ruth». Il avait souri et m'avait lancé :

— Ma mie, j'ai grand-faim. Faites-moi porter, je vous prie, euh... une cuisse de dinde aux truffes ou un cuissot de chevreuil aux myrtilles. Et que l'on n'oublie pas mon vin !

J'étais parvenue à le dissuader de renoncer à ce matinel qu'il aurait mal supporté, surtout le vin, pour lui faire préparer une bouillie d'orge et de miel sauvage. Il avait grimacé mais s'était sustenté allègrement.

Lorsque j'avais annoncé ce prodige à son premier médecin, Louis Burgensis, il était resté bouche bée, puis s'était écrié que cela tenait d'un miracle que ma présence avait provoqué, ajoutant que j'avais sauvé la vie du malade. Prévenue sur la champ, Éléonore m'avait pressée à m'étouffer contre sa forte poitrine en mouillant mon épaule de larmes. Elle m'avait promis de faire dire une messe de *Deo gratias* par l'évêque, à Notre-Dame, avec des centaines de cierges, des chants et tutti quanti...

Au soir de cette journée miraculeuse, François m'avait priée de l'aider à se lever, non pour satisfaire un besoin naturel mais pour respirer l'air de Paris de sa fenêtre et regarder les premiers feux des nautoniers franchissant les ponts.

Son abcès enfin débridé, non sans peine, ses douleurs ayant marqué une rémission, François allait se remettre aux affaires avec une ardeur renouvelée, malgré des épreuves physiques qui l'avaient durement marqué. Son caractère s'était aigri; il était devenu soupçonneux et irritable. Il s'était fait raccourcir la chevelure et raser la barbe, non par souci expiatoire, ce qui n'entrait pas dans ses pratiques religieuses, mais pour faire resurgir sur son visage quelque trace de jeunesse. Il avait été affligé par la mort, annoncée comme imminente, de Brion de Chabot, qu'il avait relevé de sa disgrâce et que Dieu rappela à lui deux ans plus tard.

Je m'attachai de mon mieux à distraire le roi des idées revanchardes qui l'obsédaient à propos de l'Italie et notamment du Milanais : elles s'étaient incrustées en lui et ne le quitteraient sans doute que lorsque Dieu le rappellerait à lui.

Désireux d'en finir avec cette affaire qui le tourmentait lui aussi, l'empereur avait proposé de la traiter par un compromis : il accordait le Milanais en viager au dernier fils du roi, Charles d'Orléans, moyennant la promesse de François de renoncer à la Savoie et au Piémont. Nous en parlâmes; il me dit :

— C'est un projet mal ficelé où je n'ai rien à gagner et tout à perdre. Qu'en pensez-vous, ma mie?

— Je partage votre avis, sire : c'est un attrape-nigaud! Je vous suggère d'y répondre par le mépris ou d'attendre des propositions plus raisonnables.

Nous avons traversé une période de glaciation entre François et Charles, qui ne se réchauffa que des mois plus tard, mais pas dans le sens que nous souhaitions.

Notre ambassadeur auprès de Soliman, Antoine de Rincon, et un militaire d'origine génoise, Cesare Fregoso, étaient tombés dans une embuscade près de Pavie et été assassinés. Les soupçons de François s'étaient aussitôt portés sur des agents espagnols à la solde d'Alfonso de Ávalos, nommé gouverneur du Milanais par l'empereur. Rincon avait été remplacé sur-le-champ par le général Paulin de La Garde. Il allait avoir fort à faire et devoir garder l'épée à la ceinture.

La situation de Charles Quint aurait eu de quoi nous réjouir. Outre le désastre de sa flotte devant Alger, il subissait une invasion des janissaires qui, comme une nuée de sauterelles, s'étaient répandus sur la Hongrie et marchaient sur Vienne. En Flandre et aux Pays-Bas de nouvelles insurrections populaires donnaient des angoisses à Marie. Quant aux réformés, malgré les sévices qu'ils subissaient, ils poursuivaient leur prosélytisme.

La fatalité s'acharnant sur l'Empire, le moment semblait venu pour le roi de profiter de cette situation pour ouvrir les hostilités sans scrupules, l'assassinat de notre ambassadeur constituant un casus belli.

C'est au cours d'une partie de chasse au cerf à Ligny-en-Barrois, près de Noyon, que François donna le signal des hostilités. Il me semblait ne l'avoir jamais vu dans un tel état d'excitation, qui me faisait redouter une rechute. Il se riait des conseils que je lui donnais et, si j'insistais, faisait claquer ses mains sur mes fesses ou m'embrassait brutalement le cou, comme pour me dépecer.

Il m'annonça qu'il allait avoir à se battre sur deux fronts. L'armée du Nord aurait comme capitaine le duc de Clèves; celle du Sud, la plus importante, aurait à sa tête le dauphin Henri et l'amiral Claude d'Annebault, soutenus par les redoutables lanciers de Blaise de Monluc. Le prince Charles, âgé de vingt ans, avait tenu à être de ce conflit pour montrer qu'il n'était pas seulement un «vaurien»; le roi, non sans réticences, lui confia le commandement de l'armée du Nord. Aidée par Éléonore en second, je parvins à convaincre le roi de rester à Paris.

Il fallut moins d'une semaine à l'armée du Nord pour remporter sur les maigres rideaux des forces impériales, pour la plupart mercenaires, quelques victoires faciles et procéder à des incursions au-delà des frontières. En une semaine, Marie s'étant réfugiée chez son frère et les insurgés s'étant mis au service des Français, l'affaire semblait réglée; elle ne l'était pas : Marie revenait avec une armée.

Dans le Sud, l'armée de d'Annebault, entrée sans peine en Roussillon, piétinait depuis des semaines sous les murs de Perpignan. Devant la résistance des défenseurs, dont un nombre important d'Espagnols, elle choisit de passer son chemin, rudement éprouvée par des pertes humaines et des maladies.

Le roi rongeait son frein et, au reçu des nouvelles, laissait déborder sa colère, notamment contre d'Annebault, devenu pourtant son intime depuis la disgrâce de Montmorency, et contre le dauphin, disant qu'il avait eu tort de leur faire confiance. Nous nous attachâmes à le rassurer, l'échec devant une ville de la puissance de Perpignan ne mettait pas un terme aux hostilités. Avec une armée de près de plus de trente mille hommes, les Français pourraient effacer ce revers. Il haussait les épaules et s'enfermait dans son silence.

À la mi-juillet, alors que, dans le Sud, la canicule interrompait les marches et les combats, une nouvelle ajouta au désarroi de François. L'ambassadeur d'Écosse lui avait appris la mort, à l'issue d'un affrontement contre l'armée anglaise, du roi Jacques, notre allié, notre ami indéfectible. Il rejoignait dans la sépulture familiale son épouse, Madeleine, fille de François. Peu avant sa mort il s'était remarié avec une autre fille de France, Marie de Guise, dont il avait eu une fille, orpheline de père, la future Marie Stuart.

Dans le Nord, Flandre et Pays-Bas, la guerre avait repris. Nous restâmes muets de stupeur lorsque, sortant de son Conseil le feu aux joues, le roi nous apprit sa décision de prendre la tête d'une armée de secours. Quand je lui reprochai cette décision insensée, la réponse fut glacée :

— Madame, j'ai dû me battre contre mon Conseil pour lui faire admettre ma décision. Dès lors, votre avis m'importe peu. Je gère les événements à ma manière. Retournez à vos jeux et ne m'importunez plus ! Mon épouse assurera la régence et vous donnera de mes nouvelles.

Ce que je redoutais, de même qu'Éléonore, c'est que le roi perdît la vie dans cette guerre, de même que ses deux fils. La situation était d'autant plus inquiétante que le roi d'Angleterre avait signé avec l'empereur un traité d'alliance et que le pape avait assuré son soutien moral à Marie dans la guerre de Flandre.

Tous ces événements semblaient se liguer contre nous. Du Nord nous recevions des dépêches désolantes. Certes, l'armée de secours conduite par le roi avait envahi le Hainaut, et pris quelques places fortes. Le duc de Clèves, aux prises avec les lansquenets, réclamait à cor et à cri un secours d'urgence, mais, l'armée de Flandre ayant été mise à mal, le roi lui demandait de lui amener ses troupes pour redresser la situation.

Le roi avait d'autres soucis à se faire avec ses *légions.* Indifférentes à la discipline romaine, elles se conduisaient comme les Vikings d'autrefois. D'autre part, l'alliance du roi Henry avec l'empereur n'était pas qu'un paravent : une flotte anglaise de combat menaçait de débarquer au moment favorable, mais, lasse d'une guerre qui n'avait eu pour résultat que la ruine de ses États, Marie avait prié son frère de mettre fin au conflit. L'automne venu, François laissa quelques garnisons dans les villes importantes et revint à Paris d'un cœur plus léger, persuadé que cette fausse victoire allait porter un coup fatal à l'empereur. Ce n'était qu'illusion.

À la suite de négociations menées par ses services diplomatiques, François avait obtenu l'aide éventuelle du sultan, lequel lui avait promis de mettre à sa disposition une centaine de galères ; elles s'ajouteraient aux nôtres dont le commandement allait être confié à François de Bourbon-Vendôme, comte d'Enghien, un officier de vingt-quatre ans, que François, disait-on, « aimait comme son fils ».

Tandis que d'Annebault et le dauphin Henri battaient la campagne en Roussillon et en Provence, Enghien mettait le siège devant Nice, occupée par des forces impériales. La ville n'allait résister qu'une semaine sous les canonnades de la flotte, mais prendre d'assaut la forteresse était une autre affaire. Il aurait fallu y consacrer des mois, et l'automne allait déverser ses lourdes pluies.

En attendant le retour du printemps, pour conserver l'aide des galères sultanes, Enghien les regroupa en rade de Toulon. Le jeune officier n'avait pas prévu que la cohabitation des Turcs avec la population serait difficile. Il ne se passait pas de jour sans que n'éclatent des conflits avec mort d'hommes, si bien qu'il décida de vider la ville de ses habitants pour les disséminer dans les parages. Toulon devint pour quelque temps une ville orientale où les prières publiques pour Allah et Mahomet remplacèrent le son des cloches et où les églises se convertirent en mosquées. Dénoncé par le pape et l'empereur, ce scandale souleva toute la chrétienté et le prestige de François en souffrit.

Le printemps de l'année 1544 allait faire souffler un élan nouveau sur les armées pour le dernier épisode d'une guerre confuse, peu riche en événements dignes de rester dans l'histoire.

Assuré du soutien des Anglais, qui s'étaient enfin résolus à débarquer à Calais avec la ferme intention de marcher sur Paris, Charles avait lancé une offensive contre la Champagne.

Dans le même temps, dans le Sud, Enghien, laissant une centaine d'hommes devant la forteresse de Nice, avait porté le gros de ses forces sur la ville de Carignan, au sud de Turin, sur le fleuve Pô, occupée par d'importantes forces ennemies commandées par un Espagnol, le marquis del Vasto. Il avait sauté en selle en proie à une inquiétude, ses troupes impayées menaçant de baisser les armes. Pour demander au roi un secours indispensable il choisit de lui envoyer le meilleur de ses capitaines, le pétulant Gascon Blaise de Monluc, qui obtint satisfaction par ses objurgations virulentes.

Le jour de Pâques, à Cérisoles, à deux lieues au sud de Carignan, l'armée d'Enghien se trouva face à face avec celle de del Vasto, composée de lansquenets et de Napolitains. La bataille engagée au jour levant ne dura que quelques heures faites d'empoignades furieuses dans la poussière. Enghien en sortit vainqueur, n'ayant perdu que peu d'hommes et mis en déroute l'ennemi.

Alors que ses troupes se livraient au pillage de Carignan, Enghien reçut un message du roi lui demandant de rentrer au plus vite en France où la situation devenait inquiétante. L'empereur venait de subir de grosses pertes mais, ayant obtenu des subsides importants et des troupes de la diète de Spire ainsi que des secours de nos anciens alliés, les princes allemands, scandalisés des rapports de François avec l'islam, il se trouvait maître d'une armée de quarante mille hommes environ.

À ces nouvelles alarmantes, François répondit par le mépris. Selon lui cette armée, aussi importante fût-elle par le nombre, n'était qu'un conglomérat hétéroclite où dominait la piétaille, et son artillerie comptait tout au plus une soixantaines de bouches à feu, que celles de Galiot écraseraient au premier engagement.

Le royaume du Luxembourg traversé comme pour une promenade, Charles avait massé le gros de son armée autour de Metz et se préparait à envahir la Lorraine et à marcher sur Paris en même temps que les Anglais. Le roi avait envoyé contre lui le dauphin Henri pour le contenir sur la Marne, mais son armée était moins importante que celle de Charles. Par chance, oserais-je dire, François, de nouveau malade, avait jugé bon de s'abstenir de cette chevauchée pour se reposer à Fontainebleau.

Alors que notre armée se portait sur la Marne, je demandai à Éléonore si ma présence auprès du roi pourrait lui apporter quelque réconfort. Elle s'y opposa avec fermeté.

— Madame, me dit-elle, ce n'est pas votre présence, aussi chère lui soit-elle, que mon époux attend, mais des nouvelles du dauphin. D'autre part il est souffrant et ce n'est pas un médecin de plus qui pourrait améliorer sa santé. Allez donc plutôt à la ménagerie voir si les animaux ne manquent pas d'eau et revenez me faire votre rapport. Allez !

C'était la première fois, et j'en fus ulcérée, que la reine me parlait sur ce ton comminatoire. D'ordinaire, entre nous la hiérarchie était souple ; elle était indulgente envers moi et je lui témoignais affection et dévouement. J'appris par Diane, qui ne laissait échapper aucune occasion de me manifester ses aigreurs, les raisons du comportement de la reine : elle avait reçu un message personnel de son époux réclamant ma présence et s'était bien gardée de m'en faire part, estimant sans doute que c'est à elle que devait revenir cette démarche. J'écrivis le soir même à François pour m'excuser de n'avoir pas répondu à sa demande, alitée, disais-je, à la suite d'une chute dans un escalier. J'y joignis un sonnet de ma façon pour l'assurer de ma confiance et de mon amour.

La Cour n'était pas seule à vivre dans l'angoisse : Paris la partageait.

Chaque jour des centaines de personnes se pressaient dans la cour du Louvre et aux portes de la chancellerie, dans l'attente de nouvelles de l'armée, parvenant au compte-gouttes et sans beaucoup de détails, et de celles de son souverain. Le bruit ayant couru que des agents de l'Empire se trouvaient dans nos murs, on se mit à chasser et à maltraiter les personnages aux mines patibulaires. Dans la crainte de voir l'ennemi à nos portes, nobles et bourgeois émigraient vers leurs résidences campagnardes. Le roi avait donné l'ordre de faire surveiller par la garde greniers à vivres, poudrières et magasins d'armes et de munitions. Si nous n'étions pas en état de siège, nous en étions proches.

Lorsque les premières canonnades grondèrent au-delà de la Marne, François quitta Fontainebleau pour retourner dans sa capitale. Ayant trouvé la ville au bord de la panique et les services civils en désordre il s'en prit à la régente Éléonore. Qu'y pouvait-elle? La plupart des lieux publics étaient vides, les notables ayant pris la fuite sans la prévenir. Il ordonna une procession avec monstrance des reliques de sainte Geneviève, patronne de Paris.

Sur la Marne, la situation était insolite sous la pluie de septembre. Le dauphin, sentant ses troupes inférieures en nombre, hésitait à prendre l'offensive. L'armée impériale, elle, restait figée, impayée, abrutie par la fatigue et le vin, assaillie sur ses arrières, nuit et jour, par des bandes de paysans en armes. Des mercenaires allemands mettaient les villages à sac ou désertaient. Quant à l'armée anglaise, en proie aux mêmes ennuis, elle tardait à se montrer.

Le roi se préparait à envoyer au dauphin une troupe de volontaires parisiens ayant à leur tête le prince Charles, impatient de se battre, quand un matin Paris se réveilla dans une volée de cloches et des clameurs joyeuses : la chancellerie venait de recevoir un message du dauphin annonçant le retrait, sans le moindre combat, des hordes impériales!

Le roi réunit son Conseil et lui tint ces propos qui me furent rapportés quelques heures plus tard :

— Mes amis, il semble que nous ayons remporté une grande victoire sans perdre un seul homme, et que nous en ayons fini à notre avantage avec cette maudite guerre. Tout sera réglé dans la semaine qui vient, si Dieu le veut. J'ai proposé à l'empereur une rencontre. J'attends sa réponse.

J'eus quelque mal à trouver sur mes cartes l'emplacement de la cité de Crépy-en-Laonnois. Elle fut pourtant le théâtre, le 18 septembre de l'année 1544, de l'un des événements majeurs du règne de François. Ce jour-là, le roi et l'empereur se retrouvèrent pour signer un traité de paix assorti de conditions favorables pour notre pays.

On allait, pour donner des assises sûres à l'événement, prévoir des mariages. Le prince Charles d'Orléans se trouva devant un choix : la fille de Charles Quint ou celle de Ferdinand, frère de l'empereur. La première lui apportait en dot la Franche-Comté et les Pays-Bas; la seconde avait dans sa corbeille le Milanais. Le prince Charles, n'étant qu'un pion sur un échiquier, n'eut pas son mot à dire. François choisit pour lui le Milanais contre la Savoie et le Piémont. Charles Quint, quant à lui, renonçait à la Bourgogne, François à ses prétentions sur la Flandre et l'Artois.

Deux autres clauses du traité nous surprirent : les deux souverains avaient décidé de faire cause commune face à l'invasion ottomane et de faire barrage à l'hérésie.

Ce traité, annonciateur d'une paix et d'une entente solide entre nos deux pays, allait un an plus tard être rendu caduc suite à un événement tragique : la mort du prince Charles dans la région d'Abbeville, atteinte par une épidémie de peste. Il avait vingt-trois ans et guère plus de cervelle qu'un oiseau. Oserais-je l'avouer? Je n'aimais guère ce *vaurien*, fils préféré de François depuis le décès de son aîné, et ne pouvais oublier ses extravagances :

se promener sur les toits la nuit, lancer son cheval à
l'assaut des rochers de Fontainebleau, sa folie des
bals masqués, et, ce que la Cour ne lui avait pas pardonné, d'avoir placé dans le lit d'une dame qui lui
avait refusé ses faveurs le cadavre d'un pendu du
Montfaucon. Le roi accourut à son chevet et le
pleura ; je fis mine de compatir, de même que la
reine.

À quelques jours de ce deuil, François me confia
son désarroi :

— Ma mie, Dieu aurait-il entrepris de punir mon
âme pécheresse en me privant de mes enfants ? Je
dois être voué à une fatalité malheureuse pour que
j'en vienne à douter de moi-même et de mon règne.

Nous avons prié à genoux devant mon oratoire,
lui en larmes, moi le cœur sec.

Dans les mois qui suivirent, un autre événement
dramatique frappa le roi. Celui qu'il aimait comme
son fils, le jeune duc François d'Enghien, vainqueur de Cérisoles, venait de mourir au château de
La Roche-Guyon, le crâne fracassé par la chute
d'un coffre, alors qu'il se livrait avec des compagnons à une bataille de boules de neige. François
dut se souvenir que le même accident lui était sur-
venu jadis.

Restait à faire la paix avec le roi Henry VIII qui, à
la suite de la défection de l'empereur, avait rapatrié
piteusement son armée. Il méritait une leçon ;
François se chargea de la lui infliger, d'autant
qu'avec une morgue outrancière il exigeait la rupture de nos relations amicales avec ses ennemis
écossais.

Cent cinquante navires amenés de la Méditerranée firent voile vers la Manche sous la conduite du capitaine Paulin, en vue d'un débarquement sur les côtes anglaises. François, malgré sa faiblesse, tint à être présent pour la mise en eau d'un navire amiral, le *Philippe* : douze cents tonneaux et cent canons. Il allait prendre la mer quand un incendie à bord le retint au port.

D'Annebault partit du Havre pour l'île de Wight, coula en vue des côtes anglaises la *Marie-Rose* avec son équipage de cinq cents hommes, et, quelques jours plus tard, le *Henry-grâce-à-Dieu,* qui avait amené Henry au camp du Drap d'Or. Plutôt que de hasarder un débarquement dangereux, d'Annebault se contenta de ravager les installations côtières avant de virer de bord.

J'aurais aimé confier à François, dès que j'en fus informée, qu'il n'avait rien à attendre de cette opération dangereuse, coûteuse et inutile, mais il m'aurait envoyée paître mes moutons. J'appris que cette expédition pitoyable l'avait profondément affecté. Il prit sa revanche sur Henry en signant avec lui le traité d'Ardres, près de Calais, en juillet de l'année 1546, qui lui rendait Boulogne et assurait une paix instable avec ce parjure.

10

Les Pauvres du Christ et autres martyrs

En cette année 1544, le roi jouissait d'une période de trêve des armes, de rémission dans sa santé et de regain dans *ses amours*. L'empereur menait une guerre sur deux fronts. L'une d'elles, la chasse aux hérétiques, lui coûtait peu, mais sur les frontières de l'Autriche, sa résistance contre l'invasion ottomane engageait la plus grosse partie de ses armées. Le dauphin Henri et Catherine avaient donné au roi un petit-fils baptisé François, qui, Dieu merci, était d'une complexion parfaite. Le roi semblait fou de bonheur, au point de se rendre à Fontainebleau, où les couches eurent lieu au cœur de l'hiver, sous le seul prétexte de le voir sourire et battre des menottes.

François s'était par ailleurs engagé dans une idylle maladroite avec une dame dans la cinquantaine mais encore fleurie de beaux restes, madame de Ch*. Ils avaient batifolé sous une charmille, puis dans un lieu plus propice, avant que François ne me confiât que cette attache l'importunait et qu'il souhaitait y mettre un terme. Il me chargea de cette mission. J'eus à faire entendre à cette dame mûre que ses relations avec le roi m'importunaient, au point que, si elle refusait de s'exécuter, je la ferais chasser de la Cour, quoi qu'en pense son amant. Je la vis avec stupeur s'éloigner de quelques pas et, livide, bouche bée, se saisir d'une paire de ciseaux et la porter sur sa poitrine en déclarant qu'elle préférait mourir. Je m'avançai vers elle, lui arrachai son arme et pris cette malheureuse dans mes bras, afin de mieux lui faire comprendre que ces amours, aussi sincères qu'elles fussent, troublaient le roi, pris par des soucis d'une autre importance.

Le lendemain, je lui remis un cadeau : une broche en forme de cœur, sertie d'améthystes.

À croire que la paix favorisait les épanchements sentimentaux ; j'étais moi-même l'objet d'une aventure. Le jeune comte Roger de L* s'était épris de moi et, sans que je fisse rien pour l'encourager, donnait à son caprice l'importance d'une passion. Quand nous tardions à nous voir il glissait sous ma porte des billets en forme de poèmes fort médiocres que je jetais dans la cheminée ou dont j'allumais mes chandelles. Je demandai au roi de m'en débarrasser ; il l'envoya en Italie dans une compagnie de chevau-légers.

Les «soucis» du roi dont j'ai parlé n'étaient pas nés de mon imagination ; ils l'accablaient.

François s'était pris d'un vif intérêt pour les questions relatives à l'enseignement, qui allait à vau-l'eau bien avant la période difficile qu'il avait traversée. Il semblait vouloir mettre un frein à ses réputations de roi-chevalier et de galant pour se poser en humaniste défenseur de la culture de ses gens et de son peuple. Il s'était attaché à la création de collèges d'où même les familles modestes ne seraient pas exclues, à attirer des écrivains, des philosophes, des artistes destinés à remplacer à la Cour gentilshommes pensionnés et traîneurs de sabre. Il m'avait chargé de prendre soin de leur situation, de leur trouver des logis convenables et d'assurer leurs subsides, une tâche que j'assumai de mon mieux et avec fierté.

Les problèmes économiques n'allaient pas lui échapper. La guerre avait sévi dans ce domaine, l'industrie, le commerce et les travaux des champs durement éprouvés.

L'année 1542, une guerre civile avait failli éclater avec l'affaire des Gabelles, l'impôt sur le sel que les provinces littorales de l'Océan, productrices de ce précieux condiment, refusaient de payer. François s'était écrié en son Conseil :

— Ces rebelles méritent une leçon ! S'il le faut, je leur enverrai une armée, ferai raser leurs villes, dévaster leurs marais salants et massacrer les meneurs !

Les habitants de La Rochelle, où avait débuté cette insurrection, tenaient à leurs privilèges qui dataient de la guerre de Cent Ans, alors que les Anglais occupaient leur pays, mais, face aux menaces du roi, ils avaient décidé de négocier. Le roi avait exigé qu'on lui livrât les rebelles pieds et poings liés, précédant un chariot contenant des sacs d'écus. François dit au maire de La Rochelle :

— Croyez-moi, mon ami, avec l'empereur Charles, cette affaire aurait été réglée dans le sang. Je suis fâché de ces incidents, mais je crois avoir gagné votre cœur. Foi de gentilhomme, je vous assure que vous avez gagné le mien. Retournez en paix à vos marais salants !

Au cours de ses séjours à Lyon, il s'était intéressé aux activités industrielles de cette ville, notamment celle de la soie. Il avait été sensible à une grève des ouvriers imprimeurs qui avait duré plus d'un an et que leurs confrères parisiens menaçaient d'imiter. Cette situation l'avait décidé à interdire les confréries ouvrières, jugées créatrices de désordre : une mesure draconienne qui n'eut pas mon agrément.

Par une ordonnance prise en 1539 dans son château de Villers-Cotterêts, il avait fait du français notre langue officielle, en place du latin, pour tout acte juridique ou administratif et donné obligation aux prêtres de tenir un registre des naissances et des baptêmes. Innovations d'importance et de grande sagesse, mais qui allaient faire grincer des dents gens d'Église, de robe, et latinistes de toute eau. Les oligarchies financières du style Semblançay furent étroitement surveillées et bridées.

Autre mesure qui m'agréait : l'Église se voyait contrainte de renoncer à ses excès en matière de persécutions. Peu à peu l'influence de la reine Marguerite de Navarre avait glissé des doutes dans l'esprit de son frère, sans ébranler ses convictions. Elle lui avait donné à lire les écrits du théologien Jean Calvin ; il les avait feuilletés avec attention, moi de même, et nous en avons parlé. Il convenait que tout n'était pas à rejeter dans ces idées nouvelles mais que rien au monde ne le ferait renoncer à sa

foi romaine ni mettre en danger la cohésion religieuse de son royaume.

Lorsque François me retrouve dans ma chambre
ou m'invite dans la sienne, il m'arrive de rallumer
la chandelle au cœur de la nuit en prenant garde
de ne pas l'éveiller, et de contempler cet homme
nu, à la poitrine velue, encore vigoureux, gisant
près de moi. Son visage a gardé quelque apparence
de sa jeunesse et une certaine majesté, avec son
front large, son nez proéminent marqué aux
narines d'une petite verrue, ses lèvres épaisses et
rouges, malgré des paupières fripées et rougeâtres,
sa chevelure et son collier de barbe grisonnants. Il
a gardé sous les bagues des mains fines et blanches
de joueuse de luth. Le sommeil le restitue à sa véritable nature, exempte des grimaces et des sourires
contraints par le rituel quotidien de l'apparat.

Nos rapports charnels sont devenus rares et sommaires, mais ni lui ni moi n'avons l'intention d'y
renoncer. Il me remercie parfois d'avoir pris des
précautions pour ne pas être engrossée, ce qui eût
dressé contre moi son épouse. Il hait les bâtards,
source de désordre.

Sa santé connaît des hauts et des bas. Dans ces
derniers cas, il lui arrive de s'épancher en colères
jupitériennes. Au cours d'un repas, j'ai vu les
convives qu'ils invectivait et humiliait prêts à glisser
sous la table.

Éléonore avait obtenu pour le roi le secours
du médecin-chirurgien du vicomte de Rohan,
Ambroise Paré, une sommité dans son art de

soigner les blessures de guerre, acquis dans les campagnes d'Italie et de Flandre. Après avoir examiné son patient, ce savant annonça un diagnostic surprenant et en fit une copie dont voici les termes sibyllins : *La tumeur du fondement s'engendre comme pour avoir été trop longtemps à cheval ou pour être tombé à chevauchons sur quelque chose de dur qui aurait contu et meurtri le fondement et les parties voisines d'iceluy.* Il ne nous apprit rien de plus, malgré l'insistance d'Éléonore à propos de la présence des abcès et les périodes de grosse fatigue. Ce savant se retira de mauvaise humeur sans promettre de revenir. Empêtré dans ce buisson d'hypothèses plus ou moins étranges, le roi se crut perdu et la reine se répandit en vociférations contre ces charlatans qui se moquaient de leurs patients comme d'une guigne. Elle soupçonnait le praticien d'être acquis aux idées des Réformés.

J'avais fini par gagner la confiance de Catherine. La petite Florentine cousue d'or avait espéré trouver en son époux une compensation à son état d'orpheline transplantée. Elle avait été déçue; Henri était retombé dans les bras de Diane, qui le tenait serré. Je ne partageais pas, cela va sans dire, les railleries de la Cour pour la *grosse Médicis* qui peinait à apprendre notre langue, vivait entourée de ses dames florentines et, de surcroît, ne pouvait se mesurer à sa rivale pour la séduction.

Je me fis une amie de Catherine le jour où, alors qu'elle se préparait à une chevauchée le long de la Loire avec ses dames, elle m'apprit à monter en selle *à l'amazone,* une pratique consistant à lier la jambe droite à la corne de l'arçon et à garder le pied gauche à l'étrier. Je m'y essayai et trouvai mon assiette mieux assurée.

Des mois avaient passé sans que la dauphine annonçât la grossesse que le roi attendait, et elle de même, la stérilité risquant de provoquer sa répudiation. Elle avait pourtant tout fait pour procréer : consultations d'astrologues, drogues et tisanes, examens des médecins de la Cour, sorcellerie, interdiction de chevaucher un mulet, espèce réputée inféconde... Cela jusqu'au jour où, toute fiérote, Catherine annonça à son époux qu'elle n'avait plus ses fleurs depuis trois mois.

En janvier de l'année 1544, la nouvelle attendue s'était répandue en Italie, jusqu'à Venise où notre ambassadeur avait écrit au doge Dandolo : *Madame Catherine est aimée et caressée par le dauphin, son mari. Le roi, la Cour, la population l'aiment aussi. Il ne se serait trouvé personne qui refusât de se laisser tirer du sang pour lui faire avoir un fils.*

Des rumeurs odieuses ont couru à propos de cette naissance, certains doutant de la légitimité du nouveau-né. Il est vrai que Catherine trouvait davantage d'affection auprès du roi que de son époux, mais je me refuse à agréer ces soupçons. Pour ne pas provoquer chez François une colère néfaste à sa santé, nous avons, Éléonore et moi, veillé à ce qu'il n'eût pas vent de ce que nous tenions pour une calomnie. Quoi qu'il en soit, le petit François était de sang royal. Pour le reste, Dieu en jugera.

J'ai rarement vu le roi en proie à une telle euphorie que ce jour de février de l'année 1544, date capitale pour la dynastie royale et le pays : le baptême de François, fils du dauphin et de Catherine. Pour donner plus de solennité à l'événement, le roi avait choisi le château emblématique de son règne, Fontainebleau, dont une aile était encore en chantier.

François m'avait confié sa volonté de donner à cette cérémonie un caractère symbolique et une magnificence exceptionnelle. Il souhaitait montrer au monde l'image d'un pays ayant atteint, malgré les agitations religieuses, une prospérité inégalée et incomparable en raison de saisons propices, de récoltes abondantes, de l'absence de guerre, de la stabilité dynastique et de la paix sociale.

Des ingénieurs parisiens avaient donné à la cour ovale l'aspect d'un théâtre antique, avec de vastes déploiements, au-dessus des tribunes, de vélums bleus constellés d'étoiles, de fleurs de lys et de salamandres. Le centre en était occupé par une pyramide à dix étages exposant le trésor royal : vaisselles d'or et d'argent, couronnes votives, châsses reliquaires, armes précieuses, quantité d'objets hérités d'anciennes dynasties... Cette montagne fabuleuse scintillait sous le soleil comme les trésors de Golconde. La garde royale en grande tenue, lance droite, entourait cette merveille.

La cérémonie se déroula suivant les rites traditionnels, le berceau somptueux entouré d'une foule d'ambassadeurs, d'ecclésiastiques, d'autorités civiles et militaires.

Un seul incident notable, dans lequel je me trouvai impliquée à mon corps défendant, troubla le début de la cérémonie. Une dame fort âgée et un peu dérangée m'avait bousculée pour prendre ma place, alors que je me trouvais proche de la famille royale, criant qu'elle avait été jadis l'amie de la favorite, madame Françoise, et que le roi l'avait honorée de ses faveurs. Saisie par deux archers, elle avait été jetée hors de la fête.

Nouvelle surprise l'année suivante : Catherine donna naissance à une fille prénommée Elisabeth, et n'allait pas s'en tenir là.

Ces événements heureux devaient être assombris par une affaire dont l'horreur me glaça le sang et fait encore trembler ma plume : le drame des Vaudois, dits aussi les Pauvres du Christ.

Personne, ni roi ni Cour ni population, n'eût été capable de dire qui se cachait sous le nom de Pierre Valdès. Quand je l'entendis pour la première fois de la bouche d'un gentilhomme provençal, je ne pus résister à la curiosité d'en savoir davantage sur ce mystérieux personnage.

Des recherches dans la Bibliothèque royale m'apprirent que ce Pierre Valdès avait vécu trois siècles avant le nôtre, à Lyon. Croyant sincère mais attentif aux voix de la raison, il avait placé sa foi en opposition avec celle de Rome, jugée avoir trahi les Évangiles et leur idéal de pauvreté. La réaction du pape ne s'était pas fait attendre : c'était l'anathème.

J'ai trouvé peu de choses sur la condition sociale de Valdès. Membre d'une riche famille de négociants, il avait, suite à la disparition d'un être cher, rompu avec sa famille, distribué ses biens aux mendiants et créé dans sa ville natale un phalanstère : les Pauvres du Christ de Lyon. Il incitait ses prosélytes à traduire les Saintes Écritures en langue vulgaire et à les répandre dans la population. Chassé de Lyon, Valdès dut, avec les adeptes de sa secte, se retirer dans les hautes vallées du Piémont ou dans le Luberon.

Les idées évangéliques de Valdès trouvaient un écho dans les sermons de François d'Assise ou chez d'autres rebelles à Rome : les Cathares. Les croyances de ces gens s'étaient répandues dans certains villages de Provence, où ils vivaient selon leur foi en s'adonnant à l'artisanat et à des activités rurales.

Jugeant insupportable cette provocation à la foi romaine, alors qu'il avait assez affaire avec les calvinistes, François avait sommé le Parlement d'Aix, l'année 1540, d'engager une procédure contre ces rebelles. Par l'arrêt de Mérindol, le premier président du Parlement d'Aix, Jean Maynier, avait annoncé des mesures de rétorsion d'une telle violence que François en avait suspendu l'application, accordant même à ces Pauvres un pardon conditionnel pour qui reviendrait à la vraie foi. Il avait été déçu, pas le moindre acte de contrition ne lui étant parvenu.

Informé de l'obstination de ces rebelles à se cantonner dans leurs erreurs, le cardinal de

Tournon, qui ne passait pas pour un tendre en matière d'hérésie, s'était indigné de la mollesse du roi à sévir. François détestait ce personnage mais ne pouvait oublier qu'il avait négocié avec succès la fin de sa captivité. Il avait invité ce féroce prélat à se faire entendre et avait retenu la leçon : les Pauvres du Christ, sous leur allure benoîte, s'allieraient un jour aux calvinistes et le roi aurait des soucis à se faire pour ses alliances avec le Saint-Siège et pour son trône.

— Il va falloir, m'avait dit François, brider cet abcès avant qu'il n'éclate et ne contamine notre pays. Je vais donc devoir, quoi qu'il m'en coûte, envoyer une armée mettre ces insoumis à la raison.

Outrée de cette décision, j'avais tenté de lui faire comprendre que ces Pauvres étaient certainement des gens paisibles vivant de leur travail, adversaires de la violence et ne faisant pas œuvre d'un prosélytisme effréné, contrairement aux calvinistes.

Il sortit de ses bottes et me jeta au visage en me secouant les épaules :

— Qu'en savez-vous, madame ? D'où tenez-vous ces sornettes ? Vous qui êtes passionnée d'histoire, souvenez-vous des Cathares et de leurs protecteurs, les comtes de Toulouse, qui ont massacré des prêtres venus les convertir ! À la vue de nos armes ces hérétiques tomberont à genoux.

— Et s'ils refusent, sire ?

— Je les ferai massacrer, tous, femmes et enfants compris. C'est mon devoir de roi et de chrétien. Madame, épargnez-moi votre pitié pour ces dévoyés !

Je ne reconnaissais plus mon maître. Il était devenu brusquement insensible au sort de ses sujets et se dressait contre eux l'arme au poing. Ce comportement me navrait. Il est vrai que les arguments fallacieux du cardinal l'avaient convaincu et que, d'autre part, il passait d'un accès de fièvre à l'autre, ce qui gâtait ses humeurs au point de le rendre sourd et aveugle à une situation dénaturée et amplifiée par la volonté de l'Église romaine.

Je fus moins frappée par le contenu de l'arrêt de mort des Pauvres du Christ que par le nom qui figurait au bas de ce document : celui du dauphin Henri, comme si François avait souhaité s'exonérer pour la postérité de cet acte criminel.

L'expédition punitive placée sous le commandement de Paulin de La Garde, composée d'un millier d'hommes, rejoignit les forces réunies par le Parlement d'Aix, sous le commandement de son président, Jean Maynier, baron d'Oppède : quatre mille volontaires et une centaine de cavaliers, comme pour une croisade, avec promesse de butin. Le vice-légat du pape, Trivulcio, y ajouta quelques centaines d'hommes. Le nombre de combattants excédait celui de la population des villages de Mérindol ou de Lourmarin.

Les nouvelles que j'allais recueillir à la chancellerie plutôt que dans le cabinet du roi, qui me battait froid, étaient consternantes.

Un véritable ouragan de fer et de feu s'abattit sur ces malheureux « hérétiques » qui n'avaient pour se défendre que leurs outils de métier et hésitaient à s'en servir pour ne pas trahir leur dogme. La consigne avait été : « Tuez-les tous, même les chiens et les chats ! » Les envahisseurs n'allaient pas bouder leur plaisir. En moins d'une semaine une trentaine de villages furent pillés, réduits en cendres, les habitants passés au fil de l'épée, égorgés ou pendus dans un délire de joie. On comptait des milliers de victimes. Les messages parlaient de femmes violées et éventrées, d'enfants sodomisés, de champs d'oliviers détruits, de récoltes saccagées, de bourgades incendiées... Une seule, Cabrières, avait refusé d'ouvrir ses portes et tenté de résister ; les canons en avaient fait une ruine.

L'expédition avait transformé en dix jours ces terres généreuses en un désert où pourrissaient au soleil vingt mille cadavres. Réfugiés dans les montagnes, de rares rescapés avaient trouvé asile en Suisse et en Piémont. J'ignore la réaction du roi à l'annonce de cette victoire déshonorante. La chancellerie lui avait-elle transmis les messages ? Je l'ignore. Il était alors à Fontainebleau, aux mains de ses médecins.

En apprenant cette croisade Marguerite avait quitté Nérac pour demander des comptes à son frère. Elle l'avait trouvé en compagnie d'un envoyé du Parlement d'Aix qu'au comble de la fureur elle avait insulté, cravaché et laissé une heure en prière, à genoux, pour l'inviter à se repentir. La réprobation du massacre avait été universelle, les seuls à profiter de ce drame étant les calvinistes, auxquels il avait donné une impulsion nouvelle.

Le roi, de retour au Louvre, ne dit mot à quiconque de cette tragédie, mais confia au dauphin le soin d'une enquête destinée à retrouver et punir les officiers qui avaient cautionné cette tuerie par des excès de zèle. Elle n'eut pas de suite.

À quelques mois de là je confiai à Éléonore mon intention de raconter par écrit cette infamie et de la joindre au mémoire que j'avais entrepris de rédiger sur le règne de mon souverain. Elle poussa de hauts cris et me fit promettre de n'en rien faire. Je la laissai dire, lui fis la promesse qu'elle m'imposait et me jurai de ne pas tenir parole.

Peut-être déjà en proie au remords, François n'avait pas fait un geste pour éviter l'agression dont le parlementaire aixois avait été victime. Il s'était contenté d'infliger une sévère admonestation à Marguerite avant de lui ordonner de repartir pour son petit paradis de Nérac et de ne plus se mêler de ses affaires.

Dans les dernières semaines de l'année 1546, après la malheureuse tentative de débarquement en Angleterre de d'Annebault et du capitaine Paulin, une ambiance paisible régnait entre nos deux nations. Et pour cause : la santé du roi Henry VIII donnait de sérieuses inquiétudes à sa Cour de Londres et à ses sujets. Il souffrait depuis des années de la goutte occasionnée par sa gloutonnerie et, devenu obèse, avait pris une allure monstrueuse dont Rabelais aurait pu s'inspirer pour son *Gargantua.*

François n'allait guère mieux. Passé la cinquantaine, l'esprit affecté par les drogues, électuaires et autres mystérieuses alchimies, il se consacrait de moins en moins aux affaires et, ce qui me paraissait symptomatique, ne lisait plus et n'écrivait plus de vers. Je le grondais lors qu'il s'abandonnait, consciemment ou non, à des attitudes de vieillard, dont il n'avait pas encore l'apparence. Il lui arrivait, à son Conseil, de somnoler et d'interrompre ainsi les travaux. Je regrettais ses rires tonitruants et même ses moments d'humeur froide ou violente, qu'il laissait s'épandre, quitte à s'en repentir.

Au moment des repas il acceptait que la reine lui tranchât ses viandes et les lui fît avaler, car sa main tremblait et il renversait son verre au moment de boire. J'imagine qu'il devait en être de même de son faux ami, le roi d'Angleterre, sauf que, fort heureusement, il n'en avait pas l'apparence. Ses médecins, qui ne le quittaient plus, nous confièrent que nous devions nous attendre au pire.

Il lui arrivait pourtant d'avoir des moments de répit. Un soir de printemps, à Fontainebleau, alors que je lui tenais le bras pour une promenade à pas lents dans la forêt, il s'était arrêté, comme fasciné, devant un amas de rochers et m'avait dit :

— C'est là que Charles, ce jeune fou, prenait plaisir à escalader à cheval ces blocs de pierre. Il aurait pu se rompre les os et perdre sa monture.

Il avait chassé de sa canne une vipère assoupie au soleil sur une pierre plate, pour s'asseoir. Il m'avait parlé de ses fils d'une voix entrecoupée de halètements, en les confondant parfois, avec une prédilection pour Charles, ce fils ingrat, ce *vaurien*, disant qu'il avait traversé sa vie «comme un nuage».

L'inimitié qui, depuis des années, avait fait de Diane et de moi des rivales, sinon des ennemies, avait gagné en intensité. Elle n'avait jamais toléré que le roi m'eût concédé une place de *conseillère* qu'elle eût volontiers assumée, alors qu'elle ne tenait ce rôle éminent qu'auprès du dauphin, lequel avait des pouvoirs limités dans l'ombre du maître. Elle me reprochait de ne tenir le roi que par les plaisirs charnels que je lui donnais. J'aurai du souci à me faire, me disais-je, le jour où François rendrait son âme à Dieu.

Excédée par les calomnies et les coups bas que Diane élaborait avec son clan, je priai un jeune poète champenois, Jean Voulé, de rédiger une diatribe contre la Belle des belles – ce qu'elle n'était plus depuis belle lurette. Je lui en dictai les termes sans la ménager, insistant sur sa denture et sa chevelure factices, ses premières rides, les fards orientaux dont elle abusait et ses bains de lait d'ânesse.

Je fis imprimer et diffuser ce pamphlet sous le manteau. La riposte n'allait pas tarder. Diane, par le même procédé, fit circuler une diatribe dans laquelle elle dénonçait mon inculture, ma sottise, mes ambitions démesurées, les faveurs que j'avais soustraites au roi et, ce qui me toucha au vif, elle donnait une liste plus ou moins factice de mes anciens amants.

Cet échange de diatribes, en remplaçant le duel prémédité naguère par ma rivale et que j'avais repoussé, nous a permis de vider notre querelle sans que nous eussions, moi du moins, à nous en féliciter. Une paix armée allait suivre, chacune aux créneaux et l'œil aux aguets.

J'en conviens : depuis mon entrée à la Cour, l'année 1526, comme favorite et maîtresse, deux fonctions auxquelles je m'étais préparée pour assurer ma fortune, j'avais été l'objet des attentions du roi, sous forme de petits cadeaux, parfois simplement une rose. Ses bienfaits s'étaient accrus, au point que j'en éprouvais autant de crainte que de fierté, des jaloux me harcelant de manière plus au moins ostensible. Je reçus un hôtel à Paris et le louai, un domaine en Picardie, que je confiai à un intendant, une baronnie puis une autre, des cens et des rentes... Si je l'en avais prié, il m'aurait offert le gouvernement d'une province ! Dès lors, la jalousie de Diane n'avait pas de quoi me surprendre.

Je confiai mon embarras à Éléonore ; elle me rassura.

— Ma petite, me dit-elle, ces scrupules vous honorent. Je suis comme vous-même un peu choquée par ces bienfaits dispendieux mais ne puis les reprocher au roi. Il est maître de ces biens et ne souffre pas que l'on conteste ses décisions d'en faire ce que bon lui semble. Vous jouirez un jour, dans un de vos domaines, de la retraite sereine que vous méritez.

Le scandaleux massacre des vaudois, loin de décourager les calvinistes, leur avait donné un essor nouveau. Plus rien, ni les arrestations ni les tortures ni le bûcher ni le gibet de Montfaucon, ne semblait pouvoir mettre un frein à leur zèle. Ils organisaient des défilés dans la rue, derrière leurs prédicateurs et sous leurs insignes. Je m'en montrai indignée. Autant, me disais-je, les Pauvres du Christ ne comportaient aucun danger pour le royaume, autant ces fous tentaient de provoquer une rupture de François avec Rome et l'incitaient à fonder une Église gallicane, à la mode anglaise.

Une exécution capitale, entre autres, avait ému la population.

Humaniste célèbre, esprit libre, non affilié aux réformés, Étienne Dolet avait effectué de nombreux voyages, notamment en Italie, où il avait enrichi ses connaissances en matière de philosophie et de religion. Installé à Paris puis à Lyon, il avait réalisé son rêve : une imprimerie baptisée, Dieu sait pourquoi, la «Doulouère d'Or». Par privilège royal, il put éditer ses contemporains, Clément Marot ou François Rabelais, ainsi que des traductions en langue française d'auteurs grecs ou latins. L'un de ses ouvrages : le *Christianus*, lui avait valu les foudres de l'Église et trois ans de prison. Libéré mais non repenti, il s'était lancé dans la publication d'œuvres, qui pour certaines niaient l'immortalité de l'âme et la résurrection. C'en était trop; un bûcher, place Maubert, fit taire cet hérétique. Il fut égorgé, puis brûlé, entouré de ses ouvrages. François, qui l'avait soutenu dans un premier temps, lui refusa sa grâce, ne lui pardonnant pas, entre autres, les textes pamphlétaires écrits en prison. Le royaume se privait ainsi du plus célèbre de ses lettrés et philosophes.

Creuset de la Réforme, la ville de Meaux avait eu ses martyrs. Alors qu'un négociant honorablement connu, Étienne Mangin, tenait chez lui une réunion de disciples de Calvin, les forces de l'ordre avaient fait irruption, jeté en prison, puis livré aux inquisiteurs toute l'assemblée. Avant d'affronter les flammes, Mangin avait eu la langue percée au fer rouge, ce qui avait été épargné à Étienne Dolet.

Ces comportements barbares qui se multipliaient à travers le royaume m'ont incitée à me poser des questions sur ma foi, toujours présente mais ébranlée. La pensée de Dolet m'intéressait par son refus de l'immortalité de l'âme et de la résurrection des corps, qui heurtaient ma raison. J'avais peine à croire que cette essence invisible et insaisissable mais dépendante de notre corps qu'était l'âme pût survivre à notre mort. L'image de la Résurrection, avec l'infinité des cadavres sortant de leur tombe par la grâce de Dieu, me choquait plus encore, de même que le dogme de l'Immaculée Conception ou de l'Eucharistie. Mes doutes étaient nés des longs entretiens avec Marguerite de Navarre et de la lecture de textes anciens ou contemporains, Dolet ou Rabelais, qui avaient donné à ma conscience des idées de liberté. Il ne manquait qu'un coup de pouce ou un souffle de vent pour que je bascule dans le schisme calviniste. J'y résistai, en proie aux crises qui se disputaient ma conscience.

Un matin, en se réveillant, François avait découvert sous un coussin de ma chambre les *Dialogues de Platon*, cadeau de Marguerite. Il s'était écrié :

— Madame, ainsi vous me cachez vos lectures ! Ignorez-vous que cet ouvrage aurait dû finir dans le grand autodafé de la Sorbonne ? Dites-moi qui vous l'a procuré, si vous ne voulez pas comparaître devant le tribunal d'Inquisition !

Comme je restais muette, il soupira :

— Ne me dites rien, j'ai compris. Il s'agit de Marguerite, cette exaltée ! Je vais devoir m'en expliquer avec elle. En attendant, voilà ce que je fais de votre Platon !

Il déchira le livre et le jeta dans la cheminée où le feu le dévora.

François avait trop d'affection et de respect envers sa sœur pour se brouiller avec elle à propos de cette bagatelle. D'ailleurs, quelle punition aurait-il pu lui infliger ? Son immunité de reine de Navarre la protégeait.

11

Dernières marches avant la lumière

Paris, année 1547

En janvier 1547, alors qu'il revenait, en compagnie du dauphin et de Catherine d'une promenade en barque sous le château de Blois, le roi avait reçu un messager de Londres lui apportant la nouvelle de la mort du roi Henry. Au débordement de joie qui avait soulevé son entourage, François avait opposé une sérénité olympienne.

Il m'avait fait à ce propos une confidence surprenante : il avait détesté ce sinistre personnage, faux allié et ami à éclipse, au point de parfois souhaiter qu'il s'effaçât de ce monde. Sa mort venue, il le regrettait, se souvenant des épisodes du camp du Drap d'Or, où ils s'étaient embrassés comme des frères.

— S'il avait fait abstraction de sa cupidité et de sa manie de changer de comportement au moindre caprice du vent nous aurions pu constituer une alliance inébranlable contre l'empereur. Il est mort. Paix à ses cendres.

Henry avait imposé à son royaume une paix religieuse que nous aurions pu lui envier. L'Église romaine, persécutée, avait fléchi devant les anglicans. Abbayes et couvents évacués par la force, leurs biens confisqués au profit de la Couronne et les bâtiments vendus à l'encan, nonnes et moines s'étaient réfugiés en Écosse, en Irlande ou en Flandre, afin de poursuivre leur mission dans la paix du Seigneur.

Le messager nous apportait quelques détails sur les derniers jours du tyran. Henry était devenu obèse au point d'avoir perdu sa liberté de mouvement. On avait entouré son abdomen monstrueux d'une large ceinture de lamelles métalliques et l'on usait d'un palan lors de ses déplacements. Pour faciliter son accès aux victuailles, il avait fait effectuer une large encoche à sa table. Pour comble, il avait contracté une maladie vénérienne que ses médicastres et ses sorciers gallois n'avaient pu éradiquer et qui le faisait atrocement souffrir. Le soir de sa mort, son visage monstrueux avait pris la couleur du bronze et son corps n'était que pourriture dont la puanteur décourageait les visites.

Edward, le fils qu'il avait eu de Jane Seymour, avait trouvé un royaume en piteux état financier, ce qui allait lui interdire de se ruiner dans une nouvelle guerre, et nous rassurer.

Diane n'avait cessé de me poursuivre de sa haine. Profitant de la maladie du roi, elle me poussait vers la disgrâce en usant de ses instruments favoris : médisance et calomnie. Elle avait tenté de me discréditer en évoquant une lettre que j'avais adressée à Charles Quint pour lui demander de négocier plutôt que de guerroyer. Y avait-il de quoi fouetter un chat? Le roi, d'ailleurs, avait été mis au courant. Sans se décourager, Diane avait fait état des mesures conciliantes que j'avais suggérées au roi, lorsque les troupes de l'empereur menaçaient la capitale, deux ans auparavant, mais François n'en faisait jamais qu'à sa tête. De guerre lasse, en comptant sur mes rapports affectueux avec Marguerite de Navarre, elle avait tenté de me faire passer pour une calviniste.

Ses calomnies à mon endroit trouvèrent dans une banale rivalité de cour une occasion de piétiner mon honneur. Cette affaire à rebondissements allait déclencher un vif mouvement d'intérêt dans l'entourage royal et dans la population parisienne.

Guy Chabot, seigneur de Jarnac, neveu de l'amiral, avait une querelle à régler avec François de Vivonne, seigneur de La Châtaigneraie. Leur rivalité tenait à des questions de préséance et de jalousie irréconciliables, n'ayant pour seule issue envisageable que le duel.

Jarnac avait épousé, six ans plus tôt, une de mes parentes ; son rival était un compagnon du dauphin et de Diane, ce qui était une bonne occasion de faire resurgir notre rivalité.

Je n'avais eu à ce jour que des rapports de parenté avec le sieur de Jarnac, mais Diane et le dauphin firent courir le bruit que j'étais sa maîtresse.

Chabot sollicita du roi l'autorisation de venger son honneur et le mien, mais François calma son ardeur et interdit le duel.

Quatre mois seulement après la mort de François, le 10 juillet 1547, ils purent s'affronter à Saint-Germain en présence de la Cour dans son complet, de la garde, et se livrer un combat mémorable par son intensité, sa violence... et sa brièveté. Ils combattaient farouchement depuis moins d'une heure quand Jarnac décida de mettre en pratique une botte enseignée par son maître d'armes, consistant à tromper son adversaire en le frappant au jarret. Le coup fut heureux ; La Châtaigneraie s'écroula en hurlant, et notre nouveau roi, Henri, déclara lutte close. Livré aux chirurgiens, le malheureux ne survécut que quelques heures, au milieu des lamentations du clan de Henri et de Diane. À la nuit tombée, il avait arraché sa charpie pour se laisser mourir et échapper à la honte.

À peine connue la nouvelle de sa mort, la populace avait envahi le château et pillé le festin que La Châtaigneraie, certain de sa victoire, avait organisé.

Diane était soutenue par la population qui, je dois en convenir, ne m'aimait guère, me reprochant de vivre en parasite sur le trésor royal et d'avoir une mauvaise influence sur François. Il m'arrivait parfois de songer à devancer les ambitions de ma rivale en me retirant dans mon château de Challuau, proche de Fontainebleau, mais les soins à donner à mon maître et notre attachement commun me l'interdisaient.

Je m'indignais du comportement de nombreux gentilshommes de la Cour qui, sans cesser de se distraire, gardaient la main à la garde de leur épée dans l'attente – l'espoir peut-être – d'un nouveau conflit qui mettrait fin à une stagnation insupportable à leurs yeux. S'ils avaient à ce point envie de se battre, me disais-je, qu'ils aillent s'engager dans les hordes de Soliman ou, si l'aventure les tentait, qu'ils s'embarquent pour le Canada !

Le comportement de l'empereur m'intriguait. Informé de la santé du roi, il aurait dû, en toute logique, susciter une nouvelle guerre qui lui eût été favorable, François étant dans l'incapacité de se porter à la tête de ses *légions*, le temps des héroïques chefs d'armée semblant révolu. Tantôt dans ses sinistres forteresses d'Allemagne et tantôt dans ses repaires des sierras espagnoles, Charles n'en manifestait pas l'intention. La mort de Luther, l'année 1546, l'avait soulagé sans mettre fin à ses tourments, Calvin ayant pris sa suite sans démériter. Ce fils d'un notaire de Noyon attaché au tribunal ecclésiastique de cette ville allait s'imposer comme un prophète schismatique, avec une rigueur dépassant celle de son défunt maître, interdisant à ses néophytes la musique, la danse et autres menus plaisirs.

La fin de ma « petite bande », groupe de soutien contre les agissements de Diane de Poitiers, n'eut pas l'apparence d'une cérémonie d'adieux ni la gravité d'un office funèbre. J'avais rassemblé gentilshommes, dames et serviteurs fidèles, qui m'avaient soutenue dans ma résistance aux attaques de *la Vieille*, dans mon hôtel, à deux pas du Louvre, pour un repas. La bonne humeur y était exigée, d'autant que nous jouissions d'une victoire : dans le camp de Diane il semblait que l'on eût mis bas les armes en raison de la mort présumée du roi, qui assurerait ses ambitions et celles du dauphin Henri.

L'ambiance fut chaleureuse, joyeuse, avec parfois des nuages d'émotion passant sous mes lustres à cinquante chandelles. J'avais confié au meilleur cuisinier du Louvre le soin de me concocter un repas à vingt plats avec force viandes délicates et pâtisseries glacées. Nous avons échangé des cadeaux et, jusqu'à la mi-nuit, je me suis étourdie de liqueurs fortes, de musique et de danse, distribuant baisers et câlineries à tout-va.

Nous avons eu la surprise, au cours du repas, de constater que deux souliers dépassaient le fond d'une tenture. Elle cachait un agent de Diane, ce dont un de mes comparses lui arracha l'aveu, un couteau sur la gorge. Je le fis mettre nu avant de le lâcher dans la nuit et le brouillard.

Ne pouvant faire confiance à mon époux pour l'administration de notre fortune et de nos domaines qui suscitaient tant de jalousie à la Cour et d'animosité dans le peuple, j'avais fait appel à un parent, Nicolas Bossut de Longueval, pour mettre de l'ordre dans nos affaires. J'avais entière confiance en ce gentilhomme fort compétent et, de plus, beau et élégant à ravir. Nous avions de fréquents entretiens dans mon cabinet, parfois à la chandelle. J'avoue avoir cédé à plusieurs reprises à sa séduction, sans l'ombre d'un scrupule, avec même un sentiment de vengeance envers François qui, à chaque rémission de sa maladie, donnait à d'autres que moi des preuves de son inépuisable virilité.

Reprenant goût aux jeux du déduit, je confesse n'avoir pas été insensible aux avances d'un gentil-homme de vingt ans, Christian de Nançay, capitaine de la garde royale. Une nuit, alors que je me trouvais en présence du roi au château de Madrid, dans le bois de Boulogne, il avait glissé sous la porte de ma chambre un billet en forme de vers, fort bien trous-sés, ma foi. Je ne sais comment François fut informé de cette passade : Christian avait manqué notre troisième et dernier rendez-vous nocturne sans m'en donner la raison. J'appris qu'il avait été envoyé d'urgence à Mézières avec une centaine de lanciers, contre les Bandes Noires, qui avaient fait leur réapparition. De longtemps, je n'eus plus de nouvelles de lui, une flèche partie d'un buisson lui ayant traversé le visage. Peut être le dernier exploit de notre Diane chasseresse ! J'aurais dû lui en savoir gré. J'aurais risqué, avec cet Adonis, de m'engager dans une passion aux conséquences redoutables pour moi.

J'ai rarement tenu compte de l'opinion des gens de cour et de la populace à propos de mon com-portement et de ma condition, qui m'exposaient à la malveillance. Il en avait été de même pour Françoise de Châteaubriant, qui, à ma connais-sance, en avait souffert. Moi, cela me laissait indiffé-rente, bien que mon règne dans l'intimité du roi touchât à son terme.

Si je n'ai pas toujours résisté à l'attirance que le sexe fort exerçait sur moi, en dehors du roi, je me suis toujours armée de prudence et de discrétion, si bien que la liste de mes aventures galantes serait courte et fastidieuse, contrairement à beaucoup d'autres femmes qui clamaient avec indécence leurs victoires. Ne pouvant oublier que Clément Marot avait parlé de moi comme d'une «presque reine», je me devais d'observer une retenue dans mes plaisirs. Une phrase de l'Ecclésiaste, *Vanitas vanitatum et omnia vanitas*, me revient en mémoire, alors que je ne vais pas tarder à mettre un terme à ce mémoire. Qu'en adviendra-t-il? Qui songera à donner ce témoignage à un imprimeur, et quels lecteurs pourraient s'y intéresser? Obtiendrait-il seulement l'imprimatur? De toute manière, quand Dieu le jugera bon, j'aurai fini de traverser ce brasier ardent que fut ma vie avec mon roi, et plongé dans la nuit, comme une salamandre.

Au début de l'année 1547, la santé du roi s'était détériorée et, semblait-il, de façon irréversible. Celui que le Rosso avait peint à Fontainebleau en empereur romain et que l'on comparait à Hercule, un demi-dieu, n'était plus qu'une apparence de squelette incapable ou presque de tenir sur ses jambes. Il ne semblait reprendre vie que lorsque, tenaillé par la douleur, il gémissait ou nous injuriait. Je remercie Dieu de nous avoir épargné une nouvelle guerre. Avec un monarque malade, une armée désorganisée, une hiérarchie militaire médiocre et

des rivalités au sein du Conseil, le premier engagement nous eût été fatal.

Un temps de rémission de quelques semaines,
peu avant Noël, m'avait rassurée. François avait
tenu, non sans une certaine arrogance, à proclamer
qu'il était maître de ses facultés physiques et mentales, et que le temps n'était pas encore venu de pil-
ler ses dépouilles. Je ne fus pas conviée à partager
ses nuits, sinon pour lui préparer ses tisanes et le
mener aux nécessités.

Je tiens à démontrer que mon titre de *presque
reine* n'était pas que du vent. M'étant tenue informée depuis longtemps des affaires du royaume,
sans prendre de décisions, cela va sans dire, j'avais
démasqué, grâce à ma vigilance, en matière de
finances notamment, malversations et bévues.
Nos agents en Angleterre, en Italie, et auprès des
princes allemands, m'adressaient parfois des plis
séparés pour me témoigner leur sympathie, et nos
ambassadeurs m'adressaient, plutôt qu'au dauphin,
des lettres évoquant leurs rapports plus ou moins
intimes avec les sociétés étrangères. Loin de m'en
vouloir, François disait que je lui rappelais sa mère,
la bonne madame Louise, qui agissait de même.

Obsédée par les conséquences qu'auraient pour
moi la mort du roi, deux hypothèses s'imposaient :
mon maintien à la Cour grâce à l'appui de la reine
qui m'affectionnait, quitte à subir les avanies *à l'anglaise* de Diane et du nouveau souverain, ou partir.

Sa période de rémission close, je ne quittais plus
François. Il souffrait moins qu'auparavant mais son
caractère était devenu exécrable, surtout quand il

occupait son cabinet de travail où j'avais un accès permanent. Il m'accablait de sarcasmes mais, dès que je m'absentais quelques heures, il réclamait ma présence.

Peu avant la Nativité, à Fontainebleau, il m'avait dit entre son bol de tilleul et sa pastille de drogue, en me tutoyant, comme aux beaux jours :

— Ma mie, ma sœur, ma compagne des bons et des mauvais jours, ce Noël sera pour moi le dernier. Je tiens à ce que tu y assistes au milieu de ma famille, dans l'intimité, quoi qu'il t'en coûte. Ne me refuse pas ce dernier plaisir.

— Sire, lui avais-je répondu, vos vœux seront exaucés, et je vous assure que je ne ferai rien qui puisse gâter cette fête.

J'avais obtenu un entretien avec le dauphin afin de l'informer des intentions de son père. Il avait hoché la tête d'un air grave et m'avait assuré qu'il ferait la leçon à Diane ; elle semblait avoir fait, durant cette semaine sacrée, litière de son agressivité, au point que nous nous étions diverties, avec Catherine, à préparer les poulardes truffées. Tout s'était passé pour le mieux, tant à la messe qu'au cours du repas. Nous avons entonné en chœur des cantiques de la Nativité et Diane nous a régalés de quelques airs de luth.

Le lendemain, alors que la neige marquait un répit, François nous avait stupéfiés en nous annonçant qu'il ne pouvait résister à la tentation d'aller chasser le cerf à Rambouillet, domaine d'un capitaine de sa garde, d'Angennes, qui l'y avait invité. Nous l'avions mis en garde contre cette dangereuse équipée alors qu'il faisait un froid à pierre fendre, mais autant s'adresser à un mur. Il partit en litière quelques jours plus tard, accompagné de son grand fauconnier et de quelques veneurs, dans l'espoir, s'il manquait le cerf, de ramener lièvres ou oiseaux.

L'état de François s'étant aggravé subitement, ses proches accoururent à Rambouillet. Ses médecins le contraignaient à rester alité, même pour satisfaire ses besoins. Il ne s'exprimait que pour se plaindre, ordonnant qu'on le laissât mourir en paix. J'ai appris que son apostume avait crevé, répandant une odeur putride, et que, selon ses médecins, cela ne laissait aucun espoir de guérison.

Le dauphin s'est conduit de manière infâme en apprenant cette nouvelle. Il a fait une brève visite au malade, un mouchoir sur le nez, disant que cela sentait fort mauvais, et sans adresser un mot au grabataire. Diane elle-même s'y est risquée mais a défailli sur le pas de la porte, et dans mes bras. L'ambassadeur de Venise a confié à la reine sa certitude qu'après la mort de son père Henri reprendrait les armes contre l'empereur à la moindre occasion.

Je me suis armée de courage et d'abnégation pour assister seule, la reine et le dauphin s'étant abstenus, à une intervention délicate opérée par deux chirurgiens et des infirmiers. Armés de scalpels, de lancettes et de pinces, parlant fort, avec parfois des rires ou des jurons indécents lors d'une maladresse, ils semblaient partager un funèbre repas. J'étais sur le point de les chasser quand l'un d'eux m'a annoncé que l'opération était terminée et que le malade était entre les mains de Dieu. Avait-elle réussi ? Y avait-il un espoir d'amélioration ? Je n'en ai rien su.

Le 30 mars, alors que je somnolais, épuisée, au chevet du roi, ma petite servante, Thérèse, occupée à lui préparer un dictame, m'a secoué l'épaule en criant :

— Madame, le roi délire et veut se lever.

Je me suis ruée vers mon malade pour tenter de le maîtriser, mais il s'agitait avec une telle violence que j'en ai reçu des coups, et Thérèse de même. Nous sommes parvenues à le faire tenir assis au bord du lit sans qu'il cessât de déblatérer :

— Tudieu ! La Palice, qu'attendez-vous pour faire donner votre cavalerie ? La droite ennemie est en train de fléchir ! Bonnivet, maintenez votre pression ! Et toi, mon brave Galiot, fais donner ta mitraille ! La victoire est à nous, mais, nom de Dieu, que font mes Suisses ?

Ce pauvre moribond revivait ses batailles de Marignan ou de Pavie, je ne sais, avec des gestes nerveux des bras. Je l'ai laissé, tantôt riant, tantôt grimaçant, épancher ses nostalgies d'une voix qui retrouvait le ton du commandement.

Soudain il a poussé un râle profond et s'est abattu sur sa couche, bras écartés, une salive sanguinolente aux lèvres. Je l'ai cru mort; il respirait encore, avec des glaires dans son souffle.

Le lendemain, après une nuit étrangement calme, François a demandé à réunir les plus fidèles de ses gentilshommes. Je les ai trouvés en attente dans le cabinet attenant à la chambre. Il s'est redressé contre ses oreillers, et, leur tendant sa main à baiser, a murmuré :

— Mes compagnons, mes amis, mes frères, soyez témoins du pardon que je demande au Tout-Puissant pour mes fautes et mes péchés. Je n'attends plus de vous que des prières pour la sauvegarde de mon âme.

Il m'a demandé ensuite de lui amener le dauphin, qui se trouvait avec Catherine sous la galerie. Henri, à genoux, comme en prière, a entendu son père lui dire d'une voix affaiblie :

— Mon fils... ma vie touche à son terme... J'aimerais laisser mon royaume... aux mains d'un prince sage et compétent.

Son visage s'est déridé quand il a ajouté :

— Cessez donc de pleurer, monsieur le dauphin ! Cela n'est pas digne de vous. Sachez que je meurs content.

Prévenue de la mort imminente de son frère, Marguerite est arrivée à Rambouillet le lendemain, alors que l'on venait de donner l'extrême-onction au mourant à demi conscient. Ils se sont tenus longtemps embrassés, Marguerite lui parlant à voix basse, à l'oreille. Je n'a rien perçu de ses propos, mais le roi a gardé une mine sereine.

— Mon neveu, a-t-elle dit à Henri, ton père est mort en bon chrétien. Il a tenté de me parler, mais je n'ai retenu que ce nom qu'il a répété : «Jésus».

Marguerite a fermé les yeux du mort puis a fait évacuer la chambre pour la toilette funéraire à laquelle j'ai prêté la main. J'ai eu pour la dernière fois devant moi le corps amaigri, dénudé, de

François où les cicatrices de la guerre se mêlaient à celles des chirurgiens.

— Il paraît plus grand encore que debout, m'a dit Marguerite, et même il semble sourire.

Je n'ai pu assister à la vêture du défunt selon le rituel. La fatigue et l'émotion m'ont fait subir une défaillance qui m'a privée de conscience plus d'une heure. Je me suis retrouvée dans ma chambre, Thérèse à mon chevet, une tasse à la main. Elle m'a appris que le dauphin avait tenu à assister aux soins post mortem, qu'il avait eu la même réaction que moi, Diane se lamentant à son côté. En émergeant de sa faiblesse, il avait fondu en larmes, disant qu'il avait été un fils ingrat et indigne de succéder au plus grand roi de la chrétienté.

— Il m'a paru, m'a dit Marguerite, sincèrement malheureux. Je crois qu'il exagère ses défauts et ses fautes, et n'a pas conscience de ses capacités. Je le connais bien et suis persuadée qu'il régnera en bon souverain, s'il sait contenir sa violence naturelle. Quant à ses rapports avec sa belle-mère, la reine, ils m'inquiètent. Il semble ne voir en elle que la sœur de l'empereur, c'est pourquoi il la déteste.

La lettre que le nouveau souverain a adressée à la reine Éléonore, quelques jours plus tard, est un modèle d'hypocrisie. Il regrettait la rareté et la brièveté de leurs rapports et ajoutait qu'*il se considérait comme son fils, humble et obéissant.*

En prenant connaissance des rapports des chirurgiens chargés de l'autopsie de François, quelques heures après sa mort, j'ai été prise de pitié et d'horreur devant la trivialité des expressions.

— Madame, m'a dit le chirurgien Jean Farrel, sommité dans sa discipline, j'ai retrouvé dans l'estomac du défunt un apostume. Les rognons étaient gâtés, les entrailles corrompues et les poumons délabrés. De plus j'ai découvert un chancre dans le gosier...

J'arrête l'énumération de ces détails écœurants qui laissent penser que la dépouille de François n'était que pourriture et que seul un miracle aurait pu prolonger ses jours.

J'ai assisté à la dépose du corps, visage découvert, dans un cercueil en bois de cèdre réputé imputrescible, mais non aux visites dans l'abbaye de Haute-Bruyère, proche de Rambouillet, où il allait demeurer, sujet à une vénération intense, jusqu'à Pâques. De là, le corps a été transféré au domicile parisien du cardinal Jean du Bellay.

C'est en ces lieux tendus de noir que je lui ai fait une dernière visite. Je l'ai trouvé allongé sur un lit aux draps brodés d'or, fascinée par son visage reconstitué à la cire de couleur et criant de vérité. Dans la clarté des cierges de cire rouge posés aux quatre coins de l'estrade, un sourire se dessinait sous ses moustaches grises.

J'ai été scandalisée par les soins, relevant d'un rite païen, apportés au cadavre par des officiers de bouche. Chaque jour, à deux reprises, ils déposaient à son chevet la teneur d'un repas ordinaire, en quelque sorte pour témoigner d'un défi à la camarde. Plus surprenant encore : la durée de ce cérémonial, au moins deux semaines, ce qui a permis à tout Paris et à des visiteurs venus de la province et de l'étranger de lui présenter un dernier hommage.

À la suite d'une messe solennelle à Notre-Dame, célébrée par l'évêque, l'inhumation a eu lieu dans la crypte royale de l'abbaye de Saint-Denis. La dépouille du roi a rejoint celles de ses chers disparus : madame Louise, la reine Claude et leurs enfants. J'avoue que le courage m'a manqué, alors que s'ébranlait l'immense cortège : je n'aurais pu supporter cette longue marche et affronter la pluie. Henri a fait de même : il a assisté au départ de sa fenêtre, une tradition immémoriale interdisant sa présence dans le cortège.

Ces événements et ces émotions m'ont épuisée au point que j'ai décidé de prendre du repos dans un lieu agreste : mon château de Limours, dans le Hurepoix, éloigné des convoitises de Diane. Il se dresse au cœur d'une immense forêt où des multitudes d'oiseaux célébraient, à mon arrivée, le retour du printemps. Je n'ai confié cette décision qu'à Éléonore. Un souvenir m'a obsédée durant tout mon séjour. C'est dans cette agréable résidence nouvellement construite grâce à la générosité de François que, pour la dernière fois, il m'avait invitée à partager sa couche, par une nuit pleine d'étoiles et de brise tiède. J'ai fermé la chambre à double tour en me promettant de ne la jamais rouvrir.

Je ne suis restée que peu de temps à Limours, ne souhaitant pas laisser croire à une humiliante retraite. Il va sans dire que je n'ai pas été conviée aux

cérémonies solennelles qui ont marqué le couronnement de notre nouveau souverain, en la cathédrale
de Reims, si bien que je ne saurais qu'en dire.
L'emblème royal du croissant de lune succédait à la
salamandre. Je réapparus à la Cour peu après.

Éloignée de ma famille et de mon époux, le comte
de Brosse n'ayant pas de descendant, je jouissais
d'une aisance que beaucoup m'enviaient et d'une
parfaite liberté de vie. N'étant pas exclue de la
compagnie des dames d'Éléonore, ma présence
à la Cour n'avait rien de choquant et m'évitait la
hantise de cette épée de Damoclès : un décret royal
d'éloignement.

Je me suis attachée à me montrer discrète, renon-
çant même aux cérémonies et aux grands repas,
comme si j'étais disposée à signer ma propre disparition. Quant à la reine Catherine, j'ai appris par
une dame de sa suite qu'elle souhaitait poursuivre
avec moi des rapports de confiance.

Consciente que Catherine ne pouvait poursuivre sa vie dans l'ombre de son époux et qu'elle
aurait un jour droit à la parole, Diane s'est rapprochée d'elle pour s'en faire une alliée dans une
Cour qui ne prise guère son caractère autoritaire
et ses caprices. Le royaume va donc être sous la
coupe d'un pouvoir tricéphale : le roi, son épouse
et la favorite.

Un matin, alors que je séjournais à Challuau,
un message de Henri m'informa qu'il souhaitait
me rencontrer. Je me dis que les dés étaient jetés et
que le temps était venu de m'effacer.

Moite d'émotion, j'ai été reçue sans avoir à faire le pied de grue dans son cabinet particulier du Louvre. Il m'a fait signe de m'asseoir, lui évoluant d'un meuble l'autre, visage long, triste, méditatif. En se pinçant les lèvres, il s'est assis d'une fesse sur un coin de table et me dit en balançant nerveusement sa jambe :

— Madame la duchesse d'Étampes, je me dois de respecter les dernières volontés de mon regretté père, notamment pour ce qui concerne sa vie privée, et vous donc. Si bien que vous pouvez rester parmi nous.

— Sire, lui ai-je répondu en assurant ma voix, je vous suis reconnaissante de votre proposition. Elle m'agrée. Cependant...

— Dites donc, madame, et considérez-moi comme un ami.

— ... puis-je voir l'assurance que je ne serai pas traitée comme une pestiférée ?

— Diable ! madame, je m'y opposerai et ferai même en sorte de reprendre nos rapports, trop rares à mon goût. Je ne puis oublier que vous avez été, comme dit Clément Marot, une *presque reine* et que vous avez eu sur mon père une influence bénéfique. Je vais donc veiller à ce que votre pension vous soit réglée comme par le passé et que votre présence soit requise pour nos fêtes et cérémonies. À moins... à moins que vous ne souhaitiez nous quitter, ce que je regretterais.

— Sire, je ne puis vous promettre de jouir de votre hospitalité jusqu'à la fin de mes jours, mais cela m'agrée. Je vous en remercie, au nom d'un roi que je n'ai jamais trahi.

Il a repris sa position normale et m'a baisé la main.

Diane n'avait pas désarmé. J'imagine leur algarade lorsqu'il lui a fait part de sa décision sans l'en prévenir. En apparence, Henri passait pour un souverain autoritaire, mais, en réalité, c'était un être faible, souvent prêt à rompre les armes devant la volonté de la favorite, ce qui me laissait craindre un revirement du roi et ma disgrâce, ce qui ne tarda pas.

J'appris à quelque temps de là que le roi, occupé à reprendre la guerre contre l'empereur, avait un besoin urgent de subsides pour préparer sa campagne et solder ses armées. Il m'a adressé un message amphigourique pour me faire comprendre qu'il me saurait gré de me défaire d'un présent de François : un diamant de valeur inestimable. Ce qu'il a oublié de me dire, c'est qu'il me faisait cette requête de par la volonté de Diane, que ce diamant fascinait et qu'elle revendiquait. J'ai souhaité m'exempter de ce sacrifice mais Éléonore me l'a déconseillé, un nouveau conflit avec la favorite risquant de provoquer mon renvoi. J'en eus le cœur ulcéré, moins de la valeur du bijou que du souvenir du donateur.

J'ai pu, dans les temps qui ont suivi, constater le manque de fiabilité du roi. Il n'avait pas cessé de me faire verser ma pension mais ignorait ma présence. Pour comble de malheur, je perdis le service de Nançay. Réapparu après sa grave blessure à la tête, il avait repris sa cour assidue, mais n'étant pas parvenu à ses fins, il avait disparu de nouveau en emportant ma cassette contenant quelques écus et une poignée de testons. Je regrettai ses services et nos rendez-vous nocturnes, mais, baste ! j'avais encore assez d'énergie pour gérer mes biens, maîtriser ma libido et poursuivre l'écriture de mes Mémoires.

Pendant plus de dix ans, j'allais être victime de la vindicte de Diane, Henri s'acharnant à me déposséder de mes biens et à éloigner de la Cour les fidèles de mon *clan*, montrant par là sa servitude à l'égard de sa maîtresse. Il s'en prit aux biens que j'avais en commun avec mon époux, qu'il accusait d'avoir tenu des propos malsonnants vis-à-vis de Diane. Pour nous châtier il nous enleva les seigneuries d'Étampes et de Chevreuse pour en doter Diane. Toujours à court d'argent, il m'avait sommée de lui remettre la quasi-totalité de mes bijoux ainsi que mon hôtel parisien et mes domaines de Limours, de Grignon et de Beynes. À la pensée de voir Diane faire étalage sur sa peau fripée de mon or, de mes diamants, et se pavaner dans les châteaux que François m'avait offerts et où je comptais faire des séjours agréables, je regimbai et menaçai Sa Majesté d'avoir recours au Parlement pour mettre un terme à ce pillage. Par respect sans doute pour la mémoire de son père, Henri finit par renoncer à certaines de ses prétentions. Je pus conserver mes domaines d'Angervilliers et Challuau, chers à mon cœur.

La Cour, l'année 1548, était dans un état d'agitation frénétique en raison de la reprise des hostilités.

Avant de s'affronter à l'Empire, Henri avait envoyé une armée reprendre Boulogne aux Anglais et, emporté par son élan, avait jeté une autre armée sur le marquisat de Saluzzo, en Piémont. Après ces promenades militaires, il avait poursuivi ces prémices de guerre ouverte en signant avec les princes protestants d'Allemagne, à Chambord, un traité lui donnant les villes fortes de Metz, Toul et Verdun. Il avait tenu à en prendre lui-même possession, au cours d'un agréable *voyage d'Allemagne.* C'était, je dois en convenir, un beau succès diplomatique.

Ces nuages qui s'amoncelaient furent traversés par une éclaircie : le mariage, en 1558, du dauphin François avec la princesse d'Écosse Marie Stuart, fille du défunt roi Jacques et de Marie de Guise, en partie donc de sang français. Le roi a décidé de me confier le protocole des cérémonies concernant les costumes, en me conseillant d'éviter les excès par mesure d'économie, et les extravagances pour ne pas choquer l'austère cour d'Édimbourg. J'ai accepté et me suis retrouvée en présence du duc Anne de Montmorency, notre connétable, qui avait en charge la responsabilité de l'événement. L'inimitié s'était depuis longtemps installée entre nous mais il avait trop à faire et moi de même. Henri avait dû sermonner sa favorite car, si elle était aussi affectée au choix des étoffes et à la confection des toilettes, je n'ai pas eu à supporter sa nature tyrannique.

Le roi nous a fait une brève visite et s'est montré satisfait.

— Madame la duchesse d'Étampes, m'a-t-il dit, je vous trouve une petite mine et me refuse à croire que la mission que je vous ai confiée affecte votre santé. S'il en était ainsi, je ne saurais vous l'imposer plus longtemps.

Je le rassurai, disant que ma pâleur cachait une énergie à toute épreuve. De plus, ce travail me plaisait, et madame Diane et moi entretenions d'assez bons rapports. Il a souri et m'a baisé le poignet en évitant le peloton d'aiguilles.

Je n'ai pas menti en parlant à Henri de mon énergie. À presque cinquante ans, je ne me ressens ni la fatigue ni les maux relatifs à mon âge. Passé le temps où ma présence à la Cour était jugée inopportune et sujette à la crainte permanente d'un renvoi, j'ai navigué sur une mer exempte de tempêtes et de récifs. Il s'est même trouvé des galants qui, en manque d'affection ou d'amour, se sont intéressés à moi. J'ai repoussé leurs avances et les mirages qu'ils évoquaient d'une cohabitation à long terme.

L'année 1555 a été marquée par un événement qui allait bouleverser l'Occident. L'empereur Charles, épuisé par la maladie et un règne éprouvant, annonçait son abdication au profit de son fils, Philippe, qui recevait l'Espagne et les Deux-Siciles. Il abandonnait à son frère, Ferdinand, ses États autrichiens, sa couronne impériale, et se retirait au couvent de Yuste, dans les montagnes d'Estrémadure où il allait rendre son âme à Dieu, à l'automne de l'année 1558.

La guerre avait repris entre Henri et Philippe II, allié de l'Angleterre, avant même que Charles Quint n'eût annoncé son abdication. Malgré la trêve conclue entre les deux nations, à Vauxelles, le duc de Guise avait envahi le royaume de Naples.

Après des expéditions marquées pour nos armées par des défaites sanglantes, les deux maîtres du continent allaient faire la paix au Cateau-Cambrésis, l'année 1559, l'un et l'autre convaincus de l'inutilité et du coût exorbitant de la guerre, et conscients qu'il valait mieux porter leurs efforts communs pour juguler l'hérésie calviniste.

Pour célébrer cette paix inespérée, les deux souverains étaient convenus de deux mariages, qui auraient lieu à Paris. Philippe II épouserait Élisabeth, fille de Henri et de Catherine, et le duc de Savoie, une autre fille de France, la princesse Marguerite, sœur de Henri. Ce double mariage, unique dans notre histoire, allait être l'objet de grandioses cérémonies, de fêtes somptueuses et de tournois mémorables – ô combien !

La capitale exulta lorsque le roi eut manifesté son intention de prendre part au tournoi qui mettrait fin aux festivités. Alors que j'ajustais sa toilette en compagnie de Diane, la reine nous confia qu'elle avait été la proie d'un cauchemar la nuit passée, comme chaque fois qu'il partait en guerre.

— J'ai été réveillée, nous a-t-elle dit, par une image horrible : le visage de mon époux, sanguinolent. Ce matin, je l'ai conjuré de renoncer à cette joute. Il m'a ri au nez. Vous, madame Diane, qui avez tant d'influence sur lui, faites de même. Il vous écoutera certainement.

— C'est ce que j'ai fait, madame, lui a répondu
Diane, mais je me suis heurtée à un mur.
Cependant, cessons de nous alarmer. Le roi est la
meilleure lance de tout le pays et sa santé est sans
défaut. D'ailleurs ce duel sera plutôt un spectacle
dont le vainqueur est connu d'avance et vous
savez qui.

Henri avait fait le choix de son rival : le capitaine
de sa garde écossaise, Gabriel de Lorges, comte de
Montgomery. Le roi portait en cette occasion les
couleurs de sa favorite : le blanc et le noir.

J'étais présente sur la tribune royale quand des
sonneries de trompettes annoncèrent l'ouverture
de la joute dans une lice, rue Saint-Antoine, près
des Tournelles. Elle fut âpre, mais sans excès,
Montgomery ne pouvant décemment se montrer
supérieur à son maître. Soudain des cris jaillirent
de l'assistance lorsque nous vîmes le roi lâcher
sa lance, chanceler sur sa selle et vider les arçons.
À la suite d'une manœuvre maladroite, la lance de
Montgomery avait crevé un œil du roi et s'était
enfoncée dans sa cervelle.

Je me précipitai vers la reine qui venait de perdre
connaissance, tandis que Diane, comme en proie à
un délire mystique, agitait ses bras en poussant des
cris d'orfraie, au milieu d'un désordre et d'un
tumulte hallucinants.

Le meilleur chirurgien du roi, Ambroise Paré,
était présent. Je le vis se ruer dans la lice, faire
ouvrir le casque d'où jaillit une gerbe de sang
et l'entendis réclamer une civière. Le corps fut
transféré aux Tournelles pour les premiers soins

consistant à arracher le fragment de bois de l'orbite : opération difficile et dangereuse, le roi étant encore en vie mais inconscient. C'est à la force du poignet que le chirurgien acheva son opération. La terrible agonie allait durer plusieurs jours.

Soucieux de pousser plus loin son intervention, Ambroise Paré avait fait venir de la prison du Châtelet les têtes de trois condamnés à mort hâtivement décapités, sur lesquels il se livra à une expérience atroce : à l'aide d'un maillet il leur enfonça dans l'œil une écharde, sans rien apporter de convaincant. Plus rien ne pourrait sauver le roi. Convoqué à assister à cette opération, le dauphin François vomit et perdit connaissance.

Devenue veuve, la reine Catherine avait laissé éclater le ressentiment des humiliations subies depuis son entrée à la Cour, notamment de la part de Diane. Elle lui fit tenir un message par lequel elle lui signifiait son bannissement, l'ordre de se retirer dans son château d'Anet, œuvre de Philibert de l'Orme, entre l'Eure et la forêt de Dreux, cadeau de son royal amant, et l'interdiction de reparaître à la Cour.

Si la retraite de la favorite avait causé quelques mouvements d'émotion à la Cour, en revanche le peuple exultait, lui reprochant d'avoir mis en coupe le trésor royal alors qu'il criait misère. Elle aurait volontiers envoyé sur l'échafaud Montgomery, le meurtrier du roi, mais notre nouveau souverain s'est borné à lui retirer son titre de capitaine de la garde. Contrairement à moi, elle a pu conserver la plupart de ses domaines. Devenue fanatique, elle a soutenu les exactions des catholiques, avec l'appui armé du connétable Anne de Montmorency, contre les réformés et la reine Marguerite.

Diane, dans son château d'Anet, s'est attachée à reconstituer une ambiance de cour, s'entourant de gentilshommes, d'artistes et d'écrivains et menant la vie à grandes guides. Je ne sais si elle accueillit le poète Pierre de Ronsard, qui venait de constituer sous le signe d'Orphée une sorte de phalanstère de poètes : la Pléiade. Toujours est-il qu'il fréquentait la cour de France, où je l'ai maintes fois rencontré. J'ai marqué envers lui quelques réserves, non parce qu'il est laid et sourd, mais parce qu'il détestait les protestants au point d'en souhaiter le massacre général, comme il l'écrit dans son livre *Discours*. Au demeurant, je dois en convenir, c'est le meilleur de nos poètes, et je relis fréquemment et avec plaisir les *Odes* et *Les Amours de Cassandre*.

Le règne du jeune roi François, deuxième du nom, allait être d'une extrême brièveté, et sa mort, encore adolescent, l'année 1560, ne souleva guère d'émotion. C'était un garçon falot, pâle et maladif. Incapable de tenir les rênes du pouvoir, il les avait laissées aux mains du duc de Guise et de son frère Charles, le cardinal de Lorraine. Ses rapports avec son épouse, cette jeune harpie rousse et virevoltante comme une toupie, Marie Stuart, n'ont été qu'une suite de chamailleries dont la première à souffrir fut la reine Catherine et dont je fus le témoin affligé.

La retraite de Diane de Poitiers préfigurait la mienne. Ma présence à la Cour n'avait plus sa raison d'être. Sans amours, sans relations et sans espoir d'en acquérir de nouvelles, je vivotais comme une algue au fil du courant. La reine Éléonore décédée l'année qui avait suivi la mort de Henri, c'est à Catherine, la seule à me garder quelque sympathie, que j'exposai les raisons de mon départ qui, Dieu merci, n'avait rien d'une exclusion. Elle parut s'en montrer déçue mais ne fit rien pour me retenir.

Souffrant de son âge, de ses maladies et de ses humiliations, Jean de Brosse, mon époux à éclipse, était allé mourir en l'année 1564 en sa résidence, à Lamballe, en Bretagne, dont François l'avait nommé gouverneur. La distance m'a interdit de répondre au message par lequel il requérait ma présence. Sa mort ne m'a donné aucune émotion : non seulement il m'a laissée stérile, mais il a profité largement de ma fortune sans me manifester sa reconnaissance. Il restera peu de chose de sa mémoire, sinon qu'il a servi fidèlement le roi.

J'avais le choix pour ma retraite entre mes châteaux d'Heilly et Challuau. C'est ce dernier que je choisis. J'aime ce pays du Hurepoix, ses buttes, ses vallées, ses rivières paresseuses : Yvette, Orge, Juine, Essonne, dont je connais les cours sinueux et les rives ombragées.

J'ai emporté peu de bagages : mes livres enfermés dans deux grands coffres, mes cassettes de bijoux et d'écus, le portrait qu'a fait de moi Jean Clouet, l'épais cahier de mes Mémoires et quelques babioles dont chacune évoque mes amours avec François, parfois une simple fleur séchée.

Une fois installée dans cette résidence modeste mais confortable, j'ai su que je n'aurais pas l'ennui pour compagnon. Je me suis choisi, à Pecqueuse et à Longchamp, deux servantes jeunes et fringantes, Louise et Mariette, et j'ai pour intendant Jean Billy, ancien capitaine des guerres d'Italie et unijambiste, qui entretient mes écuries, ma calèche à quatre chevaux, ma vieille mule à laquelle j'ai donné le nom de *Diane*.

Je me trouvais à Limours depuis une semaine et avais repris mon travail de mémorialiste avec une énergie et une ferveur accrues quand j'ai reçu la visite de mon ancien secrétaire à éclipse, Christian de Nançay. Il revenait du Wurtemberg où il était hébergé par une dame de bonne noblesse qui venait de trépasser. Solitaire, dépourvu de pécule, il m'avait cherchée à Paris, persuadé que nos rapports pourraient reprendre et regarnir sa bourse, mais ne m'avait pas trouvée, et pour cause.

J'avoue que sa visite m'a fait plaisir, si bien qu'oubliant qu'il m'avait volée, je lui ai proposé le gîte et le couvert pour le temps qu'il jugerait bon. Il va sans dire qu'il a accepté en pleurnichant et en m'étreignant à m'étouffer. Je lui ai fait comprendre que le temps des coucheries entre nous était révolu, ce qui n'a pas paru le contrarier. Il allait m'être précieux pour mes Mémoires. Comme il avait une écriture élégante et fluide je lui ai confié le soin de mettre au propre mon travail et d'y apporter corrections et suggestions, ce dont il allait s'acquitter convenablement. Quant à moi j'ai poursuivi mon travail d'écriture, laissé à l'abandon depuis la mort au tournoi du roi Henri.

Nous jouissions d'une cohabitation sereine, traversée pour moi par la crainte que cette comète disparût de nouveau de mon ciel. Il s'absentait souvent pour une journée ou deux, allait dépenser les quelques écus dont je récompensais son service à diverses tables de jeu. Je redoutais qu'il ne découvrît là quelque baronne esseulée et ne levât le pied. Mes craintes ont été vaines.

À l'automne de l'année 1579, alors que je pensais avoir rédigé la dernière page de mes Mémoires, une bande de rôdeurs s'en est prise à nous au cœur de la nuit.

Nous avons été réveillés en sursaut par les aboiements des chiens, les hennissements des chevaux et les appels de détresse de Billy. Ce n'est pas au château que ces brigands en voulaient, mais aux écuries, dans l'intention de les vider de mes chevaux. Billy, qui avait riposté avec son fusil, avait été abattu et égorgé. Avant de se retirer avec leur butin, excepté *Diane*, qu'ils avaient abattue ainsi que trois de mes chiens, ils avaient incendié à la torche le bâtiment vétuste qui brûla comme feu de paille. Nançay, armé d'un pistolet, a tenté de les poursuivre, mais en vain : ils avaient disparu dans la nuit avec mes chevaux. Quand il m'a ramenée sur une brouette le corps à demi calciné de mon intendant, j'ai éprouvé une telle commotion que j'ai sombré dans le néant.

Récit de Christian de Nançay, année 1580,
à Limours

Madame la duchesse Anne d'Étampes, ma maîtresse, est décédée ce matin du mois de mai, dans sa résidence de Limours, à l'âge de soixante-douze ans, alors qu'elle était encore en pleine possession de ses facultés mentales. Son cœur avait renoncé à battre au cours de la nuit. J'eus l'impression que le monde s'écroulait autour de moi et, sans le soutien de nos deux servantes, j'aurais défailli.

Madame n'a survécu que quelques mois aux événements qui ont bouleversé sa vie. Elle a usé de ses dernières forces pour relater le vol de ses chevaux, la mort de Jean de Billy, son intendant, et l'incendie de ses écuries. Elle est restée plusieurs jours entre la vie et la mort, puis la conscience, sinon les forces, lui est revenue, mais cette rémission a été brève.

Je dois à cette grande dame un témoignage émouvant de l'affection qui nous unissait. Je la considérais comme ma mère et elle comme son fils. Dans son testament, sans famille connue, elle m'a laissé sa fortune et ses biens, que je vais m'attacher à protéger et à accroître.

La messe funèbre a eu lieu dans l'église du village, en présence de toute la population et de celle des villages environnants, qui n'ont pas oublié ses bienfaits. Je vais me faire un devoir, en vertu de sa volonté, de transférer son corps au château d'Heilly, proche d'Amiens, où elle a passé sa jeunesse.

Il me reste à accomplir une tâche considérable et difficile : donner leur forme définitive à ses Mémoires et les confier à un imprimeur. Les temps ne s'y prêtent guère. La France, sous le règne du roi Henri III et de Catherine de Médicis, la régente, est en proie aux convulsions des guerres religieuses, ruineuses pour notre économie et peu propices à la lecture.

Je garde pourtant l'espoir que ce projet, dont j'ai fait l'œuvre de ma vie, verra le jour. Dans le royaume, personne n'oublie et ne pourra oublier celle qui fut, sous le règne du grand roi François Ier, une *presque reine*, une favorite comblée de faveurs royales, certes, mais, pour le roi, plus qu'une épouse et une maîtresse, une amie, une confidente attentive aux affaires, appréciée des officiers de la Cour pour ses jugements judicieux, plus sensible aux misères du peuple qu'à la guerre et aux conflits religieux.

Elle m'a rarement parlé de ses rapports avec la comtesse de Châteaubriant, première favorite du roi François, les considérant comme un duel de femmes, âpre et incertain. Elle n'avait dû sa victoire qu'aux démêlés domestiques de sa rivale, à la flétrissure due à son âge, à son austérité, alors que ma maîtresse apportait au roi sa jeunesse, sa séduction, sa vivacité.

Après la mort de ma maîtresse, j'ai vu disparaître avec tristesse des décors, dans les châteaux et les palais où j'avais accès, l'image symbolique de la salamandre, reléguée dans son domaine nocturne par les nouveaux souverains. En revanche, je me réjouis à la pensée que cet emblème cher au cœur des deux grandes favorites restera gravé dans la pierre jusqu'à la fin des temps et laissera ainsi des traces de leur présence terrestre.

Que Dieu veille sur leur âme.

Table

Ouvrages de Michel Peyramaure (suite)

Le Printemps des pierres, Paris, Robert Laffont ; Le Livre de Poche.
Les Montagnes du jour, Les Monédières. Préface de Daniel Borzeix.
Sentiers du Limousin, Paris, Fayard.
La Cabane aux fées, Paris, Le Rocher.
Soupes d'orties, nouvelles, Paris, Anne Carrière.
Le Roman des Croisades :
   1. La Croix et le Royaume, Paris, Robert Laffont.
   2. Les Étendards du Temple, Paris, Robert Laffont.
Le Roman de Catherine de Médicis, Paris, Presses de la Cité.
La Divine. Le roman de Sarah Bernhardt, Paris, Robert Laffont.
Le Bonheur des charmettes, Paris, La Table Ronde.
Balades des chemins creux, Paris, Anne Carrière.
Fille de la colère. Le roman de Louise Michel, Paris, Robert Laffont.
Un château rose en Corrèze, Presses de la Cité.
Les Grandes Falaises, Presses de la Cité.
Les Bals de Versailles, Paris, Robert Laffont.
De granit et de schiste, Paris, Anne Carrière.
Les Amants maudits, Paris, Robert Laffont, prix Jules-Sandeau.
Le Pays du Bel Espoir, Paris, Presses de la Cité.
L'Épopée cathare, album, Rennes, Ouest-France.
Le Château de la chimère, Paris, La Table Ronde.
La Caverne magique, Paris, Robert Laffont.
La Vallée endormie, Paris, France Loisirs ; Robert Laffont.
Batailles en Margeride, Paris, Le Rouergue.
Les Fêtes galantes, Paris, Robert Laffont.
Le Bal des célibataires (avec Béatrice Rubinstein et Jean-Louis Lorenzi), Paris, Robert Laffont.
Le Parc-aux-Cerfs, Paris, Robert Laffont.
Les Fleuves de Babylone, Paris, Presses de la Cité.
Vu du clocher, Paris, Bartillat.
Un monde à sauver, Paris, Bartillat.
Les Trois Bandits :
   1. Cartouche, Paris, Robert Laffont.
   2. Mandrin, Paris, Robert Laffont.
   3. Vidocq, Paris, Robert Laffont.
Le Temps des moussons, Paris, Presses de la Cité.
Chat bleu... Chat noir..., Paris, Robert Laffont.

V... comme Verlaine (histoire de chat), illustré par José Corréa, Périgueux, La Lauze.

La Petite Danseuse de Degas, Paris, Bartillat.

Les Roses noires de Saint-Domingue, Paris, Presses de la Cité.

La Reine de Paris. Le roman de Madame Tallien, Paris, Robert Laffont.

L'Ange de la paix, Paris, Robert Laffont.

Les Grandes Libertines, Paris, Robert Laffont.

La Confession impériale, Paris, Robert Laffont.

La Porte du non-retour, Paris, Presses de la Cité.

Les Villes du silence, Paris, Calmann-Lévy.

Tempête sur le Mexique, Paris, Calmann-Lévy.

Le Périgord, « Ouest-France », avec des aquarelles d'Alain Vigneron.

Le Temps des moussons, Paris, Calmann-Lévy.

Un vent de paradis, Paris, Robert Laffont.

Mourir pour Saragosse, Paris, Calmann-Lévy.

Beaux nuages du soir, Paris, Robert Laffont.

La Duchesse d'Abrantès, Paris, Calmann-Lévy.

Brive, un art de vivre, Limoges, Culture et Patrimoine. Préface de Martine Chavent.

Les Épées de feu, Paris, Robert Laffont.

L'Orpheline de la forêt Barade, Paris, Calmann-Lévy.

Les Rivales, Paris, Robert Laffont.

La Maison des Tourbières, Paris, Calmann-Lévy.

Le Sabre de l'Empire, Paris, Robert Laffont.

Couleurs Venise, Paris, Robert Laffont.

POUR LA JEUNESSE

La Vallée des mammouths, Paris, Robert Laffont, collection « Plein Vent », Grand Prix des Treize ; Folio Junior.

Les Colosses de Carthage, Paris, Robert Laffont, collection « Plein Vent ».

Cordillère interdite, Paris, Robert Laffont, collection « Plein Vent ».

Nous irons décrocher les nuages, Paris, Robert Laffont, collection « Plein Vent ».

Je suis Napoléon Bonaparte, Paris, Belfond Jeunesse.

L'Épopée cathare, Rennes, Ouest-France (album illustré).

ÉDITIONS DE LUXE

Amour du Limousin (illustrations de J.-B. Valadié), Paris, Plaisir du Livre. Réédition (1986) aux Éditions Fanlac, à Périgueux.
Èves du monde (illustrations de J.-B. Valadié), Laugnac, Art Média.
Valadié (album), Paris, Terre des Arts.

RÉGION

Le Limousin, Paris, Larousse.
La Corrèze, Paris, Ch. Bonneton.
Le Limousin, Rennes, Ouest-France.
Brive (commentaire sur des gravures de Pierre Courtois).
Balade en Corrèze (photos de Sylvain Marchou), Brive, Les Trois-Épis.
Brive, Paris, Casterman.
Les Montagnes du jour, Treignac, Les Monédières. Préface de Daniel Borzeix.
Sentiers du Limousin, Paris, Fayard.
Brive aujourd'hui, Les Trois-Épis.
Aimer les hauts lieux du Limousin (photos de P. Soissons, L. Olivier et C. Darbelet), Rennes, Ouest-France.

La photocomposition de cet ouvrage
a été réalisée par
GRAPHIC HAINAUT
59410 Anzin

Imprimé en France par CPI
en mai 2018

N° d'édition : 57021/01
N° d'impression : 146827